香港文化發展史

發展史

王國華　主編

鄧　聰
蕭國健　等著

中華書局

□ 責任編輯：黎耀強
□ 裝幀設計：高　林
□ 排　　版：時　潔
□ 印　　務：劉漢舉

香港文化發展史

□
主編
王國華

□
出版
中華書局（香港）有限公司
香港北角英皇道 499 號北角工業大廈一樓 B
電話：(852) 2137 2338　　傳真：(852) 2713 8202
電子郵件：info@chunghwabook.com.hk
網址：http://www.chunghwabook.com.hk

□
發行
香港聯合書刊物流有限公司
香港新界大埔汀麗路 36 號
中華商務印刷大廈 3 字樓
電話：(852) 2150 2100　　傳真：(852) 2407 3062
電子郵件：info@suplogistics.com.hk

□
印刷
美雅印刷製本有限公司
香港觀塘榮業街 6 號 海濱工業大廈 4 樓 A 室

□
版次
2014 年 7 月初版
© 2014 中華書局（香港）有限公司

□
規格
特 16 開（230 mm×170 mm）

□
ISBN：978-988-8290-93-2

出版說明

　　《香港文化發展史》原為中華書局（北京）有限公司出版的《中國地域文化通覽·香港卷》的上編。

　　《中國地域文化通覽》共分為三十四卷，是國家重點文化工程，由中央文史研究館館長、北京大學中文系教授袁行霈及國務院參事室主任陳進玉主編，國務院參事室原副主任陳鶴良和十二位中央文史研究館館員任副主編。《通覽》是中國第一部按照行政區劃梳理地域文化的大型叢書。在大量可信資料的基礎上，《通覽》各分卷縱向闡述本地文化發展的歷史脈絡，橫向展示各地獨具魅力的文化特色和亮點，可視為系統、準確地了解中國地域文化底蘊的讀物。《通覽》經過六年的籌備，由 2012 年開始陸續出版。

　　為籌備《中國地域文化通覽·香港卷》的出版，特別為此組成了組織工作委員會和編撰工作委員會（詳細名單見下），制定了集體創作、集思廣益的原則，既要有學術性、權威性，也要有可讀性。為此，組委和編委遍訪全港近五十位教授、專家、學者，聆聽意見，最後邀請了三十位專家學者參與撰寫，從編訂目錄大綱、分工撰述到編製時間表，都是在廣泛徵詢意見後擬訂出來的。組委會和編委會尊重學者的學術觀點，提倡論從史出，並盡可能通過討論交流，多番修改，精益求精。經過三年的時間，終於完成了這本近六十萬字的鉅著，於 2013 年 9 月在內地出版。

　　《中國地域文化通覽·香港卷》的中文繁體字版，是按原來一冊中上下兩編的框架，分拆為《香港文化發展史》及《香港文化導論》兩冊出版。希望這兩本書的出版，有助讀者從中國地域文化的角度，對香港文化的歷史發展和特色，有更深入的了解。

中華書局（香港）有限公司編輯部

《中國地域文化通覽·香港卷》組委會、編委會

組織工作委員會

主任：王國華

副主任：楊祖坤 陳新滋 高佩璇 鄧立光

委員：杜辰 馬文通 陳致 鄭立恆（以姓氏筆畫為序）

編撰工作委員會

名譽主編：饒宗頤

顧問：梁愛詩 王鳳超 何志平 高佩璇

主編：王國華

執行副主編：楊祖坤 李焯芬

副主編：陳萬雄 李曰軍 鄧立光

編委：杜辰 馬文通 鄭立恆 鄧偉雄（以姓氏筆畫為序）

編撰辦公室

主任：楊祖坤（兼）

成員：杜辰 馬文通 程箭雲 鄭立恆（以姓氏筆畫為序）

目　錄

第六章　香港與辛亥革命：
　　　　孫中山革命思想的香港實踐與香港文化　　王鳳超

編者及作者簡介

王國華，現任國務院參事。祖籍中國山東，曾從事教育、新聞、出版工作。1992 年至 2008 年任香港大公報社長、董事長。第八、九、十、十一屆全國政協委員。曾主持編纂大型文化叢書《孔子文化大全》，主編《中華魂》叢書、《縣級決策的理論與實踐》叢書，以及《書法六問》、《書法四字經》等著作。

楊祖坤，1940 年出生於香港，肄業於廣東師範學院中文系。1959 年加入香港《大公報》，由當記者直至擔任總編輯，工作四十餘年後退休。現任香港資深傳媒人員聯誼會理事長。早年著作包括小說、散文，後研究香港經濟，有多部與香港股票市場有關的著作結集成書，筆名林浩雨、沈金、楊曉風等。

王鳳超，新聞學碩士。曾任中國社會科學院新聞研究所副所長、國務院港澳辦副主任、新華社香港分社副社長、香港中聯辦副主任。全國人大常委會香港基本法委員會委員、第十一屆全國政協港澳台僑委員會副主任。主要著作有《中國的報刊》、《延安解放日報史》（合著）、《「一國兩制」的理論與實踐》（合著）、《香港政制發展歷程》等。

何佩然，香港中文大學歷史系教授，致力從事社會及經濟史研究。曾出任巴黎經濟合作與發展組織研究顧問，出版多種有關香港及近代中國社會經濟史專書，近年專注近代香港都市化問題。何教授也是法國棕櫚教育騎士、香港中文大學梁保全香港歷史及人文研究中心主任、逸夫書院李和聲香港歷史資源中心主任及逸夫書院校董會成員；衞奕信勳爵文物信託理事會成員；古物諮詢委員會成員；勞工及福利局香港太平洋戰爭紀念撫恤金顧問委員會主席；康樂及文化事務署博物館專家顧問、歷史博物館諮詢委員會成員，以及法國巴黎索

邦大學杜蓬客座教授。

鄧聰，香港中文大學歷史系畢業，日本東京大學文學博士、德國考古研究院通訊院士。現為香港中文大學中國考古藝術研究中心主任、歷史系教授。專攻東亞考古學。曾在法國、日本、越南、中國內地、香港、澳門參加或主持考古工作。在國內外曾出版十幾本考古學專著，學術論文百餘篇。

蕭國健，現任香港珠海學院中國歷史研究所暨中國文學系教授、香港歷史文化研究中心主任，及亞洲研究中心研究員，香港嶺南大學香港與華南歷史研究部名譽研究員，香港皇家亞洲學會名譽研究員，香港康樂及文化事務署專家顧問（本地史／軍事史），香港康樂及文化事務署古物古蹟、及非物質文化評審委員會委員，香港歷史博物館、香港海防博物館、深圳市歷史博物館、深圳市中英街歷史博物館名譽顧問。著有《香港歷史研究》、《香港古代史》、《香港新界家族發展》、《香港之海防歷史與軍事遺蹟》、《粵港中西古炮》及《災患與香港史》等二十餘書，以及中英論文六十餘篇。

羅婉嫻，現為香港浸會大學講師，教授香港歷史的科目，並在《中國社會歷史評論》、《近代中國基督教史研究集刊》等發表學術論文。

緒論

王國華

　　香港，地處中國東南邊陲，位居東亞中心地帶，臨珠江，面南海，交通便利，道達五洲，是國際航運中心、國際貿易中心、國際金融中心。香港由香港島、九龍半島、新界及 262 個離島組成，土地總面積約 1104 平方公里，[1] 總人口約 707 萬。[2]

　　數千年來，一代一代香港人傳承嶺南文化，吸收中原文化，融合西方文化，在香港逐漸形成相容傳統與現代、東方與西方的地域文化。香港文化與中華文化不可分割，是中華文化「多元一體」[3] 格局中的重要組成部分。

第一節

香港地域文化的形成與嬗變

中華文化　　西方文化　　鴉片戰爭　　中西文化的碰撞與融合

　　香港自古便是內地移民開發者的聚居之地，綜觀香港文化的發展歷程，

---

1. 由於填海工程，香港土地面積處於不斷變化之中，截至 2010 年，香港土地總面積為 1104.39 平方公里。
2. 香港統計處 2012 年 2 月公佈十年一度的人口普查結果，截至 2011 年 6 月底，香港總人口達 707 萬人，較十年前增加 36 萬。
3. 1989 年，社會學家費孝通在香港中文大學作題為《中華民族多元一體格局》的學術講演，標誌着一個新的民族理論體系的誕生。文章主要闡述三大觀點：第一，中華民族是包括中國境內五十六個民族的民族實體，並不是把五十六個民族加在一起的總稱。五十六個民族已結合成相互依存的統一而不能分割的整體，在這個民族實體裏所有歸屬的成分都已具有高一層次的民族認同意識，即共休戚、共存亡、共榮辱、共命運的感情和道義。多元一體格局中，五十六個民族是基層，中華民族是高層；第二，形成多元一體格局有一個從分散的多元結合成一體的過程。在這一過程中，必須有一個起凝聚作用的核心，漢族就是多元基中的一元，由於它發揮凝聚作用把多元結合成一體，這一體不再是漢族而成了中華民族，一個高層次認同的民族；第三，高層次的認同並不一定取代或排斥低層次的認同。不同層次可以並存不悖，甚至在不同層次的認同基礎上可以各自發展原有的特點，形成多語言、多文化的整體。高層次的民族叮以說實質上是既一體又多元的複合體，其間存在着相對立的內部矛盾，是差異的一致，通過消長變化以適應於多變不息的內外條件，從而獲得共同體的生存和發展。

其形成與發展，始終與中華文化一脈相承，與華夏文明的興衰息息相關。一部香港文化發展史，既是香港與內地以移民為載體、在人文層面的互動歷史，也是中外文化交流的歷史。

　　早在七千年前，香港地區已有人類繁衍生息。從新石器時代中期，南中國先民已陸續遷徙至香港地區，從事漁獵採集等活動，揭開香港歷史的序幕。作為香港最早的定居者，其文化與湖南大溪文化、湯家崗文化有着密切的關係。新石器時代晚期，五嶺南北的先民又大量遷入香港地區。在距今六七千年間，環珠江口一帶已形成以水路為幹線的共同文化網絡，稱為大灣文化，反映了與沿岸海洋生態相適應的一種原始社會形態。近年從湖南高廟、深圳鹹頭嶺和香港深灣等遺址，相繼出土鳳鳥紋飾陶器，說明環珠江口獨特的鳳鳥文化體系，與長江流域的新石器文化有着密切關係。

　　距今四五千年前，香港地區經常發生氏族戰爭，並且受到長江良渚文化的影響。青銅時代早期，嶺南地區的浮濱文化等對香港地區產生影響。青銅時代中期，隨着代表中原商代的青銅時代文化如牙璋、戈、玦、環等器物的傳入，中原文化登陸香港地區。至公元前一千年前，香港屬於古越文化範疇。

　　從秦漢到明清，香港經歷兩次行政大開發、兩次移民大遷徙和兩次商貿大發展，在政治、軍事、經濟、社會與文化等領域，與內地密切相連。以中華文化為根基的香港文化，在嶺南文化系統內，匯集南北文化，融合不同地域文化，不斷吸取中華文化母體的養分，體現華夏文明的傳承延續。

　　秦漢時期，香港經歷兩次行政大開發。秦始皇戍邊開發嶺南，漢武帝於番禺設置鹽官，對香港發展產生深遠影響。自秦朝始，香港地區正式納入中央政權版圖。秦始皇平定百越、統一中國後，於南方建立桂林、象、南海三郡，香港隸屬南海郡番禺縣。始皇「三十三年（前214），發諸嘗逋亡人、贅婿、賈人略取陸梁地，為桂林、象郡、南海，以適遣戍」。[4] 這是香港發展的重大事

4.　司馬遷：《史記》卷六〈秦始皇本紀〉，北京：中華書局，1959年版。

件，從此漢文化對越文化產生極大影響。漢武帝（前 156－前 87）在番禺設置鹽官，統籌食鹽的生產與銷售，香港是當時主要鹽場之一。1955 年發現的九龍李鄭屋漢墓為東漢古墓，墓磚有「大吉番禺」、「番禺大治曆」等文字，其陪葬器物形制與墓室結構，常見於華南東漢墓，反映中原文化對香港居民生活方式的影響。

魏晉南北朝時期和宋元時期，香港經歷兩次移民大遷徙。當時北方戰亂頻繁，中原人士為逃避戰禍，舉族、舉家南遷，令中原文明向南播遷，促進了香港地區的發展。東晉義熙元年（405），盧循領導的浙東起義軍敗部退守大嶼山一帶，為香港地區有文字可考的最早移民活動。南朝劉宋奇僧杯渡禪師於屯門講經，成為佛教在本地區傳播的佐證。今香港之圍頭人、客家人，據稱多是宋元時期由江西、福建等地遷來。南宋末年，宋幼帝避難香港，建立宋朝最後的帝都，留下了宋王臺、侯王廟等遺跡。

隋唐時期和明清時期，香港經歷兩次商貿大發展。當時海上貿易發達，香港地位日益重要，既是江海交通樞紐，也是邊防要塞，屯門是海船進出廣州的必經之地。開元二十四年（736），唐朝於屯門設置軍鎮，而「屯門」亦成為最早見於中國古籍的香港地名。途經屯門的商旅絡繹不絕，令屯門聲名遠播，文人墨客寫就不少吟唱酬詠屯門的詩歌。韓愈在《贈別元十八協律》中描繪「屯門雖雲高，亦映波濤沒」，劉禹錫在《踏浪歌》中讚歎「屯門積日無回飆，滄波不歸成踏潮」。現時香港地名自明朝大量見於史籍。九龍的名稱，最早見於明朝應檟所著《蒼梧總督軍門志》。香港島的名稱，則最早見於明朝郭棐所著《粵大記》。在該書所附《廣東沿海圖》中，標有香港、赤柱、黃泥涌、尖沙咀等地名。

香港雖是彈丸之地，但憑藉地理環境優勢，自古以來不僅是漁村漁港，也是中國重要的鹽業生產基地和江海交通運輸樞紐。鴉片戰爭前夕，香港地區已有許多村落或定居點，主要包括石排灣、黃泥涌、柴灣、田灣，灣仔、石澳、薄扶林等，一些村落已具相當規模，如石排灣約有房屋二百幢。根據

1841 年參與佔領的英國官員莊士敦憶述:「赤柱村是全島最大及最重要的村落⋯⋯共有房屋及商鋪一百八十間⋯⋯居民從事農耕、商業及醃曬鹹魚,約有農田六十畝⋯⋯常有為數三百五十多艘大小船艇在此停泊。」[5] 大量歷史文獻證明,所謂「開埠」前的香港,不是「一座荒島」,[6] 亦不僅僅是「一條漁村」,[7] 香港歷史的實際開端絕非始自鴉片戰爭後的「開埠」,[8] 它的根早在七千年前已經孕育成長。

鴉片戰爭是中國淪為半封建半殖民地的開端。自鴉片戰爭始,香港文化在傳承中華文化的基石上,遭遇空前的中西文化碰撞。香港既捍衛中華文化,又融合西方文化,成就了海納百川的香港文化。

鴉片戰爭後,英國經由割佔香港島、九龍半島,強行租借新界,對香港實行殖民統治,推行權力集中、控制嚴密的直接管治制度。1841 年 2 月 1 日,在佔領香港島的六天後,英國駐華商務總監義律便發表文告安民:「一切禮教儀式、風俗習慣及私有合法財產權益,概准仍舊自由享用,官吏執政治民,概依中國法律風俗習慣辦理,但廢除各種拷刑,並准各鄉耆老秉承英國官吏意旨管轄鄉民,仍候國主裁奪。」[9] 儘管英國在香港實行「華洋分治」,但以英國文化為首的西方文化,仍透過政治、經濟、法律、教育、宗教、傳媒等不

---

5. 參見香港護理總督莊士敦(義律的副手,在義律離港期間任護理總督)的書信手稿,香港特別行政區政府檔案處歷史檔案館。

6. 1841 年 4 月,英國外交大臣巴麥尊措辭嚴厲地譴責佔領「香港」的義律:「您已經割取了香港,一座幾乎了無一屋的荒島。⋯⋯香港決不會成為商業中心,充其量只是第二個澳門而已。貿易會在廣州繼續進行,香港如果有什麼價值的話,不過是可供英國人建屋賃住,以替代在澳門度過貿易淡季而已。」參見馬士:《中華帝國對外關係史》,第 1 卷,凱利─沃爾什公司,1910 年,第 642 頁。

7. 在英國殖民宣傳下,「一八四二年前之香港,為一小漁村」,有關說法試圖極力美化英國將「小漁村」變成「大都會」的「功績」。

8. 當代英國學者安德葛(G. B. Endacott)宣稱:「香港歷史的實際開端是在 1841 年英國人到來的時候。」參見安德葛:《香港史》,第 8 版,牛津大學出版社,1985 年,第 4 頁。

9. 張月愛編:《香港與中國 ── 歷史文獻資料匯編》,香港:廣角鏡出版社,1981 年,第 164 頁。

同管道，對香港文化產生強大的輻射作用。

管治方面，英皇於 1843 年頒佈憲制性文件《英皇制誥》與《皇室訓令》，賦予英國政府及港督統治香港的權力，確定了香港政權的組織形式與運作原則。英國人沿襲英國殖民地傳統管治模式，在香港建立一套以港督為核心的行政主導管治架構，推行殖民政策。行政權和立法權並非分立，而是由港督一人總攬，「如果他願意行使其全部權力的話，他可以使自己成為一名小小的獨裁者」。[10] 在二十世紀五十年代，港督甚至可以用「我不歡迎你」為理由將所謂「政治敏感人士」遞解出境。透過人事任命、立法和駐軍控制等管道，英國人壟斷了香港的管治階層。

法制方面，英國人仿效英國殖民地做法，在香港設立法院和監獄，建立警務機構，實行種族歧視，強化殖民統治。1841 年的義律文告奠定了香港二元法制體系的基石，成為清代法律在香港保留和適用的最重要法律依據。在社會與家庭領域，華人用華法，西人用西法，成為香港法制的二元特色。直至 1865 年，英國政府才修訂對香港總督的訓令，規定「任何法例若對亞非裔人士有所禁制，而歐籍人士則不受其限者，總督均不得批准施行」。

經濟方面，1841 年 6 月，港英政府正式宣佈香港為自由港。香港興辦轉口貿易，逐漸成為區內重要的轉口港。在貿易帶動下，輪船運輸業興起，近代金融業和造船業開始發展。港英政府大力扶植英資財團，在銀行、地產、公共建設等重要領域，英資財團佔據壟斷地位，控制香港經濟命脈，成為殖民統治的重要支柱。十九世紀五十年代，從事進出口委託和販賣業務的南北行與金山莊崛起，成為華商的中堅力量。華人商業經濟的勃興，推動了香港資本主義的發展，亦促進了香港的城市化與近代化。

社會方面，港英政府初時實行種族隔離、分區而居的政策，頒佈《保留

---

10. 諾曼・邁因納斯著，伍修珊等譯：《香港的政府與政治》，上海：翻譯出版公司，1986 年，第 94 頁。

歐人區域法例》等一系列法令，以法律形式限制中國人居住區域，保障西方人利益。早期歷任港督無不推行種族歧視政策，直至第八任港督軒尼詩，在華商力量崛起的大背景下，才開始採用籠絡手法，委任傑出華商與買辦為太平紳士、立法局議員等，甚至勸誘「歸化」入籍，極力拉攏華人社會領袖。英佔早期，香港的華人圈子與洋人圈子壁壘分明，中西方文化存在巨大鴻溝。華人抗拒西方文化，依循傳統文化自發管理華人社區，而港英政府亦樂於「以華制華」，利用華人領袖維持華人社會秩序。東華醫院作為香港最早的華人慈善機構，不僅負責仲裁華人糾紛，而且於官民之間充當特殊的中介角色，曾一度是華人社會的權力中心。

　　教育方面，教會人士對興辦教育表現出極大熱忱，紛紛開辦教會學校以培養本地傳教士，馬禮遜英華學校、英華書院、聖保羅書院和拔萃書室等成為香港西式學校的先驅。港英政府則因應殖民教育的需要，注重英文教育，刻意培植西方文化的代理人。香港教育委員會 1902 年報告即揭示了英國辦學培養中國學生的動機：「從大英帝國的利益着眼，值得向所有願意學習英語和西方知識的中國青年提供這方面的教育……本殖民地的額外支出微不足道，而英語的傳播，對我們大英帝國友好感情的傳播，使英國在華得到的收益將會遠遠超過這筆費用。」[11] 在辦學模式上，採用西式教育，在教學內容上，又大量引入西方自然科學與社會科學，為香港教育帶來新景象。

　　對於香港，英國殖民統治具有對立統一的雙重作用：由征服所造成的「破壞性作用」，消極瓦解東方傳統社會結構；由改造所帶來的「建設性作用」，則積極催生西方現代社會形態，即充當了「歷史的不自覺的工具」。[12] 一方面，殖民者通過社會與文化的「西化」滲透，移植西方的生活方式和價值理念，試圖割裂香港與中華文化母體的聯繫。但香港在地緣政治和人口構成上的獨特

11.　參見 1902 年《香港立法局會議文件匯編》，第 8 頁。

12.　參見馬克思：〈不列顛在印度統治的未來結果〉，《馬克思恩格斯選集》，第 2 卷，北京：人民出版社，1972 年，第 68-70 頁。

性，又與中華文化有着牢不可破的聯繫，不可能完全切斷母體文化臍帶。另一方面，以英國文化為首的西方文化，對近現代香港文化的形塑，產生了深遠的影響。以英國為藍本的管治文化、商業文化、法治文化、傳媒文化等，在香港落地生根，賦予香港文化強烈的資本主義色彩和現代意識。

　　隨着英國文化登陸，中西文化不斷碰撞與融合。基於民族價值觀等理念差異，中西之間時有衝突，但融合始終是主流。以中華文化為根基的香港文化，在近現代進程中，經歷東西方文明的交互洗禮，形成中西文化共融的獨特主幹，亦加強了香港文化多元面貌的特徵。[13]

第二節

香港文化的主要特徵

商業性　　包容性　　開放性　　多元性

　　東西方文明的匯流和撞擊，使香港生成獨樹一幟的文化面貌，賦予香港文化商業性、包容性、開放性與多元性等主要特徵。

13.　經濟方面，隨着內外形勢的發展變化，香港逐漸成為多國多方資本的匯聚地。英資獨大狀況為多元資本結構所取代，形成英資主導、華資壯大、外資進入、中資崛起的格局。大資本與中小資本並存，壟斷與競爭結合，各種資本互相滲透，此消彼長，成為香港經濟的一大特色。參見馮邦彥：《香港英資財團 1841－1996》，香港：三聯書店，1996 年；馮邦彥：《香港華資財團 1841－1997》，香港：三聯書店，1997 年。政治方面，港英政府在行政體系中設立諮詢架構，使民間的抗爭通過內部的、政府控制的方式傳達到決策層，以「行政吸納政治」，構成獨特的香港式殖民管治模式。參見 King, Y. C. Ambrose（金耀基）1981, "Administrative Absorption of Politics in Hong Kong：Emphasis on the Grass Roots Level," *Social Life and Development in Hong Kong*, eds. by King & R. Lee, Hong Kong: Chinese University Press。社會方面，香港經歷「功利家庭主義」時期，華人以家庭為中心，關注家庭利益多於社會整體利益，形成非政治化、經濟為重等務實特徵。參見 Lau, S. K.（劉兆佳）1982, *Society and Politics in Hong Kong*, Hong Kong: Chinese University Press。

　　商業性是香港文化的鮮明特徵。百餘年間，香港憑藉其特殊地位，全方位進行自由貿易，不但扮演服務中國的轉口港角色，更發展為國際貿易、金融與航運中心。經過長期的自由經濟實踐，香港建立了符合市場原則的法制，採納了國際通用慣例，熟習了自由貿易規則，累積了市場運作經驗，培養了守信用、重合同的企業家精神，並且集合了來自世界各地的商人和商業機構，形成了富有競爭力的經濟體系，塑造了重視效率、充滿生命力的商業文化。

　　香港是高度發達的商業社會，按照商業原則運作，追逐市場利潤，奉行消費主義，文化活動必然受經濟因素的制約，受市場機制的調節，文化機構大都自負盈虧。香港文化的主流，大多與商業掛鈎，瀰漫着強烈的商業色彩。香港的大眾文化，以消費主導，以利潤掛帥，以文化工業為主要載體，講究商業包裝，在一定意義上，只是商業文化的副產品。港式流行文化繼承了大眾文化通俗、貼近生活等特點，同時帶有西方商品文化的強烈印記，表現形式本地化。由於它植根於社會，講述香港本土故事，引起受眾廣泛的共鳴，對塑造香港的文化特色，產生了重要的推動作用，其成就尤以商業電影、電視劇、粵語流行曲、漫畫為著。港式流行文化的弊端在於商業味過濃，藝術品位不高，嘩眾取寵、刺激感官有餘，提升道德和理性不足，在一定程度上妨礙了精品文化的發展。

　　以傳媒文化為例，商業的影響可以說無處不在。由於受眾的數量以及被視為媒體血液的廣告決定着媒體的命運，因此受眾的口味往往左右着媒體的走向。這就造成了香港傳媒多以銷量、盈利為首要考慮，偏重市場導向，有時過於追求娛樂性，渲染血腥、色情，甚至有極個別媒體製造假新聞，以聳人聽聞、嘩眾取寵為賣點。為滿足一部分讀者的窺秘慾，香港某些媒體派出了所謂「狗仔隊」，專門刺探公眾人物的行蹤。近年來，網絡新聞大行其道，新聞的客觀性、真實性日漸引起關注。

　　包容性是香港文化的重要特徵。香港文化海納百川，無論對本土文化還是外來文化，均持包容心態，相容並蓄，令香港成為中西文化的交匯港。

　　香港宗教信仰繁多，包括孔教、道教、佛教、天主教、基督教、伊斯蘭教、猶太教、印度教、錫克教、祆教等。以信徒人數計，信奉佛教和道教者最多，信仰基督教和天主教者次之。而儒家傳統學說則對香港人的思維模式與行為方式產生着潛移默化的影響。源自世界各地的宗教來到香港後，無不和平共處，和睦共存。香港罕有發生宗教糾紛與衝突，各種宗教都互相尊重，彼此包容。香港每年都舉辦六大宗教領袖會議，孔教、道教、佛教、天主教、基督教、伊斯蘭教領袖濟濟一堂，進行宗教平等對話，探討人類共同關心的問題。香港從不排斥外來宗教，本土宗教更是相生共融。以圓玄學院為例，它雖屬道教，但信仰體系廣博而多樣，既尊崇道教之無為哲學、陰陽五行、養生諸術，也尊奉儒家忠恕仁義孝悌之道、佛佗慈悲智慧禪定之學，還吸納諸子百家信仰與多神信仰，追求「天人合一」的境界。學院以「崇尚三教，正心修身，存真養性，智慧慈悲，依仁抱義，明道立德，博施濟眾，普度群生」為宗旨，崇奉儒、釋、道三教聖人（孔子、釋迦牟尼、太上老君），兼奉關帝、觀音、呂祖、濟公、華佗諸聖。三教大殿採用傳統的天壇形式建造，供奉三教始祖，以釋迦牟尼居中，「蓋道之大源出於天，而天體至圓，義同太極，取其圓融無礙，函三為一」。

　　在民俗文化方面，儘管香港經歷了一個半世紀的殖民統治，但中國民間傳統風俗仍然綿延不絕。西方和日本學者紛紛來到香港搜集資料，研究中國民俗文化，他們在元朗和上水尋找廣東最典型的「神功戲」，在西貢觀察南方漁村的經濟網絡與生活習俗。香港文化與中華文化一脈相承，以宗族為核心的新界村落形態，賦予香港民俗文化強烈的中國特色。從添丁「點燈」、婚嫁「上頭」，到喪葬「買水」，無不反映出中國人傳統的生命意識與宗族觀念。而「太公分豬肉」、圍村食盆菜，則體現了古老的新界原鄉風貌。長洲太平清醮、大澳端午龍舟、大坑舞火龍和香港潮人盂蘭盛會，在本地傳承百餘年，作為香港民俗文化的典型代表，已成功列入第三批國家級非物質文化遺產項目。至於新春派「利市」，年初一到黃大仙廟上頭炷香，年初二到車公廟轉運，清明祭祖

掃墓，端午划龍舟，盂蘭派米布施，中秋賞月觀燈，重陽登高望遠，冬至團圓做冬，早已成為香港人根深蒂固的生活風俗，在現代化大都市中呈現出傳統的風韻。與此同時，中西風俗交相輝映，除中國傳統節日外，佛誕與聖誕均為公眾假期，莊嚴的浴佛儀式與熱鬧的聖誕狂歡，散發出中西文化薈萃的魅力。

開放性是香港文化的顯著特徵。香港文化從不固步自封，而是勇於嘗試和探索，以開放氣度吸取百家之長，不斷求新求變。

香港是移民城市，自古有不同的族群遷移至此定居，形成圍頭人（即本地原居民）、客家人、鶴佬人和水上居民等主要民系。在近現代，大批內地居民遷來香港逃避戰亂，他們胼手胝足開疆拓土，成為創造香港奇跡的主體。香港人口由不同國籍和省籍的移民構成，交匯成不同文化及方言的獨特空間。在香港這個國際大都會，嶺南思維、八閩文化、滬上情調與京派氣度共冶一爐，歐美時尚、日韓潮流與印巴風情並行不悖。

就慈善文化而言，香港慈善文化歷史悠久，慈善機構數以百計，遍及社會生活的各個方面。除香港公益金、東華三院、保良局、香港賽馬會等主要慈善機構外，香港還有私人或企業設立的慈善基金，宗教組織也紛紛成立慈善機構。香港的慈善機構繼承了中國傳統的士紳精神，同時又借鑒了西方的組織架構和規管制度，形成較健全的慈善制度和慈善體系，使香港成為慈善文化較為成熟的華人社會，並居於世界領先水準。無論貧富，為善最樂，已經成為香港人的共識。面對東南亞海嘯、四川地震等重大災難，香港人總是無私奉獻，身體力行「多多益善，少少無拘」、「有錢出錢，有力出力」的慈善精神。

在文學藝術領域，香港也頗有開放風氣：香港視野廣闊，資訊發達，承受的文化衝擊與融合的力度也特別強，香港作家和藝術家能及時接觸和觀賞世界各地的文學作品以及藝術表演，從而加以學習和創新。在香港的文壇和藝壇中，既有傳統的現實主義作品，也有最前衛的實驗。新派武俠小說在此臻於極盛，華人文學中第一部意識流長篇小說也誕生於茲。香港交響樂團和香港中樂團同為全國最有實力的樂團之一。國畫嶺南四大家中的兩位大師長年以此為覓

取靈感和創作的基地。香港藝術電影紮根本土，吸取了外國先進的表現手法，贏得行家一致的讚賞。

多元性是香港文化的突出特徵。香港文化崇尚以和為貴，和而不同，尊重不同文化，構成多元文化並存的格局與優勢。

作為中西文化的薈萃之地，香港既有中國的傳統道德，也有西方追求的普世價值，從仁義禮智信、忠孝節勇和、溫良恭儉讓，到自由、法治、民主，並行不悖。香港人生活方式與藝術品位中外兼備：《聖經》與《四書》、英語與粵語、聖誕與春節、油畫與國畫、歌劇與粵劇……相互交融；巡遊隊伍中，中國鑼鼓和蘇格蘭風笛相互唱和；婚宴典禮上，中式裙褂與西式婚紗相映成趣。

交融中西的建築文化是香港多元文化的實體見證。香港的建築主要包括中國傳統建築、英國維多利亞時代式建築和現代建築等，不同類型、不同風格的建築物既有明顯的反差又相互協調，形成中西各異又渾然一體的建築特色，賦予「東方之珠」獨特的建築韻味。

第三節

香港文化的地位與影響

中西文化的交匯點　多元文化對話與融合

百餘年間，香港一直是中國與世界聯繫的多元網絡的重要據點，在中外交通上扮演着人流與物流的樞紐角色，是移民與貿易的中轉站，亦是中西文化的交匯點。隨着經濟的起飛，香港由嶺南邊陲走向國際前沿。香港文化既有東方的傳承，也有西方的影響，更有自身的創造，絕非「文化沙漠」。

近現代中國的諸多政治文化精英均曾於香港駐足停留。從改良派到革命

派，從三民主義者到共產主義者，從保守右翼到自由左翼等，無不在香港留下思想言說、活動足跡，對香港文化乃至中國文化產生深遠影響。

香港是中國近代改良思想家的聚集地之一。晚清時期，中國民間呼籲變法第一人王韜，在香港創辦《循環日報》，縱論世界大勢和中國變法自強之道，為康梁的維新變法運動提供了寶貴的精神食糧。戊戌變法失敗後，康有為和梁啟超避居香港，傳播變法維新思想，探索中國富強前路。即使後來流亡海外，康梁也堅持以香港為基地，派遣門人創辦《商報》。

香港是孫中山革命思想的發源地之一。晚清時期，中國民主革命的偉大先行者孫中山，在香港接受「歐式教育」長達七年，香港文化對民主革命思想的孕育，無疑具有重要的啟蒙作用。從革命實踐看，香港既是革命派最早的宣傳輿論陣地，也是興中會、同盟會武裝起義的策劃、指揮中心和後勤基地，同時又是起義失敗後革命派的避難所。香港為革命派提供大量人力、物力、財力支持，為辛亥革命的成功做出貢獻。

香港是抗日救亡的輿論重鎮。抗戰時期，大批文化人南下香港避難，利用尚未受戰火波及的自由空間，進行抗日宣傳，投身救國運動。蔡元培、何香凝、鄒韜奮、茅盾、郭沫若、夏衍、胡愈之等知名文人雲集香江，藉文字發聲，掀起香江抗日救亡浪潮，令香港文化事業空前活躍。

在一定程度上，香港是中國近現代思想在特定時期的孵化器或助推器。文化人通過在香港著書立說擴大影響，構成香港文化發展的一條重要脈絡，貫穿着國家民族的訴求與現代化的求索。以 1937 年為界，此前的香港已經是與廣州齊名的廣東文化中心，此後的香港更一躍成為全國的文化中心城市之一。

新中國成立初期，香港與中國內地各自獨立發展，香港社會開始全面步入現代化。中國的傳統文化和價值理念，與英國經濟制度、行政管理、法律體系、社會觀念等方面的合流，造就香港獨特的地域文化，令香港足以在中國現代化中扮演獨特的重要角色。改革開放時期，香港既是投資內地的先鋒與主力，也是中國城市現代化的觀照體系。作為典型的東方本土商業社會和現代社

會，香港對於中國的商業化和現代化，不僅已經走過可資借鑒的某個階段，而且已經既深且廣地融入其中。

隨着香港的回歸和經濟的一體化，香港在中國的政經文化地位日益提升。香港與內地的文化交流日益頻密，普通話已成為香港人生活與工作的一種重要語言，香港文化也以獨有方式向內地輻射，香港的影視作品、流行音樂與武俠小說等風靡內地，富有香港特色的「港式」商品也成為內地商業的寵兒。某種意義上，香港在持續受到中國內地文化影響的同時，也影響了中國內地文化。

香港是世界認識中國的視窗，是中國走向世界的橋樑，更是中西互通的文化紐帶。薈萃東西方文化的香港，包容不同價值觀，融合多元意識形態，構成不同文化相容共生的獨特契合點，富於建設性，亦具有啟示性，成為世界多元文化對話與融合的和諧例證。

第四節

書寫香港文化的新篇章

文化身份　文化認同　中華文化的傳承與創新　中華文化復興

二十世紀九十年代以來，在「九七」回歸的大背景下，香港人的文化身份引起香港社會的討論和關注。

香港自古就是中國的一部分，香港的發展史，從來沒有孤立於祖國歷史之外，而是深深地融入祖國歷史之中。即使在殖民管治時期，香港人也從未割斷中華民族的文化血脈。無論是新中國建國初期的突破封鎖、運送物資，還是改革開放時期的投資開工廠、賑災扶貧，香港人都發揮了不可替代的作用。香港既是中國最現代化的城市，又是中華文化傳統保留得最好的地方之一。絕大

多數香港人都認同中華民族的傳統價值觀，具有濃厚的中國人特性，傳統的華人家庭文化從未在現代化的香港社會消失。然而，在長達一個半世紀的殖民管治時期，港英政府大力推行殖民文化，在學校通過重英輕中的一系列操作，淡化香港人的國家民族觀念，企圖令香港文化與中華文化的母體脫離，在一定程度上，造成香港人文化身份的迷失，以致當今香港社會仍然存在以鴉片戰爭「開埠」作為香港歷史的起點，割斷香港七千年歷史，片面強調香港的繁榮完全是英國殖民管治恩賜的誤區。

令人欣慰的是，回歸為香港人重尋文化身份創造了契機，並將香港更加緊密地融入中華民族偉大復興的洪流之中。香港回歸本身就是中國走向富強的一個標誌，中國的和平發展則是二十一世紀具有世界性意義的重大事件。在中華民族偉大復興的進程中，香港人的民族自豪感空前高漲，對祖國的和平發展與現代化成就，感到歡欣鼓舞。而祖國對香港的關懷與支持，更令香港人感到無比溫暖。在香港遭遇亞洲金融危機、「非典」和國際金融危機等危難關頭，中央政府總是鼎力支持，成為香港繁榮穩定的堅強後盾。

回歸以來，香港人對國家的認同感比以往更加強烈，認同自己是「中國香港人」的香港居民日益增加，成為大勢所趨。香港人的命運與祖國的前途更加緊密地聯繫在一起，並且成為中華民族復興的一支生力軍。香港不僅僅是祖國經濟走向世界的橋樑，也是中華文化走向世界的橋樑。作為回歸祖國實行「一國兩制」的特別行政區，香港將繼續在海峽兩岸文化交流中扮演積極而重要的角色。在中華文化復興的進程中，香港人憑藉國際文化視野與中華文化情懷，致力中西文化的雙向傳播和交流，在弘揚中華文化上發揮重要作用。

一直以來，中國傳統價值觀在香港社會根深蒂固，成為道德感召力與社會凝聚力的源泉，對香港人的社會風氣與文化質素產生潛移默化的正面影響，並通過國民身份的認同得以進一步強化。香港人是香港文化的載體，香港文化的發展有賴香港人文化質素的提升。通過國學與西學的結合互補，以及精緻文化與流行文化的並行發展，香港人的文化空間必將不斷拓展，文化質素也會得

到進一步的提升。

香港文化貫通古今中外，具有開放、包容、多元的文化特性，在中華文化的傳承與創新上別具一格，對增強中華民族的文化創造力，提升中華文化的國際影響力，一直發揮着積極的作用。在中華文化的復興中，香港文化的特性也賦予香港重要的文化使命，即植根中華文化，吸取西方文明養份，兼容文化傳統與時代精神，發揮融合中西文化的獨特優勢，推動中華文化的傳承與創新。香港人在中華文化身份認同的基礎上，經由全面提升社會文化質素，必將與十三億同胞一起，構建中華民族共同的精神家園，實現中華文化傳承與創新的願景。

撫今追昔，鑒往知來，香港人勢必會尋找香港的根，毋忘香港的根，全面認知香港的歷史與文化。本書正是要通過追溯香港文化七千年的歷史發展進程，展示香港文化貫古今、匯中外的特色與亮點，理性、真實地反映香港獨特的地域文化，為香港的文化建設與文化發展，提供詳實準確的文化史實和客觀公正的文史評論，在中西文化的互動中，建構香港多元文化空間。

我們深信，香港人的文化迷失將變成過去式，香港文化一定會得到更大的發展。在「一國兩制」框架內，香港人有智慧在文化上正確處理「一國」與「兩制」的關係。香港文化的未來，在於融入中華文化復興的偉大進程中，堅定不移地傳承中華文化，發展與創新香港文化，打造「開放多元的國際文化都會」，[14] 為中華文化的大發展、大繁榮做出應有貢獻。

---

14. 香港文化委員會於 2001 年 3 月發表以《人文薈萃日新又新》為題的第一份諮詢文件，2002 年 11 月又發表以《一本多元創新求變》為題的第二份諮詢檔，2003 年 3 月正式向特區政府提交政策建議報告，提出近百個文化政策建議，並在報告書的結語部分，為香港文化的未來發展描繪出「開放多元的國際文化都會」的遠景。

第一章

香港史前文化探尋

鄧聰

　　香港位於中國南海之濱、珠江口東岸，自古以來是南中國海向外交往重要通道。香港的歷史文化是中華民族的一個不可分割的部分。據考古學所顯示，迄今香港地區人類歷史，最少也經歷了七千年以上的發展過程。這個地區歷史上很多根源性的問題，如本地區早期人類的出現，社會上從採集、漁獵和農業生產經濟的變化，土著與外來文化融合過程，來自文明社會的衝擊，漢化後本地社會的變化等，其中這些重大的事件，都主要是發生在數千年前的階段。

　　二十世紀初，近代考古學從歐洲及近東向世界各地擴散，印度、中國和美洲等地都先後開展了考古發掘工作。二十年代，香港與中國大陸幾乎是同時開始了考古的調查。早期在香港考古學業餘及殖民主義的色彩濃厚，發展相當緩慢曲折。二十年代起，國內外學者共同在本地揭開了香港考古的序幕。其中 1928 年韓雷（C. M. Heanley，1877－1970）及北京的袁復禮（1893－1987），分別發表了有關香港新石器時代石器的發現與研究。[1] 在此後短短十餘年間，香港地區就發現接近一百多處史前的遺址，這是早期工作者作出的重要貢獻。1932－1936 年，芬戴禮神父（D. J. Finn，1886－1936）在南丫島大灣遺址及附近的沙堤，發掘出由新石器時代、商周至西漢不同時期豐富的遺物，首次揭露本地海灣的沙堤堆積是最重要的史前考古資源所在。可惜大灣出土極精美的青銅器及陶器等，後來被捐贈到英國大英博物館內。[2] 1937 年，世界著名考古學家安特生（J. G. Andersson，1875－1960）來香港，他與戈斐侶（W. Schofield，1888－1968）合作發掘了大嶼山東灣遺址，提高本地考古的技術，從墓葬人骨與隨葬器物空間關係，初次認識到沙

1.　C. M. Heanley, "Hong Kong Celt," *Bulletin of the Geological Society of China*, vol. VII no. 3-4, 1928, pp. 209-214; P. L. Yuan, "Review on the Hong Kong Neolithic Collection," *Bulletin of the Geological Society of China*, vol. VII no. 3-4, 1928, pp. 215-221; 鄧聰：〈香港和澳門近十年來的考古收穫〉，《文物考古工作十年 1979－1989》，文物出版社，1990 年，頁 364。

2.　J. Rawson, *Ancient China — Art and Archaeology*, British Museum Publications Limited, 1980, p. 176.

丘遺址中，仍然保存了原生文化的堆積，意義重大。[3] 1938 年，中國學人陳公哲勘查了香港全境的考古遺址，並發表了廣為人所熟知的〈香港考古發掘〉，[4]是本國學者積極參與香港考古工作良好的開始。

　　二次大戰後一段頗長期間，香港考古的工作，主要是依賴一些業餘考古愛好者，工作者既欠缺周密的考古發掘計劃，又缺乏田野發掘技術基本訓練，假日考古的情況普遍，使本地考古工作長期陷於停滯的狀況。其間，香港大學中文系師生於 1955 年在九龍李鄭屋村發掘了一座東漢磚室墓；[5]1958－1959 年，香港大學地理系在大嶼山萬角嘴發掘，[6] 但對出土文物都未有作深入整理研究。並且遲至七十年代前後，由香港大學人員在南丫島洪聖爺及其他遺址所發現的史前文物，都被帶回英國捐贈大英博物館。[7] 1967 年，香港考古學會成立，學會成員基本都是業餘考古愛好者。1971 年後香港考古學會最重要工作之一是發掘南丫島深灣遺址，揭露了幾個時期的文化層堆積。七十年代香港考古仍然是假日考古為主業餘性質的工作。其時香港考古學會編委宣稱，在香港所發現的史前文物為「中國人來香港以前原居民的文物」（Pre-Chinese Heritage），[8] 帶有濃厚殖民主義的色彩。

　　一直到八十年代末，隨着本地華人考古學工作者的興起，以及內地專業考古工作人員來港長期直接參與本地的考古工作，香港古代史的研究出現了

3.　鄧聰：〈香港考古學個案研究之一 —— 安特生於東亞南部沿海考古工作試述〉，《南方文物》，1997 年第 2 期。

4.　陳公哲：〈香港考古發掘〉，《考古學報》，1957 年第 4 期，頁 1－16。

5.　屈志仁：《李鄭屋漢墓》，香港市政局，1987 年。

6.　S. G. Davis and Mary Tregear, *Man Kok Tsui — Archaeological Site 30, Lantau Island, Hong Kong,* Hong Kong University Press, 1961.

7.　W. Meacham, "A Summary of Archaeological Materials Excavated in Hong Kong," *Research Materials for Hong Kong Studies,* Centre of Asian Studies: University of Hong Kong, 1990, p. 19.

8.　"Editorial", *Journal of the Hong Kong Archaeological Society,* vol. III, 1972, p.5.

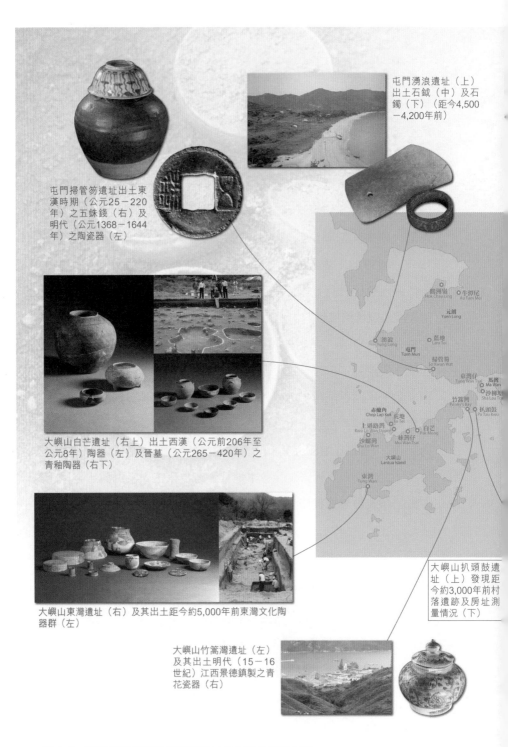

屯門湧浪遺址（上）
出土石鉞（中）及石
鐲（下）（距今4,500
－4,200年前）

屯門掃管笏遺址出土東
漢時期（公元25－220
年）之五銖錢（右）及
明代（公元1368－1644
年）之陶瓷器（左）

大嶼山白芒遺址（右上）出土西漢（公元前206年至
公元8年）陶器（左）及晉墓（公元265－420年）之
青釉陶器（右下）

大嶼山扒頭鼓遺
址（上）發現距
今約3,000年前村
落遺跡及房址測
量情況（下）

大嶼山東灣遺址（右）及其出土距今約5,000年前東灣文化陶
器群（左）

大嶼山竹篙灣遺址（左）
及其出土明代（15－16
世紀）江西景德鎮製之青
花瓷器（右）

圖 1-1　新石器時代至清代主要遺址分佈及代表性文物

大埔樟樹灘遺址

大埔吐露港新石器時代距今7,000－6,000年前丫
洲遺址（左）及遺物出土狀況（右）

九龍李鄭屋東漢墓（公元
25－220年）出土之陶屋

九龍大埔村宋代（公元
960－1279年）出土之
陶器

東龍洲清代（公元1644－1911年）
砲台遺跡

春磡灣遺址是香港島
現存最古老的遺址，
出土距今約4,000年前
之水晶耳飾及距今
7,000－6,000年前之
彩陶盤

南丫島大灣遺址商
代（距今約3,500年
前）牙璋、串飾出
土狀況（左）及新
石器時代距今7,000
－6,000年前房址遺
跡（右）

根本性的變化。[9] 1988 年 10 月至 1989 年 3 月間，由中山大學人類學系、深圳博物館及香港中文大學中國考古藝術研究中心合作在香港大嶼山東灣遺址發掘，期間尚有日本築波大學及駒澤大學考古學系師生參與工作。是次田野考古同時揭露數百平方米的範圍，文化層堆積三米多深，發現五個不同時期的文化層。新石器時代居住房址遺跡、灰坑等極其豐富遺跡與遺物等的披露，是香港專業考古的發軔。[10]

　　九十年代是香港考古學發展的隆盛階段，無論從大面積設方、分層發掘、遺物與遺跡出土的紀錄等，均走向專業化。1990 年 11－12 月，香港中文大學與中山大學在南丫島大灣遺址，發現十餘處商周間的墓葬，出土精美玉石器、陶器及青銅器。[11] 1991－1992 年間，香港中文大學與內地廣東、山西、陝西等省的文物考古研究所、中山大學人類學系共同調查大嶼山北部三十九處的遺址，重點發掘了其中沙柳塘、白芒、扒頭鼓及沙螺灣鹹角等地點。其中扒頭鼓遺址，先後揭露面積約一千多平方米，發現了多座約三千多年前房址遺跡及大量生活工具。[12] 1996 年，香港中文大學又與中國社會科學院考古研究所及中山大學人類學博物館合作，再發掘大灣遺址，發現兩處六千年前居住的房址遺跡。[13] 九十年代間，除香港中文大學以外，香港及外國其他團體亦積極參與香港地區的考古工作。1992－1993 年，港府古物古蹟辦事處與香港考古學會發掘新界屯門湧浪遺址，發掘面積亦接近一千平方

9.　商志覃、李果：〈港澳地區史前時代沙丘遺址的分期及與珠江三角洲的關係〉，《當代港澳》，2 期，1994 年，第 48 頁。

10.　鄧聰：《香港考古之旅》，香港區域市政局，1991 年。

11.　鄧聰編：《南中國及鄰近地區古文化研究》，香港中文大學出版社，1994 年。

12.　〈扒頭鼓掘出新石器時代民居遺址料可推翻香港原住者為船民論斷〉，《明報》，1994 年 12 月 23 日，第 A2 頁。

13.　〈南丫五千年前有人居 —— 出土文物與湖北大溪文化有密切聯繫〉，《大公報》，1996 年 4 月 24 日，第 A10 頁。

米，發現新石器時代兩個不同時期的文化層。[14] 古物古蹟辦事處亦組織多處考古工作。1993 年，古物古蹟辦事處邀請英國倫敦大學考古學系師生在大嶼山沙螺灣岬角考古調查，於岬角上發現一處新石器時代晚期的聚落遺址。[15] 香港考古學會在九十年代以後，仍十分積極在本地開展考古工作，最重要的是在新機場的赤鱲角島嶼的發掘，其中最少包括虎地灣、蝦螺灣、過路灣及深灣村四個遺址調查發掘工作。在虎地灣及過路灣發現五千多年前新石器時代的陶器、石器飾物及一些遺跡。[16] 此外，尚有羅美娜（P. R. Rogers）在馬灣東灣仔遺址發現了新石器時代晚期、青銅時代及東漢幾個時代的文物。[17] 九十年代以來，由新機場工程的實施和帶動，香港地區更多的考古遺址可能被破壞或摧毀，由於本地的文物法例不足，很多遺址來不及充分的調查發掘，就被全面的推平摧毀。考古遺址一旦被破壞毀滅，就永遠不能再生。這是在九十年代本地考古工作表面一片興旺的背後，作為考古工作者所不能不反省及無法忘記之隱憂。

　　1997 年 7 月 1 日，中國恢復行使香港的主權，在香港實行《中華人民共和國香港特別行政區基本法》，實踐一國兩制。這樣，中國內地的文物法，並未在香港實施。從 1997 年回歸後的第一個十年所見，本地大專院校於香港的田野考古工作沒有得到發展的機會。此時，香港政府古物古蹟辦事處主動掌控所有本地大型考古工作的資源，通過引入中國各地考古工作者的合作形式，進行發掘，形成了香港考古工作主要由內地考古隊發掘的局面。1997 年由古物古蹟辦事處與中國社會科學院考古研究所在馬灣東灣仔遺址聯合發

14. 招紹瓚：〈香港近五年考古搶救工作的成果〉，《東南亞考古論文集》，香港大學美術博物館，1995 年，第 397－428 頁。

15. P. L. Drewett, *Neolithic Sha Lo Wan*, Antiquities & Monuments Office, 1995.

16. W. Meacham, *Archaeological Investigations on Chek Lap Kok Island*, The Hong Kong Archaeological Society, 1994.

17. P. R. Rogers et al., *Tung Wan Tsai: A Bronze Age and Han Period Coastal Site*, Antiquities & Monuments Office, 1995.

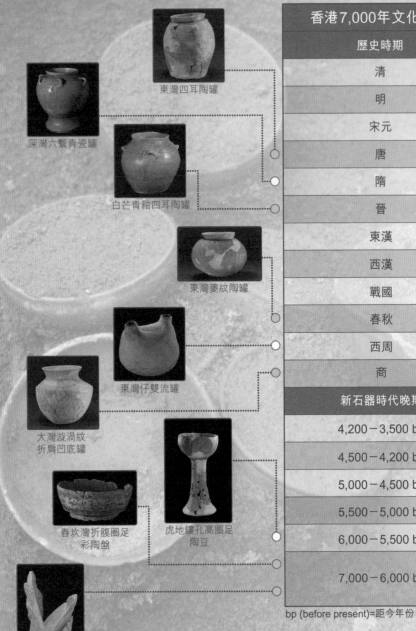

東灣四耳陶罐

深灣六繫青瓷罐

白芒青釉四耳陶罐

東灣夔紋陶罐

東灣仔雙流罐

大灣漩渦紋
折肩凹底罐

春坎灣折腹圈足
彩陶盤

虎地鏤孔高圈足
陶豆

東灣接合石片

香港7,000年文化歷
歷史時期
清
明
宋元
唐
隋
晉
東漢
西漢
戰國
春秋
西周
商
新石器時代晚期
4,200－3,500 bp
4,500－4,200 bp
5,000－4,500 bp
5,500－5,000 bp
6,000－5,500 bp
7,000－6,000 bp

bp (before present)=距今年份

藍地褐釉小壺

東灣青花小杯

妹灣仔青瓷片

李鄭屋漢墓青黃釉
陶鼎連蓋

白芒陶鼎

牛潭尾米字紋陶片

東灣仔折腹圜凹底罐

湧浪高領罐

東灣圜底罐連蓋

上過路灣鏤孔白陶豆

圖 1-2　七千年以來香港歷史文物序列

掘，在沙丘的遺址中清理了近二十座距今約三千多年的墓葬，獲評為 1997
年中國十大考古發現之一。[18] 1999 年，古物古蹟辦事處與湖南省文物考古研
究所、廣西壯族自治區博物館和中山大學人類學系合作，對西貢蠔涌遺址進
行發掘，發現新石器時代晚期、青銅時代以至宋代的遺存。[19] 2000 年，古物
古蹟辦事處與北京大學考古文博學院合作，在屯門掃管笏遺址發掘商周時期
遺存以至東漢的兩處灰坑和明清代三十四座墓葬。2001－2002 年，古物古
蹟辦事處一舉與河南、陝西、廣西、河北四省區的文物考古研究所聯合發掘
西貢沙下遺址，[20] 揭露面積達到三千多平方米，主要發現了史前以至少量東
漢和宋代遺存。到 2005 年 5 月，盛行了多年的以古物古蹟辦事處名義，聯
合內地各地考古發掘的合作形式，基本上告一段落。此後數年，香港地區的
田野考古工作數量急劇下降。到了 2008－2009 年，古物古蹟辦事處與中國
社會科學院考古研究所再次合作，在屯門掃管笏遺址進行發掘，總面積達到
3750 平方米，田野工作和遺物整理，主要由考古研究所支撐，港方負責行政
和業務上的協調。[21]

　　香港現存一百多處古代遺址，正隨着社會建設迅速發展而消失。目前，

18. 韓康信、董新林：〈香港馬灣東灣仔北史前遺址出土人骨鑒定〉，《考古》，1999 年第 6 期，
　　頁 18－25；香港古物古蹟辦事處、中國社會科學院考古研究所：〈香港馬灣東灣仔北史前
　　遺址發掘簡報〉，《考古》，1999 年第 6 期，第 1－17 頁。

19. 香港古物古蹟辦事處、河南省文物考古研究所：〈2002 年度香港西貢沙下遺址 C02 區和
　　DII02 區考古發掘簡報〉，《華夏考古》，2004 年第 4 期，第 3－62 頁。

20. 香港古物古蹟辦事處、陝西省考古研究所：〈香港西貢沙下遺址發掘簡報〉，《考古與文物》，
　　2006 年第 6 期，第 34－45 頁；吳偉鴻、王宏、譚惠忠、張鎮洪：〈香港深涌黃地峒遺址
　　試掘簡報〉，《人類學學報》，2006 年第 25 卷第 1 期，第 56－67 頁；香港考古學會：《香
　　港西貢深涌黃地峒遺址 —— 2004 年度考古調查報告》，2005 年 3 月；香港古物古蹟辦事
　　處、河南省文物考古研究所：〈2002 年度香港西貢沙下遺址 C02 區和 DII02 區考古發掘簡
　　報〉，《華夏考古》，2004 年第 4 期，第 3－62 頁；香港古物古蹟辦事處、中山大學：《香
　　港西貢蠔涌遺址 C 區發掘報告》，2000 年。

21. 香港古物古蹟辦事處、中國社會科學院考古研究所：〈香港屯門掃管笏遺址發掘簡報〉，《考
　　古》，2010 年第 7 期，第 17－30 頁。

考古方面的情況，仍沿襲自 1997 年前的狀況，社會上對考古的資源採放任不理的態度。要扭轉這個局面，必須讓本地政府與學術界的領導，首先從認識和重視本土歷史文化的重要性開始。

第一節

尋找最古老的香港文化

舊石器時代文化假說　沒有陶器的史前文化假說

香港雖是彈丸之地，然而，人類究竟在什麼時候開始在香港一帶地域生息活動呢？其最初的文化面貌又是怎樣的呢？

這些都是本地區人類歷史重大的問題。有關香港地區最早人類出現的探索，部分人認為在舊石器時代三萬年前，本地就已有人類生息活動。近年西貢黃地峒遺址的發現，有些研究者作了如上的推測。另一方面，在西貢滘西洲、蠔涌、新界沙頭角新村及大嶼山東灣的底層，都發現過以打製石器為主的文化層。上述除了蠔涌遺址出土一些火候較低的原始陶片外，其他幾處遺址相關的層位中，都沒有發現過陶片。有些學者推測，這些以打製石器為代表的文化層，可能是香港地區較早期文化的代表。按以上香港地區最早的文化，可分為舊石器時代文化和不含陶器的石器文化兩個假說。

2004－2005 年間，香港考古學會與中山大學嶺南考古研究中心對西貢黃地峒遺址進行發掘。黃地峒遺址位於赤門海峽企嶺下海的東海岸，地理位置是東經 114°17’，北緯 22°26’，遺址範圍東為黃地峒山西麓 50－60 米等高線處，西至海邊潮潤帶以下淺灘，南到鼇魚頭，北至深涌碼頭南。本遺址的中心範圍在黃地峒西麓，位於海拔 4－60 米山坡，大約有 10000 平方米。其中在山坡海拔 30－50 米高程，可見露頭大型石壁，應該是採取原石最直接的

地點。另一方面，沿海沙堤中仍然可以看到長 1 至 2 公里石器廢料的堆積。從海邊所見一些石器毛坯顯示，原石是採自河礫或沿岸的沖積礫石，從這個角度看來，黃地峒從海岸沙堤以至山坡周圍，都應該是當時人類頻繁活動的場所。

據 2005 年發掘報告，共發掘七個小探方，發掘面積共 10 平方米，發現石器約六千多件，數量上是相當豐富的。黃地峒簡報發表石器共 3621件，石材主要是矽質凝灰岩，適合於製作石器。[22] 據張森水主編《西貢黃地峒 —— 舊石器時代晚期遺址》一書稱，黃地峒的石器分為（1）石核與石片，（2）石器兩大部分。[23]

首先，石核方面，十四件石核包括單台面石核、雙台面石核、三台面石核、多台面石核、龜背形石核；由石核生產石片及細石葉兩種。石器方面，包括：（a）寬刃石器類，主要是各種刮削器、楔型器、砍砸器和齒狀鋸；（b）尖刃石器類如手斧、手鎬、尖狀器、雕刻器等。[24]

有關黃地峒出土文化年代問題，簡報中引用光釋光測年結果，推測包括兩個不同時期的遺存。早期遺存在距今約 40000 年，即舊石器時代晚期；晚期遺存為距今 6800 年，即新石器時代早、中期。[25] 最近，相關研究者對以上黃地峒遺址年代的認識，仍保持「這個遺址的年代定在介乎舊石器時代晚期至新石器時代早期之間，相信是比較合理的」。[26] 然而，在 2006 年以後，有學者在黃地峒採取樣品再作檢測，認為黃地峒文化堆積的年代，僅在距今約

---

22. 吳偉鴻、王宏、譚惠忠、張鎮洪：〈香港深涌黃地峒遺址試掘簡報〉，《人類學學報》，2006年第 25 卷第 1 期，第 56－67 頁；香港考古學會：《香港西貢深涌黃地峒遺址 —— 2004年度考古調查報告》，2005 年 3 月。

23. 張森水、吳偉鴻：《2006 年香港考古重大發現 —— 西貢黃地峒舊石器時代晚期遺址》，中國評論學術出版社，2010 年。

24. 同上註。

25. 香港考古學會：《香港西貢深涌黃地峒遺址 —— 2004 年度考古調查報告》，2005 年 3 月。

26. 商志馣、吳偉鴻：〈舊石器時代晚期至新石器時代早期遺址的發掘 —— 黃地峒遺址〉，《香港考古學敍研》，文物出版社，2010 年，第 122－134 頁。

7700－2500 年，並謂據地質學家意見，該堆積是經過擾亂的山前堆積。[27] 也有學者到黃地峒考察，並且看到 2005 年黃地峒出土的一些石器，認為黃地峒出土的石器，主要是錛、斧之類的石器毛坯製作過程的產物，並沒有具備任何屬於舊石器時代文化特徵的石器。至於這裏石器的年代考察，是否可以考慮作為距今約 7700－2500 年的階段呢？考古學文化的年代，並不是理化測定年代資料簡單的計算。我們認為，黃地峒遺址出土石器的年代，不會是在距今約 7700 年前，也不是距今 2500 年，更不是距今約 7700－2500 年的階段。因為，在距今約 7700 年前或者是 2500 年的階段，迄今都沒有發現過當時香港地區大量使用石錛、石斧的文化。黃地峒遺址的石器文化，不可能是橫跨距今約 7700－2500 年間，有着約五千年漫長的發展階段。據估計，黃地峒出土石器年代，可能與鄰近的沙下遺址新石器時代晚期的年代大致相當。沙下遺址一帶，已出土大量的石錛、石斧毛坯。

　　所謂不含陶器的石器文化，是根據目前考古發掘成果而作的假定。目前包括最少有西貢滘西洲、沙頭角新村和石壁東灣下文化層三個遺址，都發現過這種不含陶器的石器文化，可能代表着香港地區較早期人類的文化。

　　1994 年香港考古學會在西貢滘西洲的山崗，發現過一些打製石片，並採樣進行了碳十四測年，所得資料為七千年左右。

　　1999 年，由莫稚在新界東北沙頭角山坡二級階地沙頭角新村遺址發掘，發現三個文化層。下文化層為新石器時代早期，如 T3 地層為例，第七層黃棕色沙黏土層，出土一批打製石器，不包含陶片。據公佈下文化層石器包括手斧狀石器、尖狀器、一端尖狀器、單邊砍砸器、石片刮削器等。此外，另有石核 26 件、石片 35 件和石砧 43 件。莫稚認為：「下文化層年代最早，可以上溯至新石器時代早期，是華南地區以砍砸器為代表的礫石文化的延續，

27. Tracey L. D. Lu, "Report on the Date of the Wong Tei Tung Archaeological Assemblage", 2007；Department of Earth Sciences, The University of Hong Kong, "Report on the Optical Dating of Wong Tei Tung Archaeological Site".

上可承廣東封開黃岩洞和陽春獨石仔遺址，下可開新石器中期文化的先河。」

石壁東灣下文化層的工作，在 1988－1989 年由香港中文大學、中山大學、深圳博物館的聯合考古隊在大嶼山東灣遺址，進行了廣泛而深入的調查和發掘，對於尋找本地區最古老居民的蹤跡，提供了引人入勝的新線索。

東灣遺址位於大嶼山的西南部，石壁的東面海灣的岸邊，高出海面 7 米之沙堤上。東灣三面環山，前面是一個深入像袋形之海灣，東南面是一大片沼澤地，有小溪從山澗流出，是一個非常適宜古代人類生活的地方。東灣遺址是由戈斐侶於二十世紀三十年代初發現的。[28] 1937 年，安特生來港與戈斐侶在東灣遺址合作發掘。[29] 1979 年，香港考古學會再在東灣遺址調查。[30] 據我們後來在東灣遺址的工作了解，上述兩次的調查發掘，都沒發掘到遺址的最下部的文化層就半途而廢，殊屬可惜。

1988－1989 年，香港考古工作者在東灣遺址進行了第三次的調查和發掘。這次發掘的面積約 400 平方米，在 3 米多深的砂質土層中包括了唐代、幾何印紋硬陶和新石器時代的幾個文化層。其中 H、I_1、I_2 探方 3 米深底部的礫石層上面，發現了五十多件以打製石器為特徵的石器群。這五十多件的石器群出土之際，是緊貼在礫石層的上面。石器群的四邊散佈有若干碳化物。從石器的出土狀況、石片與石片的相互接合及遺物平面和垂直的分佈等觀察，這裏應該是當時人類的生活面。

石器群的組合包括有單邊砍砸器 4 件、雙邊砍砸器 3 件、石片 31 件和分割礫 6 件。據肉眼對石質之鑒定，為凝灰岩和流紋英安岩等。

綜合東灣遺址礫石層上出土石器群的特色有如下數端：

---

28. W. Schofield, *An Archaeological Site at Shek Pik*, Hong Kong Archaeological Society, 1975.

29. J. G. Andersson, "Topographical and Archaeological Studies in the Far East— Topography of the Hongkong Sites," *Bulletin of the Museum of Far Eastern Antiquities*, No.11, 1939, pp. 109-110.

30. R. J. Frost, "Shek Pik," *Journal of the Hong Kong Archaeolgoical Society*, vol. VIII, 1979, pp. 8-16.

a 1989 年東灣遺址

b 香港大嶼山東灣遺址發掘到礫石層上部

c 礫石層上部所發現拼
合的石片，證明人類
在此的活動

圖 1-3
香港大嶼山東灣遺址 1988－1989 年發掘，底層的礫石上發現不含陶器的石器群。

（1）尖突單邊砍砸器和雙邊砍砸器為本石器群的典型性器物。

（2）以石片二次加工的石器僅有 1 件，佔 2% 之弱。

（3）H、I₁、I₂ 探方中並沒有發現石核，暗示有搬移石核的行為。石片則被遺留於探方內保存。

（4）礪石是用作研磨骨角器，暗示骨角器的存在。[31]

以上簡單器種的組合，反映了當時人類經濟生活的側面。一般而言，文化是對生態環境適應的結果。東灣遺址裏魚貝類骨骼並沒有保存下來。然而，從骨角器的使用和遺址地理環境的推測，東灣先民可能主要以漁業和採集業為生。在海洋的邊緣魚貝類資源可以提供大量的蛋白質。東南中國海沿岸魚類極為豐富，漁穫四季不絕。台灣省八仙洞遺址曾發現砍砸器、石片、海洋魚類骨骼和單式鈎針等遺物，被推測為海洋漁業活動的生產經濟。[32] 東灣與八仙洞兩遺址出土的石器群頗為相似，所反映的經濟生活可能是一致的。

此外，1991 年台灣大學黃士強報道，在台灣東部東河地區小馬洞穴遺址，又再發現與八仙洞相似的礫石石器文化，年代為 5770 ± 50b.p. 和 5730 ± 50b.p.，同文化層內也沒有陶片。[33] 這些資料與東灣底層礫石面的年代相近，文化面貌均有一定的相似。兩者之間的關係是今後東南中國沿海岸早期文化研究一個最重要的課題。

總之，東灣遺址礫石層上部的石器群與東南中國的石器傳統有着密切的關係。近年來廣西百色遺址出土的石器群顯示東南中國大陸自舊石器時代開始，砍砸器石器群傳統即具有較強烈的特徵。而且，這種砍砸器石器傳統一直延續到新石器時代。東灣遺址底礫層上面所發現的石器群仍然以砍砸器為

31. 鄧聰：〈南海沿岸部無土器石器群〉，《考古學》，雄山閣，1989 年，第 35－38 頁。

32. 加藤晉平：〈南西諸島土器以前石器文化〉，《東土器起源關國際共同研究》，日本國學院大學，1997 年，第 19－23 頁。

33. 黃士強：〈從東河地區談東海岸史前文化及有關問題〉，《田野考古》，1991 年，2 卷 1 期；黃士強、陳有貝：《東河地區遺址試掘及史前文化重建》，台灣大學文學院人類學系，1990 年。

主要特徵，代表東南中國石器傳統重要的一環，是香港地區目前所知最古老的文化。我們估計年代可能在距今 7000 年以前。日本加藤晉平更指出，在更新世終末至全新世中期約一萬年之間，在南中國沿海以漁撈業為生人類之一分支，東灣底層礫石面的石器文化可能是其中之一代表。[34]

第二節
長江彩陶和白陶的流入

白陶與彩陶的發現　　大灣文化　　大溪文化

香港地處珠江口前沿，本地的傳統文化與嶺南地區一脈同源。然而，在新石器時代距今 4000－7000 年間，香港與長江地區的古文化明顯地有過很頻繁的交流。兩地古代文化交流的途徑，大體而言，可以分為河、海兩路。第一途徑是以沿內陸河流，由長江中游經粵西江或北江最後傳入香港。第二途徑可能是由沿海江浙至福建經粵東，最後流入珠江三角洲的前沿。近十多年來，香港中文大學在南丫島大灣及古物古蹟辦事處在新界湧浪遺址的新發現，為香港與長江地區新石器時代文化交流的研究，提供了重要的證據。

南丫島大灣遺址出土的彩陶與白陶，可以說明上述香港與長江中游古文化交流第一途徑的關係。1933 年，香港大學芬戴禮神父在南丫島大灣遺址附近進行考古發掘工作，首次發現了兩件頗為完整的泥質圈足彩陶盤。在當時同類型的器物在珠江口岸其他地方固然還沒有發現過，就是與安特生在仰韶發現的彩陶風格都不盡相同，別樹一幟。由於這種彩陶在大灣遺址第一次出

34. 加藤晉平：〈台灣・長濱石器文化系譜 —— 香港考古學事情〉，《國學院雜誌》，1995 年 7 月號，第 6 頁。

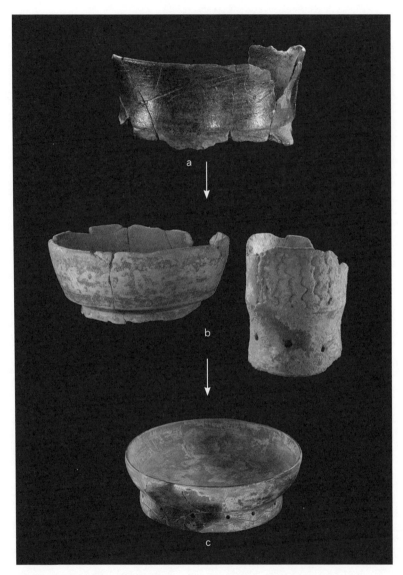

圖 1-4
香港彩陶發展的序列

a 龍鼓洲遺址距今 7000 年前彩陶
b 舂坎灣遺址距今 6400 年前彩陶
c 大灣遺址距今 6200 年前彩陶

土，被命名為「大灣式彩陶盤」。[35] 1990 年 12 月，學者在大灣遺址進行考古發掘，又再發現了一件同樣的彩陶盤和白陶共存。大灣式彩陶盤的特色是相當明顯的，一般高 6－9 厘米，口徑 15－25 厘米，泥質陶，矮圈足，淺盤。圈足與器身的高度相若。盤身外表及圈足的內外面常有陶衣及紅彩。紅彩主要為波浪紋。圈足上常見有刻劃的水波紋和排列有序的鏤孔行列。

目前對大灣式彩陶盤的分佈範圍，已有了初步的認識。從粵東海豐沿海西向至珠江三角洲一帶水域的附近，都是現今所知大灣式彩陶盤分佈的中心範圍。估計南海沿岸及珠江水系流域的範圍附近，都很可能會發現大灣式彩陶盤的蹤影，我們稱之為大灣文化圈。究竟大灣式彩陶盤的淵源來自何處呢？

二十世紀三十年代，芬戴禮與麥兆良神父都受到安特生仰韶彩陶文化西來學說的影響，不約而同將大灣文化的來源，指向越南北部諒山梅坡（Mai-pha）[36] 或柬埔寨。[37] 到了六十至七十年代間，有些研究者卻指出大灣文化的彩陶，與東部沿海的山東北辛文化或江、浙、閩一帶青蓮崗文化所出土的彩陶相接近。[38] 1991 年初，學者鄧聰初次考慮大灣彩陶盤、白陶與長江流域中游大溪文化之關係，初步提出大灣文化中之圈足盤、彩陶技術和白陶三者是從長江流域中游大溪文化輾轉傳到珠江口沿岸的地域。[39]

1994 年間，鄧聰與黃韻璋再就本地出土彩陶與白陶的系統研究，發表了〈大灣文化試論〉一文，嘗試就環珠江口距今六千年前的新石器文化的

35. 鄧聰：《香港考古之旅》。

36. D. J. Finn, "Archaeological Finds on Lamma Island near Hong Kong," *Hong Kong Naturalist*, vol. V, 1934, pp. 46-53.

37. R. Maglioni, *Archaeological Discovery in Eastern Kwangtung*, Hong Kong Archaeological Society, 1975.

38. 莫稚：〈略論廣東新石器時代文化〉，《中國考古學會第三次年會論文集》，文物出版社，1981 年，第 84 頁。

39. 鄧聰等編：《環珠江口史前文物圖錄》，香港中文大學出版社，1991 年。

白陶片

彩陶片

b

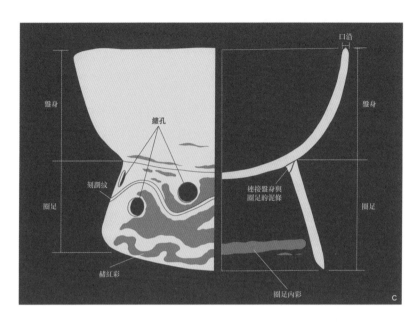

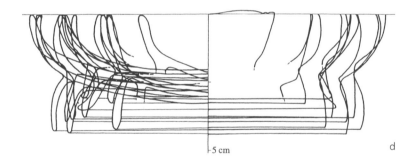

圖 1-5
1996 年香港南丫島大灣遺址發掘

a 中國社會科學院考古研究所及香港中文大學等合作發掘
b 距今 6200 年前居住房址遺跡中發現白陶與彩陶
c 大灣式彩陶盤各部位的分析
d 大灣式彩陶盤形式上變化

分佈、分期、文化內涵特徵、航海技術及源流等問題，作了初步的探討。[40]
1994年2月，於香港中文大學第二屆「南中國及鄰近地區古文化研究會議」
上，中國社會科學院考古研究所時任所長任式楠表示：「香港大灣出土彩陶
與白陶所代表的文化，與著名的大溪文化有密切聯繫。」[41]另一方面，長期
在長江中游流域考古工作的何介鈞也指出：「鄧聰先生在《環珠江口史前文
物圖錄》的前言〈環珠江口史前考古學芻議〉中對以上各說提出了異議，不
僅明確主張『大灣式彩陶盤是受長江中游一帶大溪文化的影響而產生的』，
且有着令人信服的論據。」並強調「環珠江口大灣式彩盤這一類型彩陶接受
的直接影響只能是來於鄰近的長江中游地區，特別是偏南的洞庭湖地區」。[42]
並且，何介鈞更指出：「最近承（廣西）蔣廷瑜教授相告，在潯水注入西江
附近的廣西南縣石足山遺址出土大量上紅衣的陶片，刻劃和戳印的平行弦
紋、短線段紋、波折紋、篦點紋，其圖案和風格，接近於洞庭湖區大溪文
化，更接近於沅水流域，也相似於環珠江口各遺址所出。」1996年間，香
港學者對湖南沅、澧、湘等流域新石器文化有了初步認識。其中，湯家崗墓
葬出土的戳印淺浮雕式白陶，與1996年在大灣發掘出土白陶在製作技術上
如出一轍，使人更深信在6000－7000年前，長江中游與香港間古文化確有
着極重要之交流。社科院考古所傅憲國等於1997年《考古》內發表石腳山
遺址採集到615件陶片，其中仍有夾砂及泥質兩種陶系，陶器紋飾上有繩
紋、籃紋、水波紋、曲折紋、壓印紋、壓劃紋、方格紋等十多種。[43]其中，

40. 鄧聰、黃韻璋：〈大灣文化試論〉，《南中國及鄰近地區古文化研究》，香港中文大學出版社，
1994年，第395－450頁。

41. 〈南丫五千年前有人居 —— 出土文物與湖北大溪文化有密切聯繫〉，《大公報》，1996年4
月24日，第A10頁。

42. 何介鈞：〈環珠江口的史前彩陶與大溪文化〉，《南中國及鄰近地區古文化研究》，香港中文
大學出版社，1994年，第321－330頁。

43. 傅憲國、李新偉、李珍：〈1996年廣西石器時代考古調查簡報〉，《考古》，1997年第10
期，第15－35頁。

有一件是以淺浮雕戳印紋飾的圈足陶片，與環珠江口地區白陶盤上所見同樣紋飾十分相近。廣西地區桂林甑皮岩洞穴亦出土過同樣紋飾的陶片，看來大灣文化部分的外來因素是由長江中游通過西江水系，最後流傳到環珠江口的傳播過程，日見明朗。最近，特別是 2004 年由廣西文物考古研究所何安益在平樂紗帽山調查，採集到十餘件戳印白陶片。有些學者傾向認為，環珠江口包括香港地區的白陶，很可能是從西側即湖南的沅水至桂林，再沿西江流向珠江三角洲。湖南省文物考古研究所賀剛指出：「從珠江三角洲和香港、澳門地區的咸頭嶺文化及其後續文化中出土白陶的器型與裝飾圖案觀察，其淵源均要追溯到高廟文化遺存的白陶。」[44] 從 1991 年鄧聰首先提出大灣彩陶、白陶來源於湖南的大溪文化，經過二十年各地學者的研究，相繼修正並補充了這個推測細節的部分，成為現今大灣文化來源於湖南西側的一個比較被廣泛接受的學說。

　　然而，一直以來，很少學者探討有關 6000－7000 年前長江中游的彩陶與白陶等技術在環珠江口地區擴散的背景。賀剛近年曾從宗教角度，去解釋高廟白陶向外擴散的動力。他指出：「白陶器物上的那些飛鳥、獠牙獸面、太陽和八角星等圖像，以及白陶器物本身的製作別具一格的篦點紋裝飾工藝，⋯⋯我認為這個內在的力量之源就是宗教！」不過，正如賀氏所指出白陶上鳳鳥和太陽等原始宗教崇拜，其背後根基仍然是南中國稻作文化經濟的基礎上一種精神文化的伸延。近年，長江中游農業起源的研究如火如荼。九千多年前稻作農業的發展經歷，是東亞南部人類歷史上最重要的發展之一。稻農業擴散遠及亞洲南部大部分的陸地，包括越南梅坡 [45] 及柬埔寨。[46] 近

44. 賀剛：〈高廟遺址出土白陶概論〉，《湖南考古輯刊》，第 8 集，嶽麓書社，2009 年，第 160－179 頁；傳憲國、涂棟棟：〈珠江三角洲地區史前白陶及其淵源〉，《考古一生 ── 安志敏先生紀念文集》，文物出版社，2011 年，第 259－273 頁。

45. D. J. Finn, "Archaeological Finds on Lamma Island near Hong Kong".

46. R. Maglioni, *Archaeological Discovery in Eastern Kwangtung*.

萬福庵遺址

龍穴遺址

后沙灣遺址

黑沙遺址

龍鼓洲遺址

圖 1-6　環珠江口大灣文化彩陶的分佈

梅沙遺址

咸頭嶺遺址

沙坑遺址

春坎灣遺址

灣遺址

年，世界考古學上討論史前穀物農業與語言文化兩者擴散有着密切的關係。
鄧聰於 1996 年〈大灣文化試論〉中嘗試指出屬於大灣文化之一的蜆殼州遺
址目前發現兩把多孔的石刀。多孔石刀在大灣文化的出現，可能暗示稻或其
他穀類農業的存在，對研究大灣文化的經濟面貌，有着重要的意義。[47] 他最
近認為距今 6000－7000 年的大灣文化，農業很可能已從長江中游順內河傳
播到珠江流域一帶。大灣文化時期的彩陶和白陶技術，很可能是農業社會擴
散的產物。

第三節

樹皮布文化源流的探索

香港及環珠江口樹皮布體系文化　石拍的形制
環珠江口與世界樹皮布體系

樹皮布（Bark Cloth，Bast Cloth，Tapa）是一種由拍打技術製作成的布
料，與紡織布的經緯織造技術系統完全不同。製作者將樹皮的纖維經濕潤後
再長時間拍打，使韌皮纖維交錯在一起，成為片狀的樹皮布料。不同的細小
樹皮布料，又可被拍打連接。

樹皮布文化是人類衣服歷史上重要的一環。歐、美大博物館中收藏有不
少十八世紀後在美洲、大洋洲及東南亞搜集的樹皮布精品。近十年來香港以
至環珠江口考古發現的新石器時代大量的樹皮布石拍，引起了世界史前學界
高度的重視。環珠江口地區樹皮布石拍的資料，被視為史前時期東亞大陸
東南沿海與大洋洲原南島語族間關係探究的具體接觸點。近年中國織造業

---

47. 鄧聰、黃韻璋：〈大灣文化試論〉。

（Textile）史研究代表作之一，由劍橋大學 1988 年出版的《中國科學技術史》第五卷九部 "Textile Technology：Spinning and Reeling" 備受注目。該書序言中李約瑟認為楮樹（Broussonetia Papyrifera）纖維的衣服，於中國紡織史上不佔有重要角色。[48] 然而，事物發展往往出人意表。根據現今我們所掌握環珠江口地區的考古資料顯示，本地區新石器時代樹皮布文化的發現，毫無疑問將大幅改寫中國織造業史的內涵，甚至對地球上亞熱帶至熱帶人類衣服歷史的重建，有着決定性的意義。樹皮布衣服的起源，可能在南中國，特別是嶺南的範圍。

1994 年，鄧聰在〈大灣文化試論〉中，首次綜合環珠江口地區的樹皮布文化，[49] 指出大灣文化的一個別具特色的文化因素，是大灣文化主人的服飾。原始人類以手、腳的配合，就可以搓撚出纖維線條。但如果要製作較長和均一線條，仍有必要依賴紡輪。究竟大灣文化體系中，服飾的製作是怎樣的呢？1979 年，香港大學地質學家趙子能和 V. 沃德（Ward）所發表〈是樹皮布石拍嗎？〉一文，介紹了香港大嶼山萬角咀第一次發現的樹皮布拍。[50] 然而，這篇文章題目對此種石器尚存疑問。文章內容沒有提及「樹皮布石拍」一詞，而用「刻槽石器」與「人工製品」等代名詞表示樹皮布石拍。此後十餘年間，在環珠江口一帶草堂灣、拱北、水涌、下沙、龍穴、白水井、虎地灣、萬角咀、湧浪（南）、大梅沙、大黃沙和咸頭嶺等十數個遺址，出土了數量可觀的同類石器。過去中國大陸其他地區的新石器文化裏，並未發現過同類型的石拍。一些研究者初步估計，這些石質的拍可能是拍製陶器的工具。然而，如凌純聲與凌曼立合著的《樹皮布印文陶與造紙印刷術發明》，

48. Dieter Kuhn, *Science and Civilisation in China, vol. 5: Chemistry and Chemical Technology, Part IX, Textile Technology: Spinning and Reeling*, Cambridge: Cambridge University Press, 1988.
49. 鄧聰、黃韻璋：〈大灣文化試論〉。
50. Chiu T. N. and V. Ward, "A Barkcloth Beater（？）," *Journal of the Hong Kong Archaeological Society*, vol. VII, 1979, p. 98.

b

a

c

圖 1-7
香港南丫島大灣遺址 1996 年發掘出土的石拍

a 大灣遺址石拍出土狀況
b 大灣遺址的發掘
c 1996 年大灣遺址出土的三件石拍

是國人對同類型石拍研究的重要著作。[51] 早於二十世紀四十年代，日本學者鹿野忠雄曾作較詳細說明，由以為石拍是陶器的印紋具，到其後弄清這些石器是為製造樹皮布打棒（Tapa Beater）的認識過程。大灣文化裏包含大量拍打繩紋的陶器。這些拍打繩紋的紋飾上，繩紋的原體即繩的纖維絞索痕跡清晰可辨。有槽石拍不可能拍打出具有繩紋原體的拍打繩紋紋飾。環珠江口地區出土的有槽石拍即樹皮布拍，是不必爭論的事實。

綜合環珠江口地區已發現樹皮布石拍的形制，可以區分出：（1）圓角長方形、（2）圓角正方形、（3）長條形、（4）圓形、（5）菱形五種。其後楊式挺發表了龍穴新資料，尚可以增加一種亞腰型樹皮布拍。第一種圓角長方形的石拍，是最常見的類型。大梅沙、咸頭嶺、龍穴、水涌、萬角咀等遺址均有發現。此類型石拍的拍面，均為縱長的槽紋，未見方格的槽紋。其中以大梅沙出土的一件最精美，長 21.9 厘米，寬 6.6 厘米，厚 1.2 厘米。拍面有 24 條縱長的槽紋。槽寬一般約 0.2 厘米。拍背近四角處有直徑 0.4－0.5 厘米未穿透小孔。拍背研磨光滑，近邊處磨圓斜收。此外，龍穴和虎地灣發現的一些圓角長方形石拍殘件，正反均刻有槽紋。龍穴的石拍連側沿也有若干槽。大黃沙一件可能是圓角長方形石拍的殘件，背面及一側沿刻劃有圖案，其中一角亦有未穿透的小孔。第二種圓角正方形的石拍數量較少。龍穴出土一件長 5 厘米、寬 5.5 厘米的石拍，拍面有 14 條縱長的槽，四方磨圓。第三種長條形石拍目前亦僅見於龍穴。此種石拍特徵除拍體呈長條狀外，拍面有方格狀槽。其中一件長 9 厘米，寬 2 厘米，拍面為方格狀槽，拍背有一道凸棱，兩側磨出一道或二道凹槽。第四種圓形石拍僅見於大黃沙，目前只發現一件。拍面有十三條縱長的槽，拍背光滑，徑 5 厘米，厚 2 厘米。第五種菱形石拍，目前僅見於三灶島草堂灣遺址，經採集發現。原報告者將之列入第二期文化遺存，屬夏商時期的幾何印紋陶時期。鄧聰認為迄今環珠江口一帶商

51. 凌純聲：《樹皮布印文陶與造紙印刷術發明》，中央研究院民族學研究所，1963 年。

周時期其他遺址尚未發現過石拍。香港地區湧浪遺址約四千年前後層位亦出土若干紡輪，不見石拍。因此推測三灶島草堂灣出土的菱形石拍，可能屬於草堂灣第一期文化遺存。

上述第一至四和六類石拍毫無疑問都是屬於大灣文化的產物。石拍的石質一般被鑑定為砂岩。只有由香港萬角咀出土的一件，經地質學家趙子能顯微鏡過鏡觀察，鑑定結果石質主要成分由長石、黑雲母及磁鐵礦組成。岩石正名為正長岩石英（Quartz syenite），即二長岩（Monzonite）。同類型的岩石於大嶼山，特別是南岸的銀礦灣一帶都有分佈。

凌純聲曾指出，樹皮布在馬來坡利尼亞安語（Malayo-Polynesian）或南島語（Austronesian）中均稱 Tapa，即樹皮布。Tapa 文化地理分佈甚廣，而以環太平洋為主要地區，且自東南亞向西，經過馬達加斯加島而達非洲東部，甚至遠及西非。澳洲大學考古學家彼得活教授（P. Bellwood）就樹皮布文化的意義曾精確地指出，樹皮布拍一般常見於東南亞的島嶼及其接近大陸邊沿地帶，特別是在南島語系的地理範圍。然而，大陸地區的遺址往往出土紡輪。這反映早期南島語系與樹皮布傳統對大洋洲地區具有特別的重要意義。

在中國大陸新石器文化研究來說，環珠江口一帶大灣文化裏所發現為數不少的樹皮布石拍，是中國大陸目前所知唯一年代最早，且科學性最強的與樹皮布技術有關的資料。龍穴遺址一處就發現了長條形、圓角長方形和圓角正方形三種的石拍，型式相當豐富。環珠江口大灣文化樹皮布傳統的發現，對環太平洋、美洲 Tapa 文化起源問題的解決，或者是過去南島語系在大陸地區分佈等問題的探索，提供了一項關鍵性的線索。同樣，大灣文化時期的居民所穿著樹皮布衣服，肯定有異於同時代大陸其他地區新石器文化人類的服飾。從民族的區分來說，服飾往往具有相當決定性的意義。從這一點來說，樹皮布石拍對於大灣文化，是一個頗為重要且具有獨特性的文化因素。

環珠江口 7000 年前樹皮布文化的存在，在世界史前學上有着重要的學術意義。按現今所知在東亞大陸範圍，以環珠江口文化的樹皮布石拍年代最久

圖 1-8　香港赤鱲角虎地遺址出土石拍

a 赤鱲角虎地遺址石拍
b 赤鱲角虎地遺址石拍上溝槽崩斷使用痕跡
c 大嶼山萬角咀遺址出土石拍

遠，在距今 6000－7000 年前之間，是不會動搖的事實。由珠江口向南中南半島，越南北部馮原文化有豐富之樹皮布文化，年代可能在 3500－4000 年之間。泰國及馬來半島的樹皮布文化稍晚，在 3500 年前稍後。菲律賓、中國台灣等地都有別具特徵性的樹皮布文化，年代迄今所知不超過距今 3500 年。大洋洲島嶼均為樹皮布文化繁盛區域，其年代更應在距今 3500 年之後。至於中部美洲樹皮布／紙文化，如阿茲台克及瑪雅文化，均盛極一時。中美洲樹皮布文化上限不超過距今 2500 年。加拿大蒙特利爾大學人類學教授保羅·托爾斯泰（Paul Tolstoy）自 1960 年以來，發表一系列對比東南亞與美洲樹皮布文化之科學研究，美洲樹皮布文化來源於東南亞，已是牢不可破之科學定論。現今香港地區以至環珠江口之樹皮布文化，竟早於距今 6000 年前便已露頭，

很可能就是東南亞樹皮布文化之源頭。可見珠江及港澳地區考古之重要性。

近二十多年有關學者就環珠江口、越南及台灣三處地區約一百多處地點共出土樹皮布石拍三百多件，進行全面的整理，並對環珠江口十六處遺址出土的一百多件石拍做了直接詳盡的研究。

更有進者，民族學樹皮布製作資料的對比分析，據出土石拍的屬性就石拍的功能作了科學的探討，並初步建立新石器時代晚期至青銅時代南中國與東南亞大陸及島嶼的樹皮布文化體系。首次規劃出八處樹皮布石拍分佈圈。

珠江水系流域是目前已知世界樹皮布文化最古老的傳統。中國嶺南可能是樹皮布技術的起源地。環珠江口地區二十多處遺址出土大量的石拍，是目前已知世界上最早的樹皮布製作工具。最近，據廣西考古隊謝光茂在革新橋遺址的發掘，出土可能是新石器時代較早的石拍，揭示嶺南是世界樹皮布文化起源地之一。

南中國及東南亞大陸與島嶼樹皮布石拍文化圈的建立。大約距今 4000－3000 年前的新石器時代晚期到青銅時代階段，南中國及東南亞大陸與島嶼等地，都出土很豐富的樹皮布石拍。按各地出土石拍技術形態分類，可分為棍棒型與複合型兩大類。從各地出土石拍的初步分析，南中國、中南半島以至馬來半島廣泛地域，是以複合型石拍佔較大的優勢。其中複合型錘狀式石拍一般都是方格槽面，自雲南經泰國西部直下至馬來半島、爪哇都有分佈，成為東南亞大陸西面勢力最強大的石拍體系。估計其影響向西尚跨過緬甸直逼印度的東北角，北部也可能橫跨金沙江進入四川盆地。錘狀式石拍的分佈不見於中南半島沿湄公河以東的範圍。紅河三角洲是複合型馮原式石拍出土的集中地。珠江三角洲及粵東仍使用複合型球拍式石拍。雲南中南部至越北河江省流行棍棒型的河江式石拍。諒山及南部多樂省（Dac Lac）可散見棍棒型海南式石拍。南中國及中南半島東部棍棒型石拍的存在，為東南亞島嶼上棍棒型石拍來源地的考察，提供了重要的根據。

另一方面，東南亞島嶼自台灣南下至菲律賓群島，都是棍棒型石拍的分

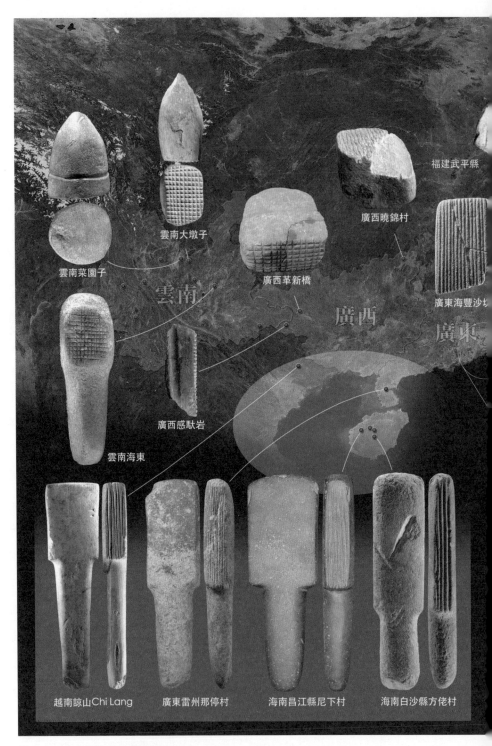

福建武平縣

廣西曉錦村

廣東海豐沙坑

雲南大墩子

雲南菜園子

廣西革新橋

雲南

廣西

廣東

廣西感馱岩

雲南海東

越南諒山Chi Lang　　廣東雷州那停村　　海南昌江縣尼下村　　海南白沙縣方佬村

圖 1-9　南中國及越南相關石拍分佈

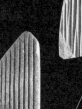

廣東揭陽后山

廣東深圳大黃沙

廣東東莞蠔崗

廣東深圳咸頭嶺

廣東深圳大梅沙

香港屯門湧浪

中山龍穴

香港赤鱲角虎地

廣東珠海寶鏡灣

香港南丫島大灣

佈地，可以細分為卑南式、巴拉望式及帶角式石拍。卑南式石拍只見於台灣東南一角，分佈範圍狹窄。帶角式石拍別具特色，自台灣、菲律賓一線直下，以至加里曼丹及蘇拉威西等島嶼，成為東南亞島嶼上分佈範圍最廣的樹皮布加工工具。此外，複合型馮原式石拍在東南亞島嶼上也有稀薄的分佈。海南島空間上位於東南亞大陸與島嶼之間。迄今所見，海南島五指山周圍出土以棍棒型海南式石拍為主，近年廣東雷州半島也曾發現過同樣的石拍。[52]

　　總的來說，東南亞大陸上複合型與島嶼上棍棒型石拍東西對壘，期間在文化傳播或人口移動方面，大陸向島嶼的波及可能是主流，而相互滲透也是理所當然的事。其中如海南式、馮原式和錘狀式是跨大陸與島嶼分佈；巴拉望式和帶角式只在島嶼上發現過，屬於環海島的石拍。上述南中國以至東南亞樹皮布石拍體系的認識，是迄今已知世界上樹皮布衣服系統最古老的傳統之一，有着重大的學術意義。

　　距今六千多年前或更早的階段，黃河及長江流域流行紡輪，顯示了紡織布衣服的流行；珠江水系一帶，出現了發達的樹皮布石拍，樹皮布相當繁榮。長江以北的紡織布與珠江水系的無紡布兩大衣服體系分庭抗禮。

　　最後，現今東亞地區史前學最重大課題之一，是蒙古人種形成與擴散的研究。在更新世晚期蒙古人種北面之一分支，在二萬年前左右從體質及文化上適應極寒冷氣候（$-40℃$），自東北亞洲北緯 $60°$ 由西伯利亞經白令海峽進入美洲。蒙古人南部分支，從數萬至數千年間，自東亞大陸東南部（中國東南至中南半島）向海洋發展，從大洋洲遠至夏威夷最後進入中美洲。在史前時期，蒙古人種已征服東亞大陸、美洲、大洋洲上島嶼等地，佔有全地球四分之三陸地與海面的範圍。香港屬於東亞東南部的範圍，香港史前史特別是新石器時代早期階段，必須從南部蒙古人種向海洋擴散的角度去探究。香港以至環珠江口地區新發現樹皮布文化，其重要意義可以想見。

52.　邱立誠：《粵地考古求索 —— 邱立誠論文選集》，科學出版社，2008 年，圖版二。

第四節

良渚文化玉器向南分支

湧浪遺址　良渚系玉器　湧浪玉鉞

近年，另一個重要的考古發現是新界屯門湧浪遺址的發掘。據報告，湧浪遺址厚約 2 米堆積中，包括新石器時代兩個不同時期的文化層，分別屬於公元前 4100－3600 年及公元前 2600－2400 年。[53] 前者屬於鄧聰近年所提出「大灣文化」的範圍中。後者新石器晚期的文化遺存卻更豐富。據發掘主持者認為，新石器晚期的文化遺物廣泛分佈於整個遺址，反映該處當時應屬於一處較大型的聚落遺址。從墓葬或遺址文化層出土屬於公元前 2600－2400 期間大量水晶或石玦，是最引人注目的。從此處出土製作玦的毛坯、素材至半製成品及成品等，清楚地反映了該處是玦飾的製作地點。湧浪出土玦飾製作上，亦有較原始的因素，如在玦飾穿孔製作上兼採用琢或空管鑽穿的方法。其中琢穿法在本地後來如春秋期間的玦飾製作技術中就已不再被採用。湧浪遺址另一惹人注目的發現是石鉞及鐲的共同出土，已發表兩件石鉞其中大型一件長 29.5、寬 17.5 厘米，製作相當精美，兩件鉞的刃部均明顯向一邊傾斜，未見明顯使用痕跡。一件石鉞與石鐲相疊壓出土。與湧浪遺址相似的斜刃石鉞在 1970 年間南丫島深灣遺址也發現過。[54] 1999 年和 2000 年，香港考古學會和深圳市文物考古鑒定所合作，在新界后海灣沿岸的下白泥遺址發掘，在 M1 墓中，出土兩件大型的石鉞和大型河礫石，分別長 34.5×14.4 厘米和 32 ×18.3 厘米，很受注目。同遺址還出土石矛和石鏃。估計下白泥出

---

53. W. Meacham, "Middle and Late Neolithic at 'Yung Long South'," *Archaeology in Southeast Asia*, The University of Hong Kong: The University Museum and Art Gallery, 1995, pp. 445-466.

54. W. Meacham ed., *Sham Wan, Lamma Island: An Archaeological Site Study*, Hong Kong Archaeological Sociey, 1978.

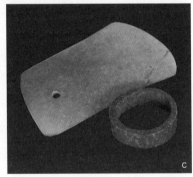

圖 1-10　香港屯門湧浪遺址出土的四千多年前的遺物

a 手鐲的製作由半成品至成品，證明湧浪遺址是本地最早玉作坊
b 湧浪遺址出土別具特色假圈足陶罐，反映與閩南、粵東密切的關係
c 湧浪遺址出土玉鉞及玉鐲，展現了良渚玉器風格的影響

土石鉞的年代，其上限比較接近湧浪遺址的階段。

　　這裏先從湧浪出土的鐲和鉞討論。湧浪出土的鐲發表僅一件，直徑 7.6 厘米，外壁面平直為豎寬型，環體的平面窄，側面寬，形成豎寬頻狀或短筒狀。以上湧浪出土的玦、鉞、鐲三者的淵源毫無疑問來源於長江流域。但具體流入路線的考訂言之尚早。其中如豎寬型的玉鐲在中國東部沿海的良渚文

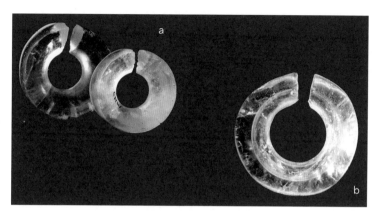

圖 1-11　　新石器晚期精美水晶耳環
a 舂坎灣遺址出土
b 湧浪遺址出土

化中就相當盛行，見於寺墩、反山、瑤山、福泉山、張陵山、草鞋山、少卿山、青墩、黃土山。[55] 鐲在廣東境內受良渚文化影響的範圍，都有發現過。粵西方面如 1984 年在利宅村的塘角咀遺址試掘發現過三件石鐲。[56] 此外鄧聰於 1988 年訪問封開博物館期間，曾直接觀察過杏花祿美村玉石琮、鉞及鐲，其中玉鐲與湧浪的相當類似。近年廣東省博物館在烏騷嶺墓群也發現過五件石鐲，其年代與湧浪的上文化層相當接近。[57] 此外，粵北石峽遺址中簡報的「玉環」亦即玉鐲。[58] 以上可見良渚的玉鐲自粵北而粵西的發展，而湧浪出土的石鐲，當然是迄今所知良渚玉鐲最南的代表。在鉞方面，湧浪出土石

55. 任式楠：〈中國史前玉器類型初析〉，《中國考古學論叢》，科學出版社，1993 年，第 121－122 頁。

56. 楊式挺：〈略論封開先秦歷史文物在嶺南的地位〉，《嶺南文史》，1996 年第 4 期，第 19－30 頁。

57. 鄧增魁編：〈古墓葬〉，《封開縣文物志》，封開縣文物管理委員會‧封開縣博物館，1995 年，第 39 頁。

58. 廣東省博物館、曲江縣文化局、石峽發掘小組：〈廣東曲江石峽墓葬發掘簡報〉，《文物》，1978 年第 7 期，第 1－15 頁。

鉞斜刃特徵相當明顯。有些研究者對石鉞分析指出，長江下游的江、浙、皖是目前發現石鉞最多的地區，它的起源和演變序列也比較清楚。[59] 在石鉞系列研究中，香港湧浪、深灣遺址出土斜刃石鉞，與傅憲國所訂二型 I 式梯形石鉞比較接近，其特徵是拱背，斜弧刃，刃口鋒利，兩腰斜平齊，與湧浪、深灣遺址出土的斜刃鉞相當接近。傅氏所舉出土石鉞二型 I 式遺址包括黃河流域鄭州大河村[60]、江蘇大墩子[61]、圩墩[62]、綽墩[63]、安徽薛家崗[64]、上海崧澤[65]及廣東石峽[66]。其中鄭州大河村兩件石鉞筆者認為均處於刃部再生狀態，是否能置於傅氏的二型 I 式尚為疑問。現今可見斜刃型的石鉞基本以長江下游為中心沿海一帶的地域分佈。石峽與湧浪的斜刃石鉞的形態基本一致，兩者之間有着密切的關係。湧浪的鉞、鐲及玦等來源，除可能由北江、西江南下外，另一條沿海路線亦不可忽視。早於上世紀三十年代麥兆良曾在粵東沿海菝子園等地發現過典型的石鉞。[67] 近年廣東考古學者再在粵東海豐田幹圩海岸發現過代表典型的良渚文化因素玉琮及鐲，[68] 是良渚文化之載體沿海活動的重要證據。這不難使人想像湧浪及深灣的良渚因素鐲及鉞等可能是一種沿海文化

59. 傅憲國：〈試論中國新石器時代的石鉞〉，《考古》，1985 年第 9 期，第 830－833 頁。

60. 鄭州市博物館：〈鄭州大河村遺址發掘報告〉，《考古學報》，1979 年第 3 期，第 301－376 頁。

61. 南京博物院：〈江蘇邳縣大墩子遺址第二次發掘〉，《考古學集刊》，第 1 期，1981 年，第 27－47 頁。

62. 吳蘇：〈圩墩新石器時代遺址發掘簡報〉，《考古》，1978 年第 4 期，第 223－240 頁。

63. 南京博物院、昆山縣文化館：〈江蘇昆山綽墩遺址的調查與發掘〉，《文物》，1984 年第 2 期，第 6－11 頁。

64. 安徽省文物工作隊：〈潛山薛崗新石器時代遺址〉，《考古學報》，1982 年第 3 期，第 283－324 頁。

65. 上海市文物保管委員會：《崧澤》，文物出版社，1987 年。

66. 廣東省博物館、曲江縣文化局、石峽發掘小組：〈廣東曲江石峽墓葬發掘簡報〉，《文物》，1978 年第 7 期，第 1－15 頁。

67. R. Maglioni, *Archaeological Discovery in Eastern Kwangtung*.

68. 楊少祥、鄭政魁：〈廣東海豐縣發現玉琮和青銅兵器〉，《考古》，1990 年第 8 期，第 751－753 頁。

擴散的象徵。湧浪和深灣是迄今所知擁有良渚文化因素最南面位置的新石器時代晚期的遺址。

第五節

從以船為家到聚落定居

以船為家　東灣　聚落定居

　　香港維多利亞港兩岸密集的現代建築群，高聳入雲，其美麗的夜景令人讚絕不已。然而究竟從什麼時候，人類開始來到香港定居生活？他們的居住形式又是怎麼樣呢？二十世紀三十年代香港地區已發現超過一百處以上史前遺址的地點，並且後來出土數以萬計的史前遺物如石器和陶器破片。可是，在香港史的範圍中，長期以來卻流傳着一項令人頗為費解的說法，有人這樣論述：「本區的先民……是以船隻為家，他們經常登陸作短暫的居留。」其中原因是由於「固定住屋的遺址至今還未有發現」。[69] 這確實是使人特別是對考古工作者來說，是難以置信的。從 1925 年香港地區開始考古工作，到 1988 年香港考古學會仍宣稱雖然深入對不同地貌及生境的研究，始終未發現過人類的居住遺跡。[70] 我們認為以上從找不到史前房址遺跡，而發展出以船為家的說法是似是而非的。能否發現房址遺跡，往往與我們對史前房址遺跡概念與考古發掘技術有關。從 1987 年後我們在香港不同地區陸續發現大量新石器時代到青銅時代房址的遺跡，史前香港的居民以船為家的說法不攻自破。我們在 1987 年在大嶼山東灣遺址發掘期間，首次在第三層中部發現

---

69. 白德：《香港文物志》，香港市政局，1991 年，第 14 頁。
70. W. Meacham, "A Summary of Recent Archaeology in Hong Kong," *Hong Kong Anthropology Bulletin*, Hong Kong Anthropological Society, p.17.

了先秦時期房址的遺跡，房址規模南北軸 4.5 米以上，略呈方形，共發現六個排列有序的柱洞。東灣的報告中報道「柱穴的平面形狀為橢圓形，深 50－60 厘米。柱穴口的直徑一般約為 55－45 厘米。第 1、2 和 5 號的柱穴相隔約 1.5－2 米，排列成一直線。第 1 和 3 號的柱穴底發現石礎。第 3 號柱穴位於 TX 探方的西南角。柱穴口於第三層的中部，立地標高 597 厘米。柱穴口的直徑約 50 厘米，呈橢圓形。柱穴內壁垂直近 90°。柱穴底並未貫穿第三層的底部。柱穴內的堆積土壤，可以細分為三層：

（1）第 1 層：褐色沙質土，略帶粘性。不含遺物。

（2）第 2 層：赤褐色沙質土，粘性稍強於第 1 層。不含遺物。

（3）第 3 層：明赤褐色粘性沙質土。含拍打繩紋陶片。

第 1 號柱穴中所發現的三層堆積土，均與本遺址基本層序第四層的土質相似。推測較具粘性的沙土，有固定房柱的作用。第 1 柱穴的底部發現有三塊河卵石，排列有序，應該是石礎。[71]

1988 年，香港中文大學與中山大學考古隊等再在東灣遺址新石器時代中期層位中最少發現三處房址的遺跡。其中一處為較大的房址遺跡，推測南北軸可能有 8－10 米，房址四周由大型河卵石緊密排列構築而成。[72] 此外兩處較小的房址遺跡位於大房址旁側，其中一座亦由疏落的河卵石圍築，另一座房址的遺跡只見有柱洞，房址內部尚有火塘的遺跡。[73]

1992 年 1 月，在大嶼山白芒遺址，又發現了相當於春秋階段的房址遺跡。在這文化層中的遺跡，包括有礫石構築群、灰坑及紅燒土、燒火堆等。如以分佈於 G12 一組礫石群為例說明。礫石一般為河礫，不見棱角，長寬約為 30－20 厘米。按礫石擺置圍一個石圈，礫石圈的直徑約 4 米。在石圈內

71.　鄧聰：〈香港大嶼山東灣新石器時代沙丘遺址發掘簡報 —— TX 探方第 1 號房子遺跡〉，《紀念馬壩人化石發現三十周年文集》，文物出版社，1988 年，第 209－210 頁。

72.　鄧聰等編：《壞珠江口史前文物圖錄》，頁 1，圖版 1。

73.　鄧聰：《香港考古之旅》，第 35 頁。

圖 1-12
香港大嶼山東灣遺址新石器時代約五千多年前居住房址遺跡

a 由柱洞構成橢圓形房址遺跡
b 由大型河礫石圍築房址遺跡

圖 1-13
香港大嶼山扒頭鼓遺址商時期聚落、房址遺跡測量工作進行中

尚有若干礫石，其中以圈中心偏東一件較大型礫石長寬為 60×40 厘米，此石礫石較平坦一面朝上。此外礫石圈內土色與四周土色有較顯著之差異。石圈內部及周邊附近，陶片及石器分佈相當集中，並有發現炭粒。石圈外尚有數個灰坑。從出土遺物水平分佈等觀察，此處是人類居住之處。我們估計，礫石圈可能是房址結構的一部分。有關房址上部結構復原，有待進一步深入的研究。[74] 1992 年 2 月至 7 月間，香港中文大學考古隊與陝西考古研究所在香港大嶼山扒頭鼓進行考古工作，發掘面積為 1000 平方米以上，一舉清理出二十多處礫石的遺跡，可能都是與房址遺跡有關。估計年代距今 4000－3500 年之間。扒頭鼓遺址位於大嶼山的東北隅，坐落在東南方向延伸入海的岬角台地上，形成一種具有特色的山崗遺址。該台地最高為海拔 31.2 米，頂部平坦，微向西傾。由於斷層發育，東、南、西三側形成陡峭地形，三面環海，只有向中北地勢較緩，具有可靠的防禦性。遺址是半島狀台地突出，可以俯視監察範圍寬度，包括東北部汲水門馬灣、東面的青衣島、東南部香港島及南丫島，西南部遠及愉景灣一帶，均一目了然。這裏對附近海洋潮流變動、魚類群游遷移等觀察，佔有極有利的戰略性位置。台地西南邊有一南向海灣，海拔高程約 4 米，有溪水流入海中，提供了人類食水的泉源。無可疑問，這裏是人類生活聚居良好的地點。

此遺址出土的陶器，與廣東同時期遺址如河宕及村頭的陶器是相當一致的。泥質陶豐富，折肩、圜底、凹底或圈足風格流行，紋飾以葉脈紋、旋渦紋和曲折紋為主。過去測定年代河宕遺址為距今 5000－3900 年；村頭遺址為距今 3500 年前後。我們暫訂扒頭鼓遺址的年代約 4000－3500 年前。可以想像當時房址是相當簡陋的。原來的房址被放棄後，由於倒塌或人為的改建破壞，以及自然力量及近世擾亂等因素，房址遺跡的保存完整程度，有相當

74.　鄧聰、商志𩲫、黃韻璋：〈香港大嶼山白芒遺址發掘簡報〉，《考古》，1997 年第 6 期。

圖 1-14
香港南丫島大灣遺址六千年前
房址遺跡清理和測量

的差異。[75]

1993 年英國倫敦大學考古學系祖彼得（P. Drewett）在大嶼山沙螺灣岬角台地考古發掘。沙螺灣地貌與我們發掘的扒頭鼓遺址基本一致，同樣是伸出海灣的長形岬角的台地。是次祖彼得的發掘工作發現一處可能是居住房址的遺跡，但很可惜在他的正式報告中竟然沒有發表房址遺跡全體發掘完成後的照片。[76] 1995 年，羅美娜在馬灣的東灣仔發掘，報告書中同樣報道了在漢代文化層發現一些柱洞，很可能與房址遺跡有關。[77]

1996 年，由中山大學人類學博物館、中國社會科學院考古研究所與香港中文大學一起在南丫島再次發掘調查大灣遺址。這次考古最重要的發現是揭露出新石器時代六千年前兩處比較完整的居住遺跡，其中有橢圓形和長方形兩種。

房址平面形狀呈橢圓形，面積約 35 平方米，居住面堆積厚 15－20 厘米，房址內尚保存有河礫石堆砌的火塘、石圈、紅燒土、柱洞等遺跡。其中十三個柱洞於房址遺跡外沿周圍作規則排列。柱洞平面呈圓形，一般深 15－20 厘米。房址中央位置有一個較大的柱洞，直徑 30 厘米，深 12 厘米，此柱洞底墊以碎礫石及陶片，可能是中心柱的柱洞遺跡。

房址內部出土大量陶片如彩陶盤、白陶盤、夾砂陶；石器有石磨、尖狀器、石錘等豐富文物。

房址平面形狀呈長方形，面積 48 平方米。居住面堆積厚約 15 厘米，包括有礫石群、紅燒土堆、柱洞遺跡。24 個柱洞規則排列於房址的外沿。柱洞平面圓形，直徑一般為 10－20 厘米。個別柱洞深 20 厘米。房址北面有較大範圍紅燒土堆，紅燒土範圍約 2×1 米。

75. 鄧聰：〈考古學與香港古代史重建〉，《當代香港史學研究》，三聯書店，1994 年，第 305－331 頁。

76. P. L. Drewett, *Neolithic Sha Lo Wan*.

77. P. R. Rogers et al., *Tung Wan Tsai: A Bronze Age and Han Period Coastal Site*.

房址內出土大量陶片有彩陶盤、白陶、泥質紅陶缽、夾砂陶；石器有大型石拍、石錛及石刀等文物。

從二十世紀三十年代芬神父初次發掘大灣遺址，迄今已逾半個世紀以上。現今大灣遺址在國際上已是極其著名的考古遺址。

香港的史前聚落從新石器時代 6000 年前至漢代，沙堤環境留下房址群的遺跡。房址遺址形式可以分為三種，第一類是以大型礫石一件靠一件整齊排列圍圈作房基，如 1988 年東灣發現大房址遺跡。第二類是大型礫石疏落佈置成幾何形狀，有柱洞群配合，房址中間或者有火塘遺跡，如扒頭鼓遺跡的 F23 房址。第三類是只見柱洞排列構成的房址遺跡，見於東灣、沙螺灣及東灣仔等地，其中第二類很可能與幹欄建築有關。

在東亞地區來說，與香港地區相類似的房址遺跡在日本南部奄美大島的手廣遺跡 [78] 和韓國東海岸的鼇山里遺址都曾發現過。特別是漢城大學任孝宰於 1980 年在鼇山里遺址的發掘所發現新石器時代六座的房址遺跡，房址都是建造在沙丘之上，由河礫疏落圍成圓形或橢圓形，房址內中部有火塘，[79] 與香港上述第二類房址遺跡基本一致。近年來台灣的考古發掘亦同樣發現了不少與香港史前房址遺跡相似的房址遺跡。例如由台灣大學黃士強、劉益昌在台東縣東河橋南引道考古遺址發掘大量整齊呈一定排列礫石結構的遺跡，其中一些很可能也是房址的遺跡。[80] 此外台灣高山族豐富的民族聚落資料亦提供了復原香港史前房址上部建築的參考根據。[81] 在八十年代末期香港地區所發現大量的史前居住聚落遺跡，對今後在沿珠江口史前沙丘遺址的工作對比參考上，有極重要的學術意義。

78.　西谷大等：《手廣遺跡》，熊本大學文學部考古學研究室，1986 年。

79.　任孝宰：《鼇山里遺跡》，漢城大學博物館，1984 年。

80.　黃士強、劉益昌：《台東縣東河橋南引道考古遺址搶救發掘報告》，台灣大學文學院人類系，1993 年。

81.　千千岩助太郎：《台灣高砂族之住家》，台北南天書局，1988 年。

第二章

青銅時代的香港文化

鄧聰

　　二十世紀後期，歷史的概念有了很大的發展。人類歷史的科學，是指人類數百萬年以來在地球內外一切活動的總和。現今對於人類歷史科學的探究，我們再無法滿足於傳統文獻史學的途徑。因為，遲至十五、十六世紀，只在西歐、西亞、南亞、東亞，中國黃河、長江流域，朝鮮、日本以及南美西部的地域，才發展了較發達的農業，並且有較多文獻的記載。同一期間，如非洲、北歐、東北亞洲、美洲大陸大部分的地區、澳洲和東南亞等廣大的地域依然是缺乏歷史文獻的記載。這些地區民族過去的歷史，是否就是永遠的空白呢？同樣，根據文獻資料，香港地區的歷史，遲至明代才出現若干零星的記述。文獻不足徵。誠如歷史考古學者角田文衛所指出，就算有一些早期零星的文字記載，對探討當時歷史，仍然是起不了決定性的作用。另一方面，1842 年《南京條約》香港被割讓後，有關香港的記錄才逐漸增加。

　　考古學是根據過去存在的物質，重建人類數百萬年的歷史。考古學為香港史前史重建，提供了嶄新的途徑。在歷史時期夏商周三代歷史即中國初期王朝的階段，對南中國地區的文化，已起了很重要的推動作用。香港地區在該歷史時期，同樣可見到來自北面文明強烈的影響。商代香港沿海聚落人口的暴增，南丫島大灣商代牙璋出現，是嶺南古王國側面的折射。近年，香港春秋階段的遺址出土不少青銅鑄造石範，反映了青銅工藝技術的發展。本地使用的青銅原料，可能來自廣東及湖南一帶。春秋階段本地環玦飾作坊遺址空前的發達，是當時嶺南青銅時代以物易物交貿網成立的重要根據；東南亞人面弓形格青銅劍文化圈的成立，反映自越北以至嶺南沿海包括香港範圍內，在戰國以後，出現了自身特色的青銅文化。

第一節

商代玉禮器牙璋在香港

大灣牙璋　　東亞牙璋

　　1990 年 11 月，由香港中文大學與中山大學人類學系在香港南丫島聯合發掘大灣遺址，出土遺物、遺跡豐富，共揭露出十座墓葬。其中 6 號墓商代串飾與牙璋的發現，更引起國內外學者的廣泛注目。[1]

　　就牙璋而言，目前中國、越南考古發現出土牙璋遺址共二十四處之多。黃河流域中下游一帶範圍以陝西神木石峁、山東臨沂大范莊、五蓮上萬家溝村、海陽司馬台四個遺址，發現可能是屬於龍山文化時期最早的牙璋。其次屬於早商時期二里頭三期墓葬中，曾發現現今所知確鑿無誤較早的牙璋玉器。商代期間，牙璋分佈已跨越長江及珠江流域，西面至四川成都，東南部沿海遠及香港，西南最遠至越南北部永富省。牙璋起源黃河中下游一帶，其後向四方擴散是不容置疑的事實。大灣牙璋的研究，必須自中國北部牙璋南傳背景去理解。

　　（1）大灣牙璋柄部兩側各有一列牙，各由三組大小牙組合形成。上列牙高下列牙矮。就目前中國、越南考古發現，大灣牙璋高矮兩列的牙，確是獨一無二的特徵。

　　（2）大灣牙璋呈扁長形，整體厚薄設計是由下而上從厚漸薄。此外，長尖一邊亦較短尖一邊為厚。

　　（3）大灣牙璋體部正反兩面均雕刻有直線及幾何形陰線紋。

　　綜合上述各點討論，大灣牙璋之牙形式，上尖一側較厚、下尖一側較薄等風格，都是保持了較早期的龍山時期玉雕風格。另一方面，牙璋上刻紋則

1.　　鄧聰：〈香港大灣出土商代牙璋串飾初論〉，《文物》，1994 年 12 期，第 54–64 頁。

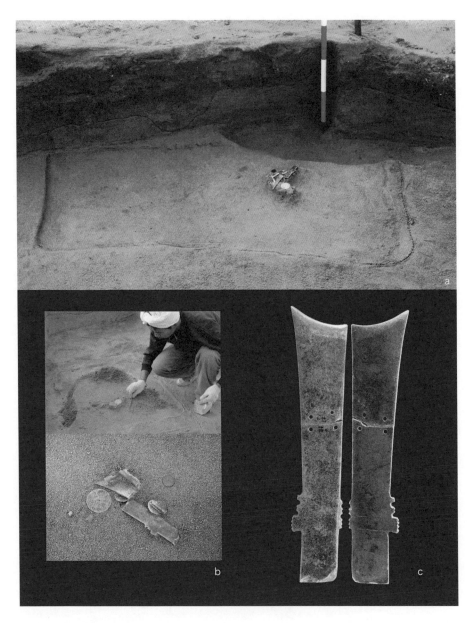

圖 2-1
香港南丫島大灣遺址商時期墓葬的發掘

a 大灣 6 號墓發掘後狀況
b 大灣 6 號墓發掘及串飾、牙璋出土狀況
c 大灣 6 號墓出土牙璋

明顯與商文化相關。至於牙璋柄上無孔、形制較短小，以及兩側牙高矮不一致等因素，均可視為地方的因素。

如果就大灣出土牙璋與東亞地區其他二十四處遺址所發現的牙璋對比，最少有以下幾點新認識：

（1）大灣出土牙璋長 21.8 厘米，寬 4.6 厘米，與廣東紅花林採集的牙璋長、寬相若，是現今所知東亞地區出土的牙璋中最小型者。有學者最初考慮是否由於本地高嶺岩的材料太細小，未能開出較大片狀素材，但參考大約同時代香港沙洲出土高嶺岩戈殘長 30.8 厘米，寬 7 厘米；大灣出土另一件首尾被戳斷高嶺岩戈殘長 15.5 厘米，寬 8.4 厘米；大灣戈比沙洲的寬更大，估計大灣的高嶺岩戈長度可能達 40 厘米以上。可見較大型高嶺岩禮器的存在是肯定的。如果這個推測無誤的話，大灣、紅花林所代表的牙璋細小的傾向，可能是一種文化特徵的趨向。

（2）1994 年《文物》第 12 期發表的文章，首次報道了牙璋正面由柄部向體部上移 1.3 厘米處，雕刻有橫向陰線紋共兩組，每組線紋四條。兩組橫向陰線紋間夾着幾何形陰線紋圖案。陰線紋粗約 0.2 厘米，以肉眼確認相當困難，可以稱之為細雕式的花紋。此外，牙璋的背面相對應部分，亦可見雕刻有與正面相似的陰線紋。其後，鄧聰觀察到 1980 年在二里頭發掘出土兩件牙璋，原報告中兩件牙璋均為素面，無刻劃的紋飾。[2] 經詳細觀察實物，以 10 倍放大鏡在其中一件二里頭牙璋上發現了細刻的線狀幾何形陰線紋飾。大灣與上述二里頭的牙璋上發現同樣風格細刻的紋飾，確實令人震驚。

（3）香港出土牙璋等飾物與越南同類器物可茲對比處甚多。

（4）東亞地區現今所發現牙璋的分佈，橫跨北緯 40°－20°、東經 122° 至 104° 之間。早期牙璋在黃河流域中、下游一帶的龍山文化階段首先出現，其

---

2. 中國社會科學院考古研究所二里頭隊：〈1980 年秋河南偃師二里頭遺址發掘簡報〉，《考古》，1983 年 3 期，第 199－205 頁。

後逐步向南滲透。南下遠至珠江口的小島及越南紅河流域。按現今所見流行於神木石峁、山東臨沂大范莊、五蓮上萬家溝村、海陽司馬台四個遺址較早期牙璋中，較顯著者為一種單凸牙飾，是一節的凸起狀。我們稱之為 I 式單凸牙飾。I 式牙飾的牙璋北自黃河中下游，南至香港東灣及越南洪仁（Xom Ren）都發現過。另一類較醒目的「張嘴獸頭飾」[3] 牙璋最早見於二里頭遺址，其後來稍晚期的三星堆、中興鄉、望京樓、大路陳村、馮原（?）、[4] 洪仁都發現同類張嘴獸頭飾的牙璋。然而在亞洲東部沿海地區迄今從未發現過張嘴獸頭飾的牙璋（II 式）。此點對於理解越南與大灣牙璋的來龍去脈，至關重要。越南與三星堆兩者均出土有張嘴獸頭式的牙璋，可能暗示越南牙璋的來源之一方向。

（5）華北地區商文化向四周的輻射，對中原以外地區古文化產生過巨大的影響。在此期間，中國東南沿海以至越南北部地方所出現的二層台墓制、牙璋、戈、環、瑗、管、管珠、青銅武器等，毫無疑問都是代表了強烈的華北地區的文化因素。近年越南北部與香港南丫島牙璋等考古的新發現，使我們不得不再重新估量商文化與南方地區交往的範圍與途徑等問題。越南馮原、洪仁、香港大灣、福建漳浦眉力、湖南石門桅崗等地所發現的牙璋，有可能都是就以當地或附近的礦物所製成。這說明華北商文化禮制傳播的方式，是通過地方承受者間接模仿學習或稍加變化，代表着華北禮制至少在禮器物質層面上被地方主動接受的一種表現。香港大灣 M6 出土牙璋與串飾，對商文化的擴張及承受方式以至香港遠古歷史與華北關係的研究，具有重要的學術意義。

按目前考古發現，出土牙璋分佈橫跨北緯 40°－20°、東經 123°－102°之

3.　鄭光：〈略論牙璋〉，《南中國及鄰近地區古文化研究》，香港中文大學出版社，1994 年，第 9－18 頁。

4.　馮原遺址中一件軟玉製牙璋的牙飾部分破損，但按其他部分與 Xom Ren 的張嘴獸頭飾牙璋一致，因此估計馮原所發現其中一件牙璋也很可能是屬於 II 式的。

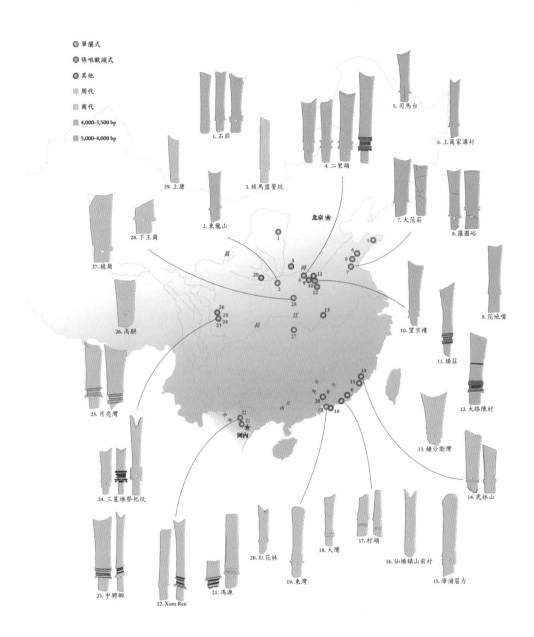

圖 2-2　中國及越南牙璋的分佈

間。對東亞牙璋玉器分佈的歷史涵義，值得從不同角度揣摩推敲。饒宗頤一再指出，牙璋分佈與《淮南子‧泰族訓》所說商人疆土的「左東海，右流沙，前交趾，後幽都」之說吻合。[5] 但從考古角度來說，首要界定「商人疆土」的定義問題。日本學人西江清高嘗試把「中國」的原型出現和牙璋分佈圈形成兩者同時考慮，[6] 未嘗不是很有見地的觀點。然而同樣，「中國」的原型概念尚有待商榷。近十餘年來，東亞牙璋仍有較多新發現，頗引人矚目。其中牙璋分佈有三點很值得今後的重視。

第一點：牙璋分佈北限的問題。目前牙璋尚未能超過北緯 40° 的界限。北方寧夏、內蒙古和遼寧幾省仍然是牙璋分佈的空白區。據最近的報道，原來早於 1965 年在甘肅清水縣金集鄉連珠村，就曾出土一件玉牙璋。研究者認為從玉材、製作技法和形制上觀察，金集鄉連珠村牙璋接近於河套地區的龍山文化風格，也是夏商中原文化擴散的結果。[7] 把甘肅清水、陝西神木和山東海陽連成一線，是現今所知東亞出土牙璋最北的界限，牙璋向北發現的突破，有待今後考古工作。

第二點：牙璋西傳問題。據過往牙璋出土分佈的範圍考察，黃河中游河南開封至許昌、長江上游四川廣漢至成都，分別是牙璋東西兩處集中出土的核心地域。過去這兩地之間，牙璋只有極零星的發現。近年，陝西商州市出土相當於二里頭一至四期的玉石器。陝西省考古研究所楊亞長在商州市東南丹江北岸東龍山遺址，從二期文化八座墓內發現了隨葬的玉器。其中第 83 號墓葬中更出土一件牙璋，係用碧玉製，通體光素，長 28 厘米，寬 5.7 厘

5.　饒宗頤：〈由牙璋分佈論古史地域擴張問題〉，《潮學》（揭陽，1994 年）。

6.　西江清高：〈關於重建四川古代史的幾個問題〉，《扶桑與若木》，巴蜀書社，2002 年，第 21 頁。

7.　甘肅省文物局編：〈青銅時代早期‧玉牙璋〉，《甘肅文物菁華》，北京：文物出版社，2006 年，第 62 頁。

米，厚 0.5 厘米。[8] 商州東龍山牙璋的發現，為黃河中游牙璋西傳路線的考察，提供了重要的線索。

第三點：牙璋南傳入越北問題。近年越南考古牙璋不斷出土。1994 年何文瑨發表《越南出土牙璋》，就僅有四件牙璋。2002 年以來，港越學者在洪仁遺址先後共發現三件牙璋。[9] 2007 年 1 月 3 日，在洪仁遺址一處墓葬又再出土兩件大型牙璋，長約 60 厘米，甚具氣派。[10] 迄今所知，洪仁一處遺址共發現七件玉牙璋，是四川成都金沙以南已知發現牙璋最多一處地點。估計越南馮原文化中牙璋等的玉禮器，今後會有更多發現。這對於商文化在越北擴散具體內涵的理解，有着很重要的意義。

從黃河、長江和紅河流域間牙璋本體側沿紋飾特徵來看，豎向刻紋應該是同一文化傳統擴散的結果。目前雖然未有更具體的證據證明，但三地間這種牙璋由北而南大體上傳播方向的可能性，是無法否定的。[11] 美國學者羅泰（Lothar van Falkenhausen）認為：「我們或許可解釋出一條由黃河及長江盆地傳向三星堆文化地區的文化刺激，在當地演化後再向其他鄰近地區傳遞的軌跡。」[12] 雖然羅泰自謙，認為以上意見是有「過於簡化的危險」。然而，我們據牙璋紋飾細緻分析後，仍傾向支持羅泰的論述。

從牙璋上單獨抽出豎向刻紋，作為「指紋特徵」性質，來考慮東亞牙璋體系問題。從上文討論可知，東亞具有此種豎向刻紋的牙璋，目前僅在黃河

8. 楊亞長：〈陝西夏代玉器的發現與初步研究〉，《海峽兩岸古玉學會議論文專輯》，第二冊，台北：台灣大學理學院地質科學系，2001 年，第 679－688 頁。

9. Hán Văn Khẩn, *Văn Hóa Phùng Nguyên* (Hà Nội: Nhà Xuất Bản Đại Học Quốc Gia Hà Nội, 2005), tr. 251: Bản ve 21. (Han Van Khan, *Phung Nguyen Culture* (Hanoi: Hanoi National University Press, 2005), p. 251，plate 21.)

10. 阮金容博士與鄧聰 2007 年 1 月 3 日電郵通訊。

11. 對中國牙璋傳播方向，亦有不同的意見，可參考蘇芳淑論文。Jenny F. So, "Jade and Stone at Sanxingdui," Robert Bagley ed., *Ancient Sichuan: Treasures from a Lost Civilization* (Seattle Art Museum; Princeton University Press, 2001), pp. 153-176.

12. 羅泰：〈三星堆遺址的新認識〉，《奇異的凸目》，巴蜀書社，2003 年，第 71 頁。

中游望京樓、長江上游三星堆鴨子河、金沙和越南紅河三角洲頂部馮原、洪仁遺址發現過。並且越南牙璋中，具有此特徵刻紋的牙璋所佔比例不少。馮原遺址出土三件牙璋中，全具有豎向刻紋。反觀三星堆和金沙遺址出土大型牙璋中，卻基本上不見豎向刻紋。按現今資料考察，牙璋是從蜀地輸入南越的說法，[13] 尚有待更多證據去剖析。

　　有關豎向刻紋體系牙璋來源問題的解決，河南望京樓出土牙璋的角色至為關鍵。這件牙璋上既有明確無誤的豎向刻紋，牙飾為張嘴獸頭式，整體形態上逼近二里頭牙璋，且時空上與二里頭的傳統直接接軌。然而，二里頭牙璋又從未見有豎向刻紋。據望京樓玉器和同出青銅器特徵推測，趙炳煥等認為多是商二里崗期遺物，亦即豎向刻紋牙璋的傳統，很可能是發軔於二里崗期黃河中游一帶。

　　從牙璋來說，現今所知最具代表蜀地風格的因素，在紅河流域一帶卻未見明顯的蹤跡。具體上如陳德安把三星堆牙璋分為 A、B、C 三大類型，其中 A 型牙璋，十分接近二里頭、二里崗同類的器物。陳氏從而指出蜀地 A 型牙璋，是二里頭文化影響的結果。[14] 而三星堆中代表地方風格 B、C 型牙璋的數量較多，璋的端刃部分變成叉口刃似魚嘴或禾芽狀，所屬時代較晚；而 B、C 型的牙璋在越南從來未發現過。

　　據此，可能顯示在比三星堆較早期的階段，蜀地的玉文化對紅河三角洲已具有了廣泛的影響。牙璋等玉文化從四川輾轉入越北的時間，可能是在商代較早的階段，亦即商文化向外擴張最熾熱時期。從空間上，黃河與紅河兩地之間交通，不可能繞道過四川盆地而空降越北。現今考古發現黃河與紅河

13.　饒宗頤：〈古史重建與地域擴張問題〉，《饒宗頤新出土文獻論證》，上海：上海古籍出版社，2005 年，第 73 頁。

14.　陳德安：〈試論三星堆玉璋的種類、淵源及其宗教意義〉，《南中國及鄰近地區古文化研究》，香港：香港中文大學出版社，1994 年，第 90－92 頁；陳德安、魏學峰、李偉綱：〈件件珍寶的三星堆玉石器〉，《三星堆 —— 長江上游文明中心探索》，成都：四川人民出版社，1998 年，第 40－45 頁。

均有豎向刻紋牙璋，則居中間位置的四川同樣牙璋較多之發現，指日可望。

另外很值得注意是近年小型牙璋冒頭的現象。迄今除四川省外，中國其他地區都沒有出土過小型玉牙璋。廣西感馱岩洞穴遺址出土一件小型骨質牙璋，長 5－8、寬 1.4 厘米，也比現今所見小型玉璋稍大。[15] 三星堆、金沙遺址群都發現過大型與小型的牙璋；越南洪仁遺址也有類似的發現，說明兩地牙璋共性是頗堪玩味的。或許小型玉牙璋是四川盆地最初演化的新器物，可能是代表一種新的禮儀，其後再南傳到越北的紅河流域。由於蜀地與越北之間，相關該時期考古的發現空白太多，對兩地間任何文化關係要下一穩當的結論，都有言之過早之嫌。目前我國對牙璋公佈資料不足，學者們又未能逐一到各地觀察實物，以上考察只能說是目前階段性研究的結論。

從越南考古發現顯示，相對於西南中國的三星堆及金沙遺址等發達青銅器與玉器鼎盛的現象，凸顯出馮原文化中在禮器方面青銅器缺如而玉器文化相當發達的特殊現象。[16] 玉器與青銅器兩者製作技術，為何非同步擴散等問題，更迫近早期國家形成階段中，有必要考慮到政治、軍事等關鍵因素直接介入的影響，很值得深入玩味。總之。四川與越北在青銅文化早期交流的實況，現今仍然是像陷身於五里霧中。

從越南牙璋來源探索來說，最早是何文琁、饒宗頤等指出越南與四川兩地牙璋有着較密切關係。饒宗頤一再指出馮原文化牙璋中，不乏典型早商風格的器物。[17] 1997 年，鄧聰從張嘴獸頭牙飾特徵不見於中國東部沿海範圍，指出四川與越北牙璋間有較大的共性。[18] 本文中更具體從牙璋本體上的豎向刻

---

15. 韋江、何安益：〈廣西那坡縣感馱岩遺址發掘簡報〉，《考古》，2003 年第 10 期，第 35－56 頁。

16. 鄧聰：〈越南長睛遺址玉器技術考察〉，《東亞新石器文化成立與展開》，東京：國學院大學出版社，2003 年，第 1 頁。

17. 饒宗頤：〈由牙璋略論漢土傳入越南的遺物〉，《南中國及鄰近地區古文化研究》，香港：香港中文大學出版社，1994 年，第 1－4 頁。

18. 鄧聰：〈香港古代史的新發現〉，《歷史研究》，1997 年第 3 期，第 32－51 頁。

紋，判斷黃河、長江以及紅河三地牙璋紋飾上具有共同「指紋特徵」的傳統。

　　以上近年東亞牙璋相繼的新發現，為牙璋擴散路線的理解，提供了探索基礎。隨着日後更多牙璋的發現，除各地牙璋空間上平面分佈的理解外，通過時序先後仔細排比的認識，再邁向從牙璋出現時空差異與擴散歷程等方向的突破，可以指望對東亞不同形式牙璋立體分佈更具體的認識。今後據各地牙璋的製作工藝、紋飾等細緻深入的研究，按時空架構對東亞各地牙璋系統的爬梳，未嘗不可為東亞牙璋體系的建立，開拓出一新的局面。越北紅河流域是牙璋分佈的南限。馮原文化中的牙璋，有明顯的豎向刻紋特徵，提供了點破中越牙璋關係一重要的線索。

第二節

沿海環玦飾物作坊興盛

環玦飾物　　三個階段　　分期特色

　　九十年代初，為配合香港大嶼山北部和赤鱲角島嶼興建新機楊及其附屬建設，香港中文大學中國文化研究所中國考古藝術研究中心受香港古物古蹟辦事處的委託，承擔了北大嶼山沿岸的考古調查。從 1991 年 4 月至 1992 年 8 月，中文大學與內地考古工作者合作在大嶼山北部先後調查了三十九處地點，發現新石器時代至唐宋時代遺址十六處，其中沙柳塘、沙螺灣咸角、白芒和扒頭鼓是重點發掘的地點。

　　近二十年環珠江口地區史前考古有了很大的發展，備受學界重視。香港地區在新機場及港口發展工程的帶動下，從 1990－1994 年間先後進行三十二項考古調查發掘搶救工作。另一方面，香港中文大學與國內考古隊共同進行的學術調查工作，在大嶼山東灣、南丫島大灣等遺址，發現多層疊壓

的文化層序，為珠江口地區史前文化編年提供了重要的根據。

　　根據碳十四年代測定、遺址文化層的相互疊壓關係及類型學的研究，香港地區玦飾的編年，可分為三階段：

　　第 I 階段：以湧浪遺址的上文化遺存為代表。

　　第 II 階段：以大灣中層及東灣仔第二期文化遺存為代表。

　　第 III 階段：以白芒第二期文化遺存及下過路灣遺存為代表。

（1）第 I 階段

　　以上過路灣、春坎灣、深灣、龍鼓上灘、湧浪等遺址出土的玦飾為代表。湧浪遺址上文化層出土的玦飾製品及墓葬中出土完整玦飾的資料最豐富，為此階段玦飾最具代表性的資料。

（a）上過路灣遺址

　　1991 年，由香港考古學會組織發掘上過路灣遺址工作。遺址位於赤鱲角島東南沙堤背後的階地，海拔 20－30 米之間。1990 年初，鄧聰曾在此遺址採集到磨光石斧及繩紋陶片。1994 年 2、3 月間，秦維廉（William Meacham）在上過路灣調查發掘，據稱發現新石器文化中期的堆積。在探方 FX7 號墓內發現完整石英玦飾一件，直徑 4，厚 0.9 厘米，斷面為 I 式，由對鑽鑽穿，再以石鋸由外沿向內鋸出玦口。玦口外寬較大。[19] 同探方出土有兩件夾砂陶釜 KLW69 和 KLW70，均為拍打繩紋的圜底釜。在年代方面，上過路灣的兩件炭標本的碳十四年代測定分別為 4,410±80 與 4,610±90b.p.，校正年代是公元前 3350－2900 及公元前 3658－3039。從陶器出土狀況推測，KLW20—22 和 KLW80 可能是土坑墓的遺跡。上過路灣出土一些白陶圈足

19.　W. Meacham, "Kwo Lo Wan Upper," *Archaeological Investigations on Chek Lap Kok Island*, Journal Monograph IV (Hong Kong: The Hong Kong Archaeological Society, 1994).

圖 2-3　香港大嶼山白芒遺址發掘

a 白芒遺址春秋時代玉石作坊居址遺跡
b 石英環玦飾物素材成組的出土狀況

簋形器，器身上的鏤孔、刻劃弦紋及壓印圓圈紋等，是環珠江口地區大灣文化裏較常見的器物。據有關學者所區分大灣文化的五個組別中，第五組深灣 F 層與上過路灣均發現圈足簋形器及壓印圓圈紋的白陶。而且，上過路灣出土夾砂陶罐的口沿內，有連續的波浪刻劃紋，是大灣文化代表性的陶罐。因此，我們可以接受上過路灣的墓葬遺跡，其年代的上限可達到大灣文化的階段。然而，據學者於 1994 年發表統計二十多處大灣文化的遺址中，均未見有玦飾。上過路灣出土 KLW34 磨製的石矛頭，是龍山文化時期的典型工具。粵北石峽文化、香港的湧浪遺址及扒頭鼓遺址，都發現過大量同類的矛頭。上過路灣遺址出土的器物是否都屬同一時期，有待商榷。本遺址出土石英玦飾的年代，是否屬於大灣文化的時期，現難有定論。從類型學分析，暫將上過路灣出土的玦飾，歸入第 I 階段。

（b）春坎灣遺址

　　1974－1975 年間，白爾德（S. Bard）在香港島的南部試掘春坎灣遺址，發現一對透明水晶的玦飾。白爾德在原報告內敘述：「兩件玦飾是石英質，經仔細研磨。玦飾的剖面呈三角形，外沿磨平。兩件玦飾出土之際相靠近於數厘米的範圍內，不與其他出土遺物共存。」[20] 原報告的圖 19 發表了上述兩件玦飾的黑白圖版，缺實測圖。該兩件玦飾，透明水晶質，直徑分別為 2.8 厘米和 2.3 厘米，分別為 I 式和 II 式斷面，大小相若，玦的內沿經打磨拋光。上下對鑽，使玦飾的斷面呈等腰三角形。玦口由外沿及內沿對向切割。玦口外寬大於內寬。除上述兩件完整水晶玦飾外，白爾德在本遺址尚發現殘霏細岩製的璧形飾一件，直徑 5－6 厘米。此外，還有四件用作研磨玦飾或環內沿之砥石，均以河礫素材的長軸一端加工使用。另有幾件帶溝狀的礪石，是否供作玦飾的外沿的研磨，有待進一步的探討。

20.　S. M. Bard, "Chung Hom Wan," *Journal of the Hong Kong Archaeological Society*, Vol. VI (1975), pp. 9-25.

　　春坎灣是出土大灣文化彩陶器較豐富的遺址。白爾德在春坎灣遺址的發掘，沒有把遺址的文化層序區分出來。上述水晶玦飾與彩陶並非共存。春坎灣與湧浪兩者出土的水晶玦飾十分相似，估計其年代也相若。

（c）深灣遺址

　　香港考古學會於 1978 年公佈的《南丫島深灣遺址報告》，是七十年代香港業餘考古工作的代表作。[21] 據深灣報告者的意見，深灣遺址的 F 及 C 層均出土有玦飾。F 層出土兩件完整玦飾及六件可能是殘玦的玦飾，均為石英質。原報告 196 頁右上角一件編號 C85/441 玦飾，直徑 2 厘米，中部穿孔，孔心一端呈三角形狀，玦口的內寬較大，與珠海寶鏡灣出土 98ZGBT6B：6 的玦飾穿孔風格一致。另 197 頁左上圖之右上角的玦飾，中心穿孔偏向上位，玦口高較大。據報告者認為深灣 F 層年代在公元前 2900－2700 年之間，亦即距今約五千多年左右。不過，現今所報道深灣 F 層出土的玦飾，非經科學的野外考古發掘及室內的整理，其資料的學術價值有很大折扣。

（d）龍鼓上灘遺址

　　龍鼓上灘遺址位於新界屯門西部，1990 年由秦維廉發掘。據秦維廉報道在探溝 K 的範圍，至少包括有三層不同時期文化遺存。最上一層有大量宋代的瓷片。中部為青銅時代文化層，包含有大量石芯、毛坯以及環玦的半製成品。最下一層為新石器時代晚期的文化，出土石英製玦飾一件，直徑約 6.3 厘米。[22] 此件石英玦飾曾於兩處被折斷，折斷位置兩側有兩對對稱的凹口，為一種接駁的構造。有關此件玦飾的年代，如果以 K 與 K2 探方內 12 — 14

21.　W. Meacham ed., *Sham Wan, Lamma Island: An Archaeological Site Study*, Journal Monograph III (Hong Kong: The Hong Kong Archaeological Society, 1978).

22.　W. Meacham, "Report on Salvage Excavations at Lung Kwu Sheung Tan 1990," *Journal of the Hong Kong Archaeological Society*, Vol. XIII (1989-1992)(Hong Kong: The Hong Kong Archaeological Society, 1993).

圖 2-4　香港大嶼山白芒遺址出土春秋時代環玦飾物原料、素材、半成品及殘品等遺物

層出土的曲折紋、葉脈紋、重線方格乳凸紋及刻劃幾何紋陶片等作參考，有學者認為其年代大致在距今四千年前後。

（e）湧浪遺址

　　湧浪遺址位於新界屯門的西部。1983－1985 年間蒲國傑等曾試掘湧浪遺址。1992－1993 年，香港考古學會與古物古蹟辦事處在湧浪進行大規模的發掘。秦維廉於 1995 年公佈湧浪南區之發掘簡報。[23] 據秦氏指出，湧浪遺址兩個文化層的碳十四測定年代分別為公元前 4100－3600 年和公元前 2600－2400 年。上文化層出土較多完整陶器、紡輪、石器及墓葬和燒土的遺跡。秦氏在簡報共報道了六件玦飾及一件環。玦飾直徑大小均在 5 厘米前後，具體

23.　W. Meacham, "Middle and Late Neolithic at 'Yung Long South'," 《東南亞考古論文集》，香港大學美術博物館，1995 年。

的屬性資料未見發表。從已發表線圖可知完整無損玦飾只有一件，其餘五件玦飾均有一至兩處的折斷口，折斷處往往設有兩對的凹口，作為接駁復原的構造。另一件折斷位置兩端鑽孔，以繩接合。玦飾原料主要為石英。據簡報圖 4b 可見一對玦飾出土之際左右相隔約 20 厘米，玦飾與拍打幾何印紋陶罐共存。陶罐與玦飾為同時埋藏是毫無疑問的。據秦氏報道，湧浪上文化層出土玦飾外，尚有斜刃鉞。鉞一端鑽孔未穿透。陶工具有陶紡輪，是半錐體，帶篦紋或素面。陶器以直口和侈口的拍打幾何印紋陶罐常見，以圜底帶矮圈足為特色。若干陶罐的腹部或底部，有一周或兩周凸棱附加堆紋。

　　湧浪北區的考古簡報於 1997 年《考古》公佈。[24] 據古物古蹟辦事處的報道，湧浪北區同樣分上下兩個的文化堆積，與秦氏已公佈的資料相同。湧浪北所發現文化遺存是相當豐富的。簡報中報道了玦半成品與玦飾的分類。

　　玦半成品，簡報中謂可分兩式。Ⅰ式：一面鑽孔，孔未穿，周邊磨製規整。Ⅱ式：雙面鑽孔，厚身肉薄，孔未鑽穿，芯與環連一體。據簡報圖 13 之第 6 和 7 線圖所示，兩件「玦半成品」均殘缺，是穿孔未完成之半成品。由於既未穿透，同遺址又報道有完整的環飾，大小與玦相若。未穿透半成品難以稱為玦半成品。

　　玦飾方面，所公佈湧浪北區玦飾共七式。據謂：

Ⅰ式：周邊勻稱，雙面鑽孔。

Ⅱ式：雙面鑽孔，一面鑽較深。

Ⅲ式：偏心孔，玦口一側較厚。

Ⅳ式：身厚肉薄，通體磨製精緻。

Ⅴ式：水晶質，孔偏心，玦口較寬，上寬下窄。

Ⅵ式：扁身，雙面鑽孔。

Ⅶ式：水晶質，雙面鑽孔，通體磨光，肉較窄。

24.　香港古物古蹟辦事處：〈香港湧浪新石器時代遺址發掘簡報〉，《考古》，1997 年第 6 期。

以上七式分類的基準，未有明確的交代，有待正式報告書之出版。按學者所見，湧浪北出土有豐富環玦飾物的製品。簡報圖 13 之線圖 16 所示石餅，直徑約 6.2 厘米，厚 1.9 厘米。簡報中認為這可能是環玦之原坯。此種所謂「石餅」，一般常見以管鑽穿孔外，更流行琢製法直接敲打穿孔。湧浪北區於文化層中發現較多環玦飾物相關資料外，在墓葬內發現玦飾與陶罐共存。據報道 M1 墓為長方形豎穴土坑，不見人骨遺骸。M1 一端有兩件陶器個體，其中一件侈口圜底帶矮圈足拍打葉脈紋陶罐，另一件據謂為夾砂陶罐，詳細未見報道。在陶罐側旁相距 40 厘米距離出土一對玦飾，編號 333 一件為玦飾完整，另一件編號 332 殘玦飾未見報道。從一對玦飾與陶罐出土狀況觀察，玦飾所在可能是人骨頭部的位置。湧浪北區出土大量拍打幾何印紋陶罐，並有不少刻劃紋的夾砂陶釜。石器方面有斜刃鉞、鏟及槍頭，是龍山文化時期的特徵性器物。湧浪南北所發現玦飾的特色都相當一致，應是同一時期之文化。

（2）第 II 階段

以東灣、東灣仔、大灣等遺址出土的玦飾為代表。大灣和東灣仔遺址文化層出土玦飾的同時期共存文化面貌較明確。

（a）東灣遺址

戈斐侶是早期香港考古的積極份子。1937 年 1 月，安特生來港與戈斐侶合作發掘東灣遺址。1938 年，戈氏發表東灣遺址的發掘報告，是早期香港考古工作之重要文獻。[25] 戈氏的發掘中，發現六處可能是墓葬遺跡，第 1 至 3 和 4 號墓分別出土玦飾。

---

25. W. Schofield, *An Archaeological Site at Shek Pik*, Journal Monograph I (Hong Kong: The Hong Kong Archaeological Society, 1975)；鄧聰：〈試述安特生對東亞南部的考古工作〉，《南方文物》，1997 年第 2 期。

據戈氏之記述，M1 內頭骨與斷面 T 形環共存。M2 墓葬出土水晶玦一件，直徑 2、內徑 0.9 厘米，中孔稍偏。玦口高較頂徑為小。玦飾出土之際壓於頭骨之上。同墓坑出土的陶罐破片，為葉脈紋夾砂陶片。陶器可能是放置於人頭的頭頂附近。

M3 墓坑方向是南北向，與第 4、6 號墓南北向相同。在頭骨之下，發現一件精美的玦飾，可能為瑪瑙，直徑 4.9，厚 0.4 厘米。

M4 是平面發掘工作做得最精細的一處。人骨尚保存較良好，呈南北向。頭骨下 1 厘米處壓着一件玦飾，已折斷成三段，較薄。玦飾孔心由單面鑽孔。玦飾折斷相對部分鑽有小孔，估計是以繩接駁復原使用。玦飾直徑 4.8 厘米，內徑 1.8 厘米，側徑 14.45－15.5 毫米。除上述玦飾外，人頭骨近頸部尚發現有 9 件鯊魚牙，可能是串飾組合。頭骨頂上有陶罐一件，最大徑在罐腹下部，口沿帶流。M4 出土的石質工具，最受注目是下肢部出土有一件石戈及石槍頭。石戈長 15.5 厘米，寬 5.1 厘米。M4 內容豐富，包括有魚骨飾、貝刀、玦飾、武器和陶器等。M6 的人骨未見玦飾。東灣墓葬群出土人骨、玦飾及其共存的文物，是極難得之資料。

（b）東灣仔遺址

東灣仔遺址是近年香港新機場開發相關青馬大橋工程帶動的考古搶救項目。東灣仔位於馬灣的東北角。1994 年，羅美娜在這裏發現最少三個不同時期文化相疊壓的堆積。在最下層 035 的 069 單位內，發現一件完整的夾砂陶與四件玦飾及 241 件貝珠共存。[26] 四件玦飾均為霏細岩，出土具體狀況未見報道。玦的直徑分別為 2.2 厘米、3.2 厘米、4.2 厘米、5.8 厘米，由小而大。很可惜玦飾的出土狀況不明，不能進一步討論。四件玦飾中，較小兩件的斷面均為內沿垂直。較大兩件玦飾斷面的內沿被修成斜面。四件玦飾外沿被磨

26.　P. R. Rogers, et al, *Tung Wan Tsai: A Bronze Age and Han Period Coastal Site*, Antiquities and Monuments Office Occasional Paper, No. 3, 1995.

成很薄呈刃部之形狀。玦飾之開口都是由環外沿垂直向內沿切割，玦口外寬比內寬大。同遺址出土一件石鋸（SF72-5），刃部較窄。這樣的石鋸，適合用作切割玉石器，如玦口的切割。同 069-1 出土一件圜底帶流罐，高 11.5 厘米，寬 12.5 厘米。羅美娜以 069 單位的貝類（Crassostriasp）作碳十四測定，年代為距今 3210±40 年。

1997 年，東灣仔遺址第二次的發掘，由中國社會科學院考古研究所與香港古物古蹟辦事處合作，同樣發現了一批完整的玦飾。[27] 有學者 1998 年於尖沙咀古物古蹟辦事處東灣仔（1997）展覽中所見，東灣仔所發現完整玦飾共十五件，殘玦飾三件。東灣仔各考古單元出土玦飾分別為 C7（三件）、C14（兩件）、C28（一件）、C63（四件）、C36（三件）、C67（一件）、C5（一件）、C81（一件）、C105（一件），共十八件玦飾。

綜合東灣仔發現的玦飾一些情況如下：

（i）東灣仔 C7（1）、C63（2）、C5（1）共出土四件極小型的玦飾，直徑都在 1 或 2 厘米左右，形制與大灣 IV021 玦飾相同。

（ii）玦飾質料已不見採用石英質。

（iii）玦飾大孔（A）和小孔（B）類均有，除 C36 三件流紋岩玦飾斷面為 VI 式外，大部分玦身都傾向扁薄，以 III、IV、V 式斷面較常見。

（iv）一些玦飾發現於墓葬內頭骨耳部，玦口向下，很可能是佩戴玦飾的一種方式。

（v）玦飾共存出土的陶罐一般為凹底幾何印紋陶或帶流夾砂陶罐，其時代及風格與大灣第二期文化及白芒遺址第四文化遺存的時期相當。

（c）大灣遺址

1990 年 11 至 12 月間，由香港中文大學及中山大學共同合作發掘。大灣

---

27. 古物古蹟辦事處：《馬灣東灣仔北考古收穫 ——一九九七年中國十大考古發現之一》，民政事務局古物古蹟辦事處，1998 年。

遺址位於南丫島西岸東西走向沙堤上。在發掘的第 IV 區，至少包含了新石器時代至商周幾個時期的文化堆積。本遺址共出土玦飾五件。[28] 其中有兩件玦飾（DW90IV021、DW90IV012）出土之際相互疊壓。

（i）IV007-1 號玦飾，中部穿孔較小，直徑 5.5 厘米，內徑 2.4 厘米，厚 0.22 厘米，內徑約外徑之一半。玦飾中孔由單面鑽穿孔心。玦口由環的上下兩面對向切割。玦的外沿平整，不呈刃狀。

（ii）IV007-2 號玦飾，中部穿孔較大，直徑 5.2 厘米，內徑 3.2 厘米，厚 0.33 厘米，內徑為外徑三分之二左右。玦內沿打磨光滑，單面鑽穿。玦口由環的上下兩面對向切割。玦的外沿呈刃狀。

IV021 玦飾較細小，直徑 1.4 厘米，內徑 0.8 厘米，厚 0.3 厘米，是小型的玦飾，對鑽穿孔。玦口由環面上下對向斜切割，玦外沿呈刃狀。

大灣玦飾同時出土的玉石器有牙璋、戈、串飾、有嶺環等。陶器方面有帶流圜底夾砂陶罐、凹底拍打幾何印紋折肩陶罐及豆。同層出土炭標本測定年代為距今 3670±86 年（Beta-42860）。

（3）第 III 階段

以下過路灣、蟹地灣、萬角咀、東灣 1988 第二層、白芒遺址出土玦飾為代表。白芒遺址經科學的田野發掘工作，出土玦飾半成品相當豐富。

（a）下過路灣遺址

1991 年，由香港考古學會秦維廉發掘。下過路灣位於赤鱲角過路灣，與上過路灣相鄰，是靠近海濱之沙堤遺址。1994 年 4 至 5 月，秦維廉發掘本遺址，發現八處可能是墓葬的遺物組合。其中第 1、2、6 和 7 號墓的遺物組合

---

28. 區家發、馮永驅、李果、鄧聰、商志𩏓：〈香港南丫島大灣遺址發掘簡報〉，《南中國及鄰近地區古文化研究》，香港：中文大學出版社，1994 年。

中有玦飾。[29] M1 位於探方 KA 之東北角，是清理晚期窰址後發現的。玦飾一對（KLW124、KLW125）與青銅斧石範共出。兩件石玦出土之際相隔約 10 厘米。一件玦飾平放，另一件豎立。玦飾為黑色流紋岩製。兩件直徑分別為 6.5 厘米及 6.8 厘米，斷面為 VI 式，玦口切割平直。

M2 位於 KB、KC 兩探方之間，出土八件完整與兩件殘玦飾。玦飾分 KLW136－138 三件一組與 KLW131、133－135 及 141－143 七件，兩組共十件，各組分佈相距約 20 厘米。具體玦飾出土狀況沒有實測圖及相片記錄。其中九件玦飾直徑介乎 1.7 至 4.2 厘米之間，斷面多為 V 式，由小而大漸次遞變，均為單面鑽孔。玦飾的內沿欠精緻打磨。玦口外寬比內寬大。玦飾之兩側，分別出土有兩對青銅斧石範及泥質陶罐一件。在 M2 南側出土一件弓形格銅劍與硬陶瓿各一件。

M6 位於 KL 探方，出土一對玦飾（KLW1029、KLW1027）、陶豆一件和一件據謂未經火燒的陶器。玦同樣為黑色流紋岩，直徑分別約為 5.2 厘米與 6.9 厘米，斷面為 VI 式，大孔，內徑均很大。玦口外寬比內寬大。KLW1029 玦飾直徑與 KLW1027 內徑相約。帶釉陶豆圈足部有刻劃米字紋的符號，是浮濱文化代表的器物。

M7 位於探方 KD，出土玦飾八件。其中兩件殘。玦飾出土狀況未有詳細報道。六件完整玦均為黑色流紋岩，斷面為 VI 式，直徑由 1.8 至 5.8 厘米之間。細小的兩件玦身較薄，玦外沿呈刃狀。

下過路灣遺址報告書所報道八處所謂墓葬，是根據出土遺物分佈的集中狀況推測，未能清理出土墓坑遺跡。各組合之中，M3 泥質罐、硬陶瓿、石範及青銅劍等，都是西周至春秋間典型的器物。M2 所出土成套的玦飾，可以作此階段玦飾之代表。玦飾特色是玦身較薄，玦外沿呈刃狀。M7 既有 M2

---

29. W. Meacham, "Kwo Lo Wan Lower," *Archaeological Investigations on Chek Lap Kok Island*, Journal Monograph IV (Hong Kong: The Hong Kong Archaeological Society, 1994).

外沿呈刃狀的玦飾，又有 VI 式斷面的黑色流紋岩玦飾，兩者共存是確鑿無疑的。M6 的玦飾為黑色流紋岩，斷面為 VI 式，共存帶釉陶豆是浮濱文化之特徵性器物。下過路灣出土幾處墓葬是否屬於同一時期，尚有待斟酌之處。如 KLW157B 陶器，為泥質陶罐圈足部分。KLW157A 敞口折肩凹底陶罐，KLW170、KLW172 的石槍頭等，都可能是較早一階段的文物，尚有待進一步的考察。

（b）蟹地灣遺址

蟹地灣遺址位於大嶼山東部。1968－1979 年間先後多次由香港考古學會發掘。[30] 1980 年威廉士（Bernard Williams）發表綜合的報告。由於該遺址先後多次進行假日式的小規模發掘工作，各次發掘探方及層位出現較大的混亂。報告書所提供的資料，呈現有早晚混雜的現象。在玦飾方面，按謂在 10 號探方中，發現六件大小不一的環飾，其中一件為玦飾。此外，11 號探方出土十四件石英環飾，雖然沒有玦口，但大小配套與下過路灣 M2 出土玦飾有類似之處。蟹地灣的史前文化堆積是否有兩層以上不同的文化，現在難以考據。報告書中稱有代表浮濱文化之大口尊、穿孔褐釉豆，豆的底部帶米字紋劃紋和凹底罐等。這些陶器與同遺址所公佈較大型的夔紋陶罐、青釉陶豆、陶塑動物、青銅斧和青銅削刀等，是否屬同一時期，尚有待更多科學的考古工作去驗證。

（c）萬角咀遺址

萬角咀位於蟹地灣以南的一處岬角，兩遺址遙遙相對。1961 年出版由大衛士（S. G. Davis）與特列格（Mary Tregear）完成的萬角咀發掘報告書。[31]

---

30. W. Bernard, "Hai Dei Wan," *Journal of the Hong Kong Archaeological Society*, Vol. XIII, 1980.
31. S. G. Davis and M. Tregear, *Man Kok Tsui Archaeological Site 30, Lantau Island, Hong Kong*, Hong Kong University Press, 1961.

發掘者是香港大學地理系人員，由於缺乏田野考古的基本訓練，按水平深度發掘，無可避免將不同的文化堆積混在一起。報告中報道了三件完整的玦飾，最大一件石英玦飾，直徑 3.75 厘米，外沿呈刃狀，較薄。玦口是由外沿垂直切開。另外兩件玦直徑分別是 3 厘米和 2 厘米，較細小的一件為流紋岩，玦口外寬比內寬大。

萬角咀遺址是玦飾的作坊。本遺址出土大量可能是環玦飾製作過程中各種不同階段性的素材和毛坯。一些圓形石餅狀及石英塊經細緻的打製加工，然後兩面研磨平滑。有些素材在中部穿孔，尚未透穿。更難得的是一些製作環玦飾的工具同時被發現。如報告中所列舉石刀，均為片狀，一側帶刃。這些石刀之質料據觀察有石英砂岩、雲母砂岩、雲母砂質葉岩和一般砂岩四種。石刀的功能之一，可能是用來切割玦口之用。

從萬角咀遺址出土夔紋陶時期的硬陶、青銅削刀、青銅魚鈎等，其中一些大型平底的硬陶甕，如原圖版 XII 所示，與一些同心圓的幾何紋陶的兩者關係是否可能共存，頗成疑問。然而，從本遺址石英及黑色流紋岩製作環玦飾物的特徵考察，本遺址所報道三件玦的形態，與下過路灣 M2 出土玦飾基本形態一致。相信萬角咀玦飾與下過路灣的墓葬出土玦飾的時代是相近的。

（d）東灣遺址

1937 年，戈斐侶在東灣遺址發現第 II 階段的墓葬，有較豐富的玦飾。1987－1989 年間，鄧聰曾先後三次參加及主持東灣遺址之發掘工作。其間 1988 年初在探方 TE 第二層中的溝狀遺跡內，發現了三件玦飾，均為綠色凝灰岩，是東灣一帶岩脈常見的岩石，估計該三件玦飾均取材自當地岩石。[32] 玦飾 TWL2-1 外形呈半錐體狀，直徑 2.36 厘米，厚 0.82 厘米，斷面為 VIII 式。玦飾外沿均拋光，玦口由玦身上下兩面對向鋸切，玦口相對的另一邊即

32.　區家發、鄧聰、佟寶銘、孫德榮：〈香港石壁東灣新石器時代遺址 1987、1988 年兩次發掘綜合報告〉，《香港考古學會會刊》，Vol. XII，1986－1988。

頂徑部位有切割痕跡，是鋸出玦口之際形成的。TWL2-2 玦飾呈半錐狀，直徑 1.62 厘米，厚 0.55 厘米。TWL2-1 及 TWL2-2 的風格及製作特色一致。可命名為東灣式玦飾。TWL2-3 直徑 1.74 厘米，厚 0.15 厘米，斷面呈 IV 式，是薄身型的玦飾。東灣第二層發現的溝狀遺跡，溝內出土有夔紋硬陶罐。第二層曾出土青釉陶豆及大量的幾何印紋硬陶。在玦飾方面，TWL2-3 薄身型的玦飾既與東灣式玦共存，又與下過路灣 M2 出土的玦飾一致。因此東灣二層出土的玦飾，同樣是屬於第 III 階段的範圍。

（e）白芒遺址

1992－1993 年間，由香港中文大學與廣東省的考古工作者共同發掘。[33] 本遺址堆積可分作七層，其中第二至第三層屬於第 III 階段的文化遺存，出土有較大量石英環玦的素材及玦飾的半製成品。環狀飾物中一端斷口可辨別人工切斷痕跡者，均為玦。共有兩件完整玦飾，六十四件殘玦飾。殘玦飾直徑大小不一，最大一件為 8.6 厘米，最小一件的直徑是 1.1 厘米，平均直徑為 4.8 厘米，斷面普遍為 IV、VI、VII 式。此外，玦飾的質料與直徑大小相關。石英與黑色流紋岩環玦飾的直徑分別為 6.3 厘米與 8.6 厘米，黑色流紋岩玦飾直徑較大，斷面以 VI 式為主。兩件完整玦，直徑、寬、厚分別為 1.7 厘米、0.5 厘米、0.5 厘米與 3.3 厘米、0.7 厘米、0.5 厘米。其中一件為黑色流紋岩，另一件石質未能判斷。白芒第二文化遺存中出土青銅器有鑿、鏃、削刀、斧等。陶器以夔紋硬陶罐為特色。在玦飾方面，白芒石英玦與黑色流紋岩玦兩者與下過路灣出土玦飾是相當一致的。

香港環玦飾物的特色是，第 I 階段的玦飾類型比較單調。如果從中國早期玦飾資料探討，現今所知如內蒙古興隆窪軟玉製的玦飾，同樣是 B1 式，斷面呈 I 式，與湧浪期玦飾較接近。長江流域如河姆渡、城頭山、馬家浜、

33.　鄧聰、商志醰、黃韻璋：〈香港大嶼山白芒遺址發掘簡報〉，《考古》，1997 年第 6 期。

北陰陽營等遺址出土早期的玦飾，均流行大孔、小孔，斷面亦以 I 式為常見。長江流域與珠江三角洲兩地域玦飾的質感與風格均相當類似。在廣東的範圍內，石峽文化與湧浪的玦飾是相當一致的。石峽遺址墓葬中出土水晶及石英玦飾製成品。湧浪遺址則發現有水晶及石英等環玦飾加工半製成品。這對探討石峽玦飾的來源問題提供了線索。最近珠海寶鏡灣遺址同樣發掘出土精美水晶石英玦飾及半製成品，其風格與湧浪期的玦飾是一致的。

長江與珠江地區玦飾的特徵相當接近，前者年代比後者早 1000 至 2000 年。毫無疑問，湧浪期的玦飾是受到長江地區玦飾文化影響而產生的。長江流域在距今 5000 年前已發展了各式各樣不同的玉石飾。湧浪期的飾物已知只有玦飾及墜飾，並沒有把長江流域的飾物文化全套吸收，反映出早期沿海土著接受外來文化的特色。

第 I 階段玦飾以湧浪遺址最豐富。初步觀察，湧浪遺址玦飾就包括有 A1－A3、B1 及 B2 五式。其中以 A1 的最常見。A3 僅見一例。大孔較小孔玦飾為多。

本時期玦飾方面的特徵有幾點可以注意：

（1）湧浪北區 M1 中，圜底帶矮圈足拍打葉脈紋陶罐與玦飾共存。土坑墓內於人體頭部附近放置幾何印紋陶罐是此時期的風俗。湧浪南亦發現同樣的陶罐與一對玦飾共存出土。湧浪所出土的玦飾可能是一種耳飾。

（2）玦飾以石英質居多，尤以透明之水晶質更精美。玦飾一般較厚，大小孔俱備，偏孔現象常見。

（3）環玦飾之製作，穿孔採用管鑽與鑿穿兩種手法，以後者具有特色。在本地區第 II 階段期間，已不見玦飾穿孔採用鑿穿之手法。

（4）玦飾開口切割由玦飾內外沿相對垂直切割，形成上寬下窄之玦口。

（5）較常見玦飾的斷面呈 I、II 式。其他飾物尚見有墜，未見璜、管珠、串飾等配搭。玦 I、II 式的斷面是上下對鑽之特徵。鄧聰所見湧浪出土有環砥石，玦飾內沿研磨拋光後，仍保留對鑽所留下之台階，是此時玦飾之

重要特色。

（6）石英玦飾較易折斷，折斷後的玦飾一般以兩對凹口或鑽孔以繩接駁技術復原玦飾重新使用。同樣的接駁技術見於長江流域北陰陽營遺址出土玦和璜飾物，折斷部分兩側施凹槽或鑽孔以繩復原。

第 II 階段玦飾的資料目前的公佈並不多。與第 I 階段比較，第 II 階段玦飾製作捨棄了本地區常見的石英水晶原料，改用高嶺岩、霏細岩等岩石。玦飾仍以大孔、小孔較常見，一般孔口較正中，少見偏心的現象。

綜合第 II 期玦飾特徵，有幾點可注意的地方：

（1）從東灣 M3 及 M4 號墓出土玦飾均與頭骨相疊壓，可以推測玦飾是為耳飾。

（2）東灣仔的 069 單位出土一作帶流束頸圓底陶罐，約相當於廣東地區銀州遺址晚期或河宕三期的時期。在該 069 單位所發現的四件玦飾，直徑由大而小遞變，成套玦飾物是此時期首次出現的。

（3）玦飾折斷後，一般在折斷位置的兩邊沿，開若干對稱小孔以繩接駁復原。

（4）本時期玦飾的厚度一般較薄，有些薄至 0.2 厘米，且外沿常被磨成呈鋒利之刃狀，斷面以 III—V 式較常見。

（5）本時期玦飾之佩戴，可能是與多種不同飾物共同配合。如東灣仔所發現一串 241 顆貝珠串飾與貝墜。東灣出土鯊魚牙和魚脊椎骨墜飾的配套使用，是多姿多彩人體裝飾的新發展。

第 III 階段玦飾的資料較豐富。白芒有大量半製成品，但半製成品玦飾的斷面變化較大，不可以將之與成品直接對比。大體而言，第 III 階段玦飾一般以 A 類型大孔為多，B 類玦飾少見。而大小成套的玦飾更是此時期玦飾發展之重要特徵。

（1）此期間的玦飾，作為耳飾外是否尚有其他用途，未能確定。下過路灣 M2 成套十件玦飾的出土，兩組玦飾（六件與四件）相距 20－30 厘米的

空間，可能意味着在人頭左右耳的兩側，有待進一步證實。

（2）下過路灣 M7 出土黑色流紋岩與石英兩種玦飾。兩種玦飾共存是毫無疑問的。他們都是由小而大配套使用，這是此時期玦飾重要特色。此外尚發現石英環同樣有大小配套的風格。

（3）玦飾方面，石英玦飾一般較薄且細小，玦的外沿磨成刃狀，斷面呈 III、IV、VI 式。而黑色流紋岩製玦一般較大，玦的斷面以 VI 式普遍。東灣式玦飾斷面為 VIII 式。本期間再次大量採用石英的素材製作環玦飾物，恢復第 I 階段玦飾的石料的傳統，可堪注意。

（4）本階段的玦飾與夔紋硬陶同時共存，如白芒、萬角咀、深灣、東灣、沙岡背等遺址都發現了大量環玦飾物製作的作坊遺址，其中一些作坊遺址的素材數以千計，估計一種生產環玦的專業集團社會，已於環珠江口沿岸一帶形成。

以香港為代表的環珠江口史前時期的玦飾在距今 4000 多年前已出現，其後經歷了約 1500 多年的發展歷史。本文中劃分為第 I、II、III 階段。第 III 階段以後珠江口地區沿岸玦飾製作就一蹶不振，消失得無影無蹤。環珠江口地區三階段的玦飾，均反映了外來影響的一些因素。按現今考古的發現，環珠江口玦飾的出現，是淵源於長江流域之原始文化。本地玦飾出現是眾多外來文化因素中之一種，亦同時顯示出本地自主製作與主動選擇外來文化因素之特徵。最後，第 III 階段成套由大而小的玦飾如何佩戴使用的問題，有待深入的探討。1994 年北京大學考古系和山西省考古研究所在山西北趙晉侯墓地第五次的發掘，發現大量的西周精美的玉器。其中 M92 出土的兩套玦飾，頗引人注目。61 一組共六件玦飾，出土於墓主頭部左側，成組玦飾自上而下、由小至大依次排列，最大者徑 5.5 厘米，最小者徑 2.3 厘米。68 一組八件，出土於墓主頭部右側，和前一組對稱分佈。兩組玉玦均由小孔與大孔

塊飾相互配合，上列四件為小孔，下列兩件為大孔。[34]

另一方面，1997 年鄧聰於越南考古學院參觀越南東山文化桂初（Quy Chu）遺址墓葬出土玉玦飾。其中如 M01、M1b、M4、M22 出土成套軟玉製玦飾，均由小而大排列。M4 及 M22 玦飾中也是小孔與大孔兩類型配合。從上述中國山西與越南清化及環珠江口出土成套玦飾資料考察，我們相信，環珠江口地區第 III 階段出現成組玦飾的現象，反映了東亞廣泛地區範圍內，玦飾配套使用的一種共同文化價值觀的傾向。

第三節

人面弓形格銅劍文化圈

大嶼山石壁出土的人面紋銅劍　劍制　鑄造技術　使用痕

香港地區出土較完整的先秦青銅劍，據初步統計共十四件。[35] 其中保存最完整，鑄造最精良，無疑是 1962 年在大嶼山石壁出土的人面紋銅劍。此銅劍被埋藏兩千多年後重見天日，經去鏽處理，尚金光耀目，劍刃鋒利，劍莖紋飾，細如髮絲。以下按劍制、鑄造技術與使用痕三者略作介紹。

此劍長 27.6 厘米，無首，莖之上部較粗，中部較窄，下端又變寬。莖的

---

34. 北京大學考古系、山西省考古研究所：〈天馬—曲村遺址北趙晉侯墓地第五次發掘〉，《文物》，1995 年第 7 期。

35. 較完整青銅劍指劍身、莖兼備之青銅武器。二十世紀三十年代，芬戴禮與戈斐侶在南丫島大灣一共發現了十一件青銅劍，參考 D. J. Finn, *Archaeological Finds on Lamma Island near Hong Kong* (Hong Kong: University of Hong Kong, 1958) 和 W. Schofield, *An Archaeological Site at Shek Pik* (Hong Kong: Hong Kong Archaeological Society, 1975)。1991 年，中文大學考古隊於馬灣沙柳塘遺址，發現可能屬於戰國時期的墓葬，出土扁莖青銅短劍一件，共存遺物尚有有領石環及夾砂陶等。此外，同年香港考古學會秦維廉氏於赤鱲角亦發現一件青銅短劍。

表面由方格的凹線紋規劃，成有缺口的方形，方形內填縱橫細如髮絲五至六條的凸起線紋，線紋上有捲雲紋的裝飾。莖的基部有凹線規劃的長方矩形，內填一對橫置捲雲紋。格：左右寬 5.1 厘米。兩端向上揚，中部彎曲，形似弓制。劍格兩面都有數條橫向的凹線，凹線上下間充填有錐刺的連珠紋。劍身長 18.3 厘米，寬 4.9 厘米。最大寬位於劍身之中部。劍身除近刃邊及鋒尖較薄外，均厚約 0.47 厘米。劍身下部起棱，劍身上、中部的空間，兩面都內填有人面圖案，並飾羽枝紋、捲雲紋、圓圈、三角形等平凸圖案。人面圖案為平凸的寬體。眉、眼、口均為凹紋，鼻則以細凸線作鼻樑，兩邊以凹線作鼻寬。人面的周邊均繞凸線三角形圖案。

有關銅劍的鑄造技術，目前只能根據劍上遺留製造過程中各種痕跡推測。由於兵器是精製的工具，多加磨礪，若干製造痕跡已不復存在。以下按鑄造痕跡如範縫、澆口，鑄造缺陷如氣孔、澆不足等判定鑄造方法、泥蕊的設計和用料等工藝。劍莖頂部尚遺留有清楚的範縫。莖兩側的範縫估計已被銼平，不見痕跡。從莖頂存在範縫可以判斷，此劍是由雙面範合鑄而成。劍莖中空封閉式。由於莖下部曾折斷，暴露出較大的缺口。自缺口向內窺，尚可見內範之泥蕊，泥色呈淺黃色，包含顆粒較大的石英砂，估計與透氣有關。莖的頂部和莖側各有一小孔，是原來泥質蕊撐的遺痕。復原此劍鑄造方法，估計是以雙面鑄範成形，劍身和格部均為合鑄式，莖則採封閉中空式。鑄造時於劍莖處預先置懸空的內範泥蕊。為防止內範與外範腔靠攏，於莖頂及側各置一個泥製蕊撐相隔。當銅液注入範腔後，劍莖之懸空泥蕊亦即浸入銅液中，待其冷卻，拆去外範，兩處蕊撐則成兩個小孔。泥蕊內範尚保存於莖的內部。[36] 劍格方面，A 面格的橫向凹線紋飾斷斷續續，並不明顯。可能是

---

36. 有關封閉中空式劍莖之鑄造方法，可參考張增祺：〈略論滇西地區的青銅劍〉，《雲南青銅文化論集》，雲南人民出版社，1991 年，第 190－200 頁。最近公佈鄭州商代二里崗鑄銅資料表明，在商代前期，已能準確地以內範套扣的方法鑄造出空心的銅器。參考安金槐、裴明相、趙世綱、楊育彬：〈鄭州商代二里崗期鑄銅基址〉，《考古學集刊》，第 6 集，中國社會科學出版社，1989 年，第 100－122 頁。

澆鑄出範後表面不太理想，明顯可以觀察到有七八組被銼平的痕跡。B 面鑄
成效果比較理想，三組橫向凹線及錐刺紋均眉目清晰可辨。劍身的鑄造，由
於兩面均有較緊緯的紋飾，難度較高。刃部兩邊明顯經仔細的磨礪和拋光。
尚可觀察到一些較為細微的磨痕，方向多為上下運動方式，近刃部處則有一
些較短呈橫向的磨痕，估計與刃部最後的磨礪有關。劍身近鋒部有若干點狀
的氣孔，是鑄造的缺陷。但此劍鑄造最大的缺陷無疑是在劍身 A 面的人面及
A、B 面中部以下幾何紋飾的部分。可能是範內尚殘存有若干氣泡，澆灌之
銅液，未能完全鑄造出原範腔內的圖案。A 面上人面只能鑄出一半面。人面
一側明顯可見澆不足鑄痕線。此外，劍身兩面的平凸的陽紋圖案和人面紋表
面均被砥礪光滑。凹下的素面均較粗糙，估計是原鑄造成的表面。有關此劍
鑄造的方法，由於莖部的上端尚有明顯的鏡縫，因此不可能是失臘法成形，[37]
由雙面範合鑄成是無疑問的。至於範的質料是泥範或石範則較難斷定。一般
而言，兵器如矛、戈、劍、鏃等多見用石範，一範多鑄。[38] 在中國的地區，
山西夏縣東下馮二里頭文化層中均發現了若干石範，是東亞地區年代最早
的石質鑄型。[39] 在南方的中國，出土石範最集中的是江西清江吳城的冶鑄遺
址，1973 年以來，累計已發現刀、鑿、鏃、錛、斧、戈、鉞等範三百餘件。
且製作技術較高，分型面磨光，有的範刻有記號文字，已有一範多型。[40] 彭
適凡氏曾指出江西地區「最重要的特點就是鑄型以石範為主，陶範為輔，這

37. 華覺明：〈古代範鑄術語考訂〉，《中國冶鑄史論集》，文物出版社，1986 年，第 292－295
　　頁。
38. 馬承源主編：《中國青銅器》，上海古籍出版社，1988 年，第 520 頁。
39. 中國社會科學院考古研究所、中國歷史博物館、山西省考古研究所：《夏縣東下馮》，文物
　　出版社，1988 年。
40. 彭適凡、華覺明、李仲達：〈江西地區早期銅器冶鑄技術的幾個問題〉，《中國考古學會第四
　　次年會論文集》，文物出版社，1983 年，第 72－80 頁。

和中原地區以陶範為主和石範極少正好相反」。[41] 現今在東亞日本 [42]、朝鮮半島 [43] 及東南亞 [44] 等地，都發現過不少石質的兵器鑄型。但令人頗感困惑的是如石壁銅劍的莖部上細如絲髮的凸起線紋，如果刻劃在質鬆多孔的砂岩上，恐怕是不容易成功的。有學者在越南河內博物館內，參觀過一件出土於北越諒山省的細砂質砂岩短劍石範。石範長 25 － 30 厘米，為雙面範，澆口在莖上部。莖部頂端應為封閉式，有類似一字形格，劍身寬葉型。此件短劍石範與石壁銅劍形制有近似之處。可惜諒山出土石範的型腔未見任何紋飾。此外，1937 年戈斐侶在石壁東灣及近年廣西武鳴元龍坡發現過一些石質斧範和鏃範的腔內部或外部鐫刻一些較簡單的雲雷紋，[45] 但紋飾的精細程度仍難與石壁銅劍莖上線紋比擬的。此外，我們亦曾考慮一些可能質地較細膩的石質如滑石等作鑄型。最近內蒙古漢旗山灣子出過一件雙面範的滑石劍鑄型。[46] 然而未見石範腔型上有微細的紋飾。從石壁銅劍莖精細紋飾特徵考慮，我們是比較傾向於此劍有可能是用陶範鑄成。中國東南沿海以至東南亞地域，目前所發現的範最多是雙面範，製作一些較簡單、平面器型如劍、矛、鏃、鐮、斧、鐸、腕環等。範的質地一般以石質砂岩為多，但也有一些陶範。如

41. 彭適凡：〈江西商周青銅器鑄造技術〉，《科技史文集》，第 9 輯 · 技術史專輯（1），上海科學技術出版社，1982 年，第 38－45 頁。

42. 樋口隆康編：《古代史發掘（5）大陸文化と青銅器 · 彌生時代－2》，東京：講談社，1981年。

43. 金元龍：《韓國考古學概說》，韓國：一志社，1986 年，第 101－118 頁。

44. 新田榮治：〈東南アジア出土の青銅器鎔範〉，《鹿兒島大學史學科報告》，第 30 號，1981年，第 49－68 頁。

45. 韋仁義、鄭超雄、周繼勇：〈廣西武鳴馬頭元龍坡墓葬發掘簡報〉，《文物》，1988 年第 12期，第 1－13 頁。

46. 邵國田：〈內蒙古敖漢旗發現的青銅器及有關遺物〉，《北方文物》，1993 年第 1 期，第 18－25 頁。

越南[47]、馬來西亞[48]、菲律賓[49]等地都發現雙面陶質合範。要之，有關石壁銅劍的鑄型，究竟是陶質或石質，目前還是難以有最後的定論。

使用痕是指銅劍鑄成及加工修飾後，在使用的過程中劍全身的磨耗或損折等痕跡。按肉眼的鑒定，石壁銅劍的莖部手握所及之範圍，均可見明顯的磨耗使用痕。估計此銅劍於埋藏以前，劍主人經常用手握持劍莖把玩。而莖部的下端，即基部手握不及之處，紋飾與莖上部雖然是一致，但清晰可辨。劍身方面，兩端刃部邊沿均有若干破損痕，但有些破損痕似為出土後形成，破口中可見青銅的赤黃色，應為新傷口。劍面刃邊前端可見唯一長 10 厘米之刃口。

現今已知與石壁出土類似的人面弓形格銅劍的分佈範圍大約由東經105°−115°、北緯約 20°−25°的範圍。按出土地點，由越南的清化東山、廣西柳江至香港大嶼山構成一個三角形的地帶。這種銅劍分佈範圍的規模，對比如滇西與川西的山字格銅劍、滇池地區一字格銅劍的分佈範圍毫不遜色。

目前已知與人面弓形格銅劍相關的遺址有香港大嶼山石壁、南丫島大灣[50]、赤鱲角、廣東暹崗蘇元山[51]、廣西柳江木羅村[52]、靈山石塘鄉[53]及越南清化

47. J. H. C. S. Davidson, "Archaeology in Northern Viet-Nam since 1954," *Early South East Asia* ed. R. B. Smith and W. Watson, New York: Oxford University Press, 1979, pp. 98-124.

48. T. Harrisson, "A Stone and Bronze Tool Cave in Sabah," *Asian Perspectives* 8 (1966): 171-180.

49. R. B. Fox, *The Tabon Caves: Explorations and Excavations on Palawan Island, Philippines*, Manila: National Museum, 1970.

50. D. J. Finn, *Archaeological Finds on Lamma Island near Hong Kong*, Hong Kong: University of Hong Kong, 1958, pp. 108, fig. 23.

51. 麥英豪：〈廣州郊區羅崗古遺址調查〉，《文物資料叢刊》，1977 年第 1 期，第 172−176 頁，第 188 頁。

52. 劉文等：〈廣西柳江縣出土春秋戰國青銅器〉，《文物》，1990 年第 1 期，第 92−93 頁。

53. 黃啟善：〈廣西靈山出土青銅短劍〉，《考古》，1993 年第 9 期，第 860 頁。

東山遺址 [54] 七個地點。

綜合各地區銅劍的特徵，筆者試圖勾畫以下數點作為人面弓形格銅劍之特色：

（a）莖、身一次鑄成，直接握持使用；

（b）莖分封閉中空與扁體實心兩種；

（c）劍身呈寬葉形，最大寬位於劍身之中部。蘇元山銅劍的劍刃邊一側為近於直線狀，另一側刃邊中下部明顯彎曲，石壁及東山銅劍刃邊形態亦有如此之傾向，為此劍制重要之特色；

（d）莖以凹線陰紋為主，身以平凸線陽紋為主；莖、身兩者陰陽紋對照配合，蘇元山及石塘莖首均雙環首；

（e）格兩端上揚，中部微彎曲，近似弓形，稱弓形格；格上有豎或橫的凹線劃紋、連珠紋；

（f）劍身上部有人面紋飾，人面外有三角形凸線圍繞。人面全體以三角形平凸寬體構成，眼、眉、口三者施以凹紋，鼻則以細凸線作鼻樑，兩邊凹線作鼻寬。劍身下部起棱或柱脊；

（g）Y形寬頻紋飾由羽枝、捲雲、三角形等紋飾組成，劍身上及中部位置的Y形寬頻紋飾別具特色，Y形上交叉部為人面紋飾；

（h）劍長 23－29 厘米。[55]

分析以上特徵，我們可以作出以下幾點認識。

第一：特徵（a）代表此種劍制的重要特色，與雲南的山字形格劍及一字格劍、越南東山文化之捲格劍等均同屬一個大系統。從更大範圍比較，更與北方劍系中之鄂爾多斯及卡拉索克（Karasuk）之劍系有相似之處。

54. 黎文蘭、范文耿、阮靈編著：《越南青銅時代的第一批遺跡》（梁志明譯），中國古代銅鼓研究會，1982 年，第 102－103 頁。
55. 鄧聰：〈香港石壁出土人面弓形格銅劍試釋〉，《嶺南古越族文化論文集》，香港市政局，1993 年，第 86－101 頁。

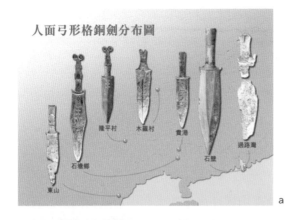

圖 2-5
東南亞人面弓形格銅劍

a 中國及越南人面弓形格銅劍的分佈
b 香港大嶼山石壁遺址出土人面弓形格銅劍
c 石壁弓形格銅劍上的人面

第二：（b）及（e）兩點的變化，如木羅村劍格不發達，蘇元山劍莖中心扁平實體，都可能是代表一些時序上早、晚變化。但石壁、東山、蘇元山、大灣四者銅劍的弓形劍格均相當類似和定型化。

第三：（d）點莖和身以陰陽凹凸紋互相配對。此種不變的方式，可視為此類劍制的裝飾手法的特色。

第四：（g）點各劍上人面設計造型和形態都為不變因素。這暗示了人面紋飾可能代表一些不輕易改變之精神信念。

越南東山時期的短劍，目前東山遺址出土的人面弓形格銅劍是最特別的，其餘大多是富有地方特色的捲格劍和雲南特色的一字格劍。[56] 很可能人面弓形格劍在東山文化中是代表一種外來的文化因素，東山人面弓形格銅劍是外來的劍系。[57] 東山的人面弓形格劍的年代，目前可能是代表了此類劍系下限的年代。其次石壁與東山的銅劍大小、莖、格都十分相似。按常理推測，石壁與東山兩者人面弓形銅劍年代理應相差不致太遠。石壁銅劍共存出土的銅矛為凹口短體闊葉式，近似春秋中期典型器。過去江蘇高淳墓葬中曾發現不少較相近似的凹口骹矛，年代亦為春秋中葉。[58] 最近廣東海豐[59] 及深圳大梅沙都發現過與石壁相似的銅矛。根據以上討論，我們可推論石壁人面弓形格劍的年代，應較東山出土者為早。

香港的大嶼山、南丫島、赤鱲角三個島嶼上，先後都發現弓形格劍，顯示此種銅劍的主人，必然與海上頻密的活動有關。近年，學者對南中國海沿

56. Ngo Si Hog, "Khai Quat Lang Vac (Bghe Tinh) — DOT II," *Khao Co Hoc*, vol. 2, 1983, pp. 37-53.

57. Ha Van Tan (chu bien), *Van Hoa Dong Son O Viet Nam*, Ha Noi: Nha Xuat Ban Khoa Hoc Xa Hoi, 1994, p. 427.

58. 江蘇省文物管理委員會：〈江蘇高淳出土春秋銅兵器〉，《考古》，1966 年第 2 期，第 63－65 頁。

59. 楊少祥、鄧政魁：〈廣東海豐縣發現玉琮和青銅兵器〉，《考古》，1990 年第 8 期，第 751－753 頁。

岸至印支半島的海上絲綢之路研究，證明在戰國至西漢階段，曾經存在相當
活潑的交往。[60]

　　就劍制而言，人面弓形格劍是與商末至東周時期北方草原地區流行的銅
短劍以及戰國至西漢時期西南夷地區流行的銅劍是同一的劍系。與兩廣北部
毗鄰雲南、貴州、湖南、江西、福建五省迄今所發現青銅劍群對比，毫無疑
問兩廣出土雙環首人面弓形格銅劍與雲南地區之關係較為密切。雲南竈鳳
山、永勝與廣西石塘鄉出土青銅劍之雙環首分外相似。兩廣人面弓形格銅劍
中之雙環首因素來源自雲南一帶，可能為較合理之解釋。[61] 誠如西江清高指
出，東南中國扁莖劍中具有人面紋飾是越民族地方的特色。[62] 因此，人面弓
形格銅劍是匯合越民族人面紋的特色，再糅合西南一帶短劍之色彩而成。

60. 樋口隆康等：《倭と越 —— 日本文化の原鄉をさぐる》，日本：東アジァ文化交流史研究
　　會，1992 年。
61. 鄧聰：〈再論人面弓形格銅劍〉，《東南亞考古論文集》，香港大學美術博物館，1995 年，
　　第 231－240 頁。
62. 西江清高：〈春秋戰國時代の湖南、嶺南地方 —— 湘江‧嶺南系青銅器とさの銅劍ぐつ
　　て〉，《紀尾井史學》，1987 年第 7 期，第 10－36 頁。

第三章

秦漢至明清時期的香港文化

鄧聰

　　秦始皇三十三年（前214）統一嶺南，設置南海、桂林、象郡。香港地區屬南海郡番禺縣。秦統一後實行徙民實邊，北方的中原文化及生產技術湧入，促進了嶺南各地之開發。漢武帝在元鼎六年（前111）平定南越國，珠江三角洲的前沿包括香港地區，逐步漢化，北方漢文化漸次變為主導。東晉咸和六年（331）晉成帝設立東官郡和寶安縣，郡、縣治所均設於深圳的南頭。香港屬於寶安縣所管轄。

　　隋唐至宋元時期，深圳南頭以至香港屯門一帶，成為廣東海上交通的重要門戶。唐玄宗開元二十四年（736），在寶安縣南頭設置了獨立於當地軍政系統的屯門鎮。在宋代香港的周圍被稱為「大奚山」，隸屬廣州府的東莞縣。從宋代開始，一般認為是中原人士大量移居香港的階段。

　　明萬曆元年（1573）從東莞縣劃出南部，成立新安縣。香港從此隸屬新安縣管治。清代以後，香港軍事考古反映了中西間歷史的側影。其中，清代炮台如佛門堂炮台和九龍寨城的發掘，顯示了考古與近代史接合的新發展。大量考古資料證明，中華文化是香港文化的根，中原文化與嶺南文化一直相互影響，香港文化早在1840年前已經獲得一定發展，並非始自鴉片戰爭後。

第一節

秦漢時期

大嶼山白芒遺址　　西貢滘西洲遺址　　馬灣島東灣仔遺址
屯門掃管笏遺址　　李鄭屋東漢墓

　　自秦朝始，香港地區正式被納入為中央政權的統治。秦始皇統一六國後，發兵五十萬直指嶺南，平定百越後，設立南海郡，下屬番禺、龍川、博羅、四會四個縣，香港隸屬南海郡番禺縣。從此，珠江三角洲之古越人被劃

入中華民族統一帝國之內。

漢興秦滅之際，趙佗建立南越國，自封為南越武帝，共傳五代，歷時九十三年。趙佗死後，漢武帝國力加強，至元鼎六年（前 111）以南越國與呂嘉叛亂，派軍滅南越國，實現漢朝對珠江三角洲前沿之直接控制。在此方面，近年在現今番禺、東莞以至深圳南頭等地發現漢磚室墓，顯示自西漢到東漢間，漢政治勢力在珠江三角洲擴張的軌跡。這方面尤值得注意的是東漢時期南頭古城一帶，人口與社會發展在珠江三角洲中最突出。從深圳南頭至西鄉沙井一帶，出現東漢磚室墓群，其中紅花園一處發現了八座磚室墓。這些發現為理解二十世紀五十年代在香港李鄭屋村東漢墓的來源，提供了很重要的基礎。

最近，據廣州市文物考古研究所朱海仁的統計，香港地區迄今發現漢代遺物地點，共有十六處之多。這些遺址的地理環境，一般均位處背山面海的沙堤或平緩山崗。出土西漢時期陶器地點有東面的沙頭角、西貢沙下，西邊的元朗竈礦石、屯門龍鼓上灘，以及在大嶼山島嶼上白芒與稔樹灣。

出土東漢陶器的地點有十一處，包括東面沙頭角、西貢沙下與滘西洲，西面的屯門龍鼓上灘、掃管笏，大嶼山的散石灣與竹篙灣等，南丫島的沙埔村與深灣、馬灣東灣仔、深水埗李鄭屋、旺角等地。據研究，這些地點地理上優勢包括：

（1）沿海岸線分佈，泛舟交通便利；

（2）西漢與東漢遺址分佈有其延續性；

（3）東漢後期以李鄭屋磚室墓發現，反映新歷史發展之背景。

以下簡介其中香港近年一些有漢代考古的重要新發現。其中，滘西洲、東灣仔、掃管笏三者，主要是依據原發掘者及廣東文物考古工作者的研究成果。

（一）大嶼山白芒遺址

1991 年 12 月至 1992 年 2 月間，中文大學考古隊與中山大學人類學系共同於大嶼山白芒進行考古發掘，首次發現了香港地區保存完整的西漢初期的文化堆積，填補了香港歷史上西漢時期人類活動的空白。[1]

白芒位於大嶼山的北部，在大蠔灣西側。這裏的海灘北向，東側有岬角，前有沙堤，海拔高程 5.7 米。沙堤與坡積連接，背後三面環山，左右兩條小溪流入海內，環境相當優美，極適宜人類生活居住。

我們在沙壩上開挖了一個 150 平方米的探方，最深處發掘至 1.5 米，共發現七個層序，包括有四個時期的文化層。其中第二文化層出土文物簡介如下。

（1）陶器：除出土大量夾砂陶炊具外，更發現一些南方漢代墓葬中常見的戳印紋硬陶。代表性器物如瓿，小口直唇，斜肩近平，平底。另一件是三足罐，形為斂口，直唇，圜平底，底附有三足，器外施有篦形紋，均以細線旋紋相間。上述的瓿和三足罐兩者都是西漢初期較典型的陶器。

（2）鐵器：有鐵錛和鐵鋤各一件。鐵錛高 0.67 厘米，長 10.4 厘米，銹蝕嚴重，出土時斷為三段。按研究者指出，錛是一種安裝於木柄上之農具，似今日廣西地區仍流行使用之鍬。鐵鋤高 8 厘米，寬 5 厘米。這兩種鐵農具在廣州西漢初期墓葬都曾發現過。

白芒第二文化層出土戳印紋硬陶的陶瓿、三足罐、三菱銅鏃等都是廣東地區西漢初期所常見的組合器物，年代屬於西漢初迨無疑問。其中值得注意的是石刀和鐵錛的組合。前者是收穫的農具，後者是耕作動土用的工具，清楚暗示了農業經濟活動的存在。

此外，香港地區首次發現了鐵錛，對廣東地區西漢初期鐵農具的使用問

---

1. 鄧聰、商志醰、黃韻璋：〈香港大嶼山白芒遺址發掘簡報〉，《考古》，1997 年第 6 期，第 54–64 頁。

圖 3-1
大嶼山白芒遺址出土西漢陶器組合

圖 3-2
大嶼山白芒遺址出土西漢鐵錛

題，提供了新的資料。據黃展岳和麥英豪研究指出，廣東地區最早出現鐵器是在戰國時期，而大量出土鐵器是在西漢早期。[2] 大嶼山白芒地區距廣州的漢文化中心地 150 公里，又是在珠江口外的島嶼上，仍然出土西漢初期代表漢文化技術的戳印陶、鐵器和青銅器，可見西漢初期漢文化在大嶼山土著生活中已具有相當的影響力。大嶼山白芒遺址第二文化層出土豐富的文物，提供了對西漢初期廣東沿海島嶼漢族與土著文化交流研究極重要的資料。

（二）西貢滘西洲遺址

1993–1994 年，香港考古學會在滘西洲北部進行調查發掘，發現新石器時代、青銅時代、漢代和唐代的文化遺址。漢代遺存位於離海邊不遠的平緩山坡上，文化層淺薄，有燒坑遺跡。漢代遺物主要為地表採集，或在地表以下 20 厘米的深度內發現，陶罐碎片集中出土。出土遺物主要有陶罐、六耳罐、盆、盒、釜、碗、網墜和石印章、鐵塊等。[3]

據研究，西貢滘西洲出土豐富的漢代遺物，大部分器物屬於東漢後期。其中方格紋加方形戳印的陶甕、陶罐與盤口陶釜相當集中出土，在香港地區具有一定代表性。學者研究指出，西貢滘西洲出土的釉陶盒與廣州漢墓東漢後期的 IV 型盒較接近，釉陶碗與廣州漢墓東漢時期的 III 型式碗接近，陶盆與廣州海幅寺漢代窰址 C 型 II 式盆類似。這種類型的陶盆也屬於日用器皿，在廣州海幅寺漢代窰址中有大量出土，但在漢墓中基本不見。根據對器物特徵的分析，可以確定滘西洲遺址的年代為東漢後期，具體年代則可能與李鄭

2. 黃展岳、麥英豪：〈從南越墓看南越國〉，《廣州文物考古集 —— 廣州考古五十年文選》，廣州出版社，2003 年，第 62–84 頁。

3. The Hong Kong Archaeological Society, "Report on an Archaeological Survey and Excavation of Northern Kau Sai Chau，Phase I,1993," December 1994; The Hong Kong Archaeological Society, "Report on Final Archaeological Excavation at Kau Sai Chau，Phase II," July 1995.

屋漢墓較為接近。[4]

（三）馬灣島東灣仔遺址

　　1994 年，對東灣仔南部進行兩次發掘，發掘面積 260 多平方米，主要發現有青銅時代晚期、漢代的文化遺存。[5] 據朱海仁研究指出，漢代文化遺存主要包括沿山腳呈南北走向的生活面，和一處包含貝殼及文化遺物的堆積層。生活面上發現有柱洞和一條可能是水溝的遺跡，出土有陶片、石器、銅錢及貝殼、木炭、石塊等遺物。堆積層中發現有受緊壓的路面、柱洞及火燒痕跡，出土有陶片、青銅器、鐵器和貝殼、魚、鳥及細小哺乳類動物遺骨等。漢代生活面下發現青銅時代晚期的遺存。

　　東漢時期遺物包括陶器、鐵器、銅錢等。陶器包括罐、釜、盆、碗、紡輪及陶球。共出土七十多件鐵器，五十八件出自文化層中，十二件出自表土，銹蝕嚴重。器型令人注目的包括斧、鋤、鏟、鋸、錐或鑿、釘、針、鐵絲、魚叉或魚鈎、刀片或矛頭以及容器碎片等。其中鐵斧 SF46，長 12 厘米，寬 7 厘米，厚 1–3.3 厘米，重 565 克。遺址出土三枚五銖錢和一枚大泉五十。報告者指出個別箭鏃與南越王墓出土的相似，年代相當西漢時期。另一塊方形石片，應是漢代石硯的研石，編號 SF207，葉岩質地，一面及四邊磨光，邊長 3.2 厘米，厚 0.7 厘米。從東灣仔出土陶器的特徵顯示，這個遺址年代屬於東漢後期。[6]

4.　朱海仁：〈香港漢代考古發現與研究〉，《西漢南越國考古與漢文化》，科學出版社，2010年，第 42–62 頁。

5.　P. R. Rogers, N. W. Leininger, S. Mirchandani, J. Van Den Bergh, and E. A. Widdowson, *Tung Wan Tsai: A Bronze Age and Han Period Coastal Site*, Hong Kong: Antiquities and Monuments Office, Occasional Paper No. 3, 1995.

6.　朱海仁：〈香港漢代考古發現與研究〉，第 42–62 頁。

（四）屯門掃管笏遺址

　　2000 年，香港康樂及文化事務署古物古蹟辦事處與北京大學考古文博
學院聯合對該遺址進行發掘，發掘面積 1250 平方米，發現了新石器時代晚
期、漢代、明代的文化遺存。[7] 據朱海仁研究指出，漢代的文化遺存主要是兩
個灰坑。其中一個灰坑內出土漢代五銖錢近百枚，銅錢堆內夾附有較難保存
的竹席和麻布殘片，另一個灰坑內出土拍印方格紋加方形戳印的漢代紅陶罐
碎片。出土的陶罐可復原，反折唇，唇下有短頸，長圓腹，大平底。肩腹部
拍印方格紋加兩周方形戳印。出土錢幣的灰坑平面形狀不規則，長 2.7 米，
寬 2 米，深 0.3 米。銅錢集中出土於坑內中部偏北。出土銅錢包括半兩一
枚、貨泉一枚、五銖六十一枚、剪輪五銖三十四枚。半兩錢徑 2.32 厘米，
穿邊長 0.9 厘米。貨泉正面與背面均有穿郭，錢徑 2.35 厘米，穿邊長 0.8 厘
米。五銖錢僅背面有穿郭，錢徑 2.4－2.6 厘米，穿邊長 0.9－1 厘米。剪輪
五銖錢僅背面有穿郭，錢文部分或大部分被剪，錢徑 1.8－2.1 厘米，穿邊
長 0.9－0.95 厘米。該遺址出土的紅陶罐是典型的東漢後期器物，並出土有
「朱」字頭方折的西漢晚期五銖錢、「朱」字頭圓折的東漢五銖錢和東漢晚期
的剪輪五銖，該遺址應屬東漢晚期。[8]

　　2008－2009 年，中國社會科學院考古研究所在掃管笏發掘，發現東漢代
墓葬一座，編號為 M6。墓內未見葬具和人骨。隨葬品有鐵斧、銅盤、銅耳
杯各一件。銅盤 1 件（M6：1），除折腹下部殘破外，其餘部分保存較完整。
敞口，尖唇，平沿，斜壁，折腹較淺，平底，圓形內底中心部分下凹。口徑
14.8 厘米，底徑 6.9 厘米，高 2.1 厘米。銅耳杯 1 件（M6：2），口呈橢圓形，
兩側各有一耳，兩耳低於口沿，底部附矮圈足。口長徑 11.8 厘米，短徑 7.3

7.　朱海仁：〈香港漢代考古發現與研究〉，第 55 頁；《掃管笏考古發現》展覽單張，香港康樂
　　及文化事務署，2008 年。

8.　朱海仁：〈香港漢代考古發現與研究〉，第 42－62 頁。

厘米，高 3.6 厘米。鐵斧一件（M6：5），整體略呈長方體，中部略內收，長方形豎銎，兩側銎口略呈山形凸起。斧體兩側隱約可見豎向鑄縫，為鑄造品。長 12.2 厘米，寬 8－9.1 厘米，器厚 3.6 厘米，壁厚 0.6 厘米。[9] 這個墓葬年代可能是東漢偏向中晚期階段。

（五）李鄭屋東漢墓發現與年代

1955 年 8 月 9 日，在九龍西北部發現的李鄭屋墓（北緯 22°20'17.14"，東經 114°09'36.08"），迄今仍是本地唯一的東漢磚室墓，對香港這個國際大都會來說，無疑是一份很厚重的文化遺產。[10] 無古不成今，香港這個現代大都會軀殼的背後，事實上也是由過去一代一代所創造的歷史文化才支撐起來的。

李鄭屋墓的發現，對香港歷史認識有什麼啟示呢？過去香港地區著名文博學者屈志仁曾指出，此墓的意義，「就是反映了漢代香港居民的生活片面，而這種生活是基本上『漢化的』」。[11] 中國社會科學院考古研究所白雲翔先生認為，「它（筆者：李鄭屋漢墓）向世人昭示，香港地區自古以來，就是中國領土的一部分」。[12] 近年，秦漢考古學研究中心主題之一，是漢代官吏與平民墓葬之辨識。[13] 據我們最近掌握廣州漢代考古的新發現顯示，李鄭屋漢墓的規模，確實具備更多的是官吏政治的意義，很惹人注目。

最近廣州市文物考古研究所馮永驅按廣東省漢代考古發現指出，廣州漢

9.　傅憲國：《香港屯門掃管笏遺址》，資料來源：http://www.wangchao.net.cn/junshi/detail_15267.html。

10.　F. S. Drake, "Lei Cheng Uk Han Tomb Excavation Preliminary Report," *Lei Cheng Uk Han Tomb*, Hong Kong: The Hong Kong Museum of History, 2005, pp. 60-70. 羅香林：〈香港李鄭屋村漢墓之發現與出土古物〉，《考古人類學刊》，第三十七、三十八期合刊，台灣大學文學院考古人類學系，1975 年，第 69－83 頁。

11.　屈志仁：《李鄭屋漢墓》，香港市政局，1970 年初版，1980 年第二次再版，第 9 頁。

12.　白雲翔：〈香港李鄭屋漢墓的發現及其意義〉，《考古》，1997 年第 6 期，第 27－34 頁。

13.　劉慶柱、白雲翔主編：《中國考古學·秦漢卷》，中國社會科學出版社，2010 年，第 380－551 頁。

圖 3-3
香港李鄭屋東漢墓

a 李鄭屋墓公園的外貌
b 李鄭屋墓結構（依香港歷史博物館 2005 年）
c 李鄭屋墓出土陶鼎
d 李鄭屋墓內墓磚「大吉番禺」
e 李鄭屋墓內後室的正面

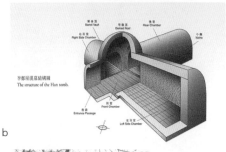

e

墓分佈與城區擴張，兩者有着密切關係。概括來說，西漢初廣州漢墓多見城西、北和東北，有「南越墓不過江」的說法。在此後，漢墓葬才向城南伸延，到東漢中晚階段，今日番禺一帶，相繼成為廣州城區南邊較偏遠墓葬的地域。[14] 2006 年，公佈禺南的三十四座東漢中晚期墓葬中，其中穹隆頂雙室和多室墓就有二十六座。再加上八十年代在深圳南頭發現成批的東漢磚室墓群，[15] 可見東漢中晚期文化勢力已跨越今日番禺、東莞，直抵深圳南頭，甚延至九龍半島的西側。李鄭屋墓地處珠江三角洲出口最南端的位置，地理上鮮明突出漢王朝的勢力自廣州向珠江出海處的推進。

李鄭屋墓發現的意義在於使認識上有若干的突破。首先是對李鄭屋墓確切年代的探索，近年來有所推進。近年廣州及珠江三角洲地區漢墓研究與日俱進，尤其是最近公佈《番禺漢墓》考古報告，更是其中的關鍵所在。[16] 這批三十四座東漢中晚墓葬中，一共發現 186 塊有刻劃文字的墓磚，內容包括姓名、官職、紀年、古語或祈福語等，推進了對李鄭屋墓確切年代和墓葬性質的探究與判定，有很重要的意義。

從年代學來說，考古學上公認陶器具有較多敏感的屬性，變化多端，較容易辨識發展的序列。學者通過精確詳盡研究陶器形制的變化，往往對陶器文化編年在精確控制到二十至五十年以內的範圍作比定分析，一般的可信性也相當高。對李鄭屋村墓陶器的序列較細緻的考察，首着先鞭的是香港地區的考古工作者馬文光。在 2006 年他把李鄭屋墓出土中的陶鼎、壺及雙耳罐作個案分析，對比廣東特別是番禺等地區漢墓出土同類的器物，再配合相關墓葬中共存紀年磚絕對年代的考察，馬氏結論中認為李鄭屋漢墓的年代，可

---

14. 馮永驅：〈序言〉，《番禺漢墓》，科學出版社，2006 年，第 i–ii 頁。
15. 楊豪、楊耀林：〈深圳市南頭紅花園漢墓發掘簡報〉，《深圳考古發現與研究》，文物出版社，1994 年，第 95–103 頁。
16. 廣州市文物考古研究所、廣州市番禺區文管會辦公室：《番禺漢墓》，科學出版社，2006 年。

以進一步收窄在東漢的中期,亦即約為西元第一世紀末。[17]

(1)大吉番禺相關分析

　　馬氏在排列李鄭屋與廣東漢代的陶壺形狀的變化後指出,李鄭屋墓與番禺 M19 墓的年代大致相約。番禺 M19 墓磚紀年為永元五年(93)和永元十五年(103)。令人注目的是 M19 墓兩件墓磚上,分別刻劃有「番禺都亭長陳誦」、「番禺」的銘文,說明此墓很可能是官吏墓,非一般的平民墓。番禺漢墓的發掘者陳偉漢推論,陳誦可能是墓主督造燒製墓磚的工官,或可能是番禺都亭長陳誦的墓,至少是當時一方權勢重要的人物。[18] 此外,《番禺漢墓》中三十四座東漢中晚墓葬,「番禺」一共出現四次之多。M19 的「番禺都亭長陳誦」、「番禺」,M29 的「番禺男□初五年十月□子」(麥英豪先生釋讀為番禺男,永和五年十月子)和 M32 的「番禺巫黃昔」,這樣在建築物構件上刻漢字人名或地名的傳統,從漢初南越國之際就已開始。如比較著名的是 1955 年在南越國宮署御苑中,石水池南壁上刻有篆文的「蕃」字。[19]

　　考古隊考慮到番禺 M19 墓形制上是雙後室的多室墓,可能是夫妻合葬墓,室內面積達 25 平方米,比其他墓葬的規模也略大。相比較之下,李鄭屋墓是顯得更複雜的穹隆頂合券頂磚室墓,具有三個棺室,平面呈十字形,面積為 30 平方米,比 M19 墓葬的規模稍大。李鄭屋墓中也有兩件刻劃有「番禺」的墓磚,即「大吉番禺」和「番禺大治曆」。[20] 以上由墓葬規模、「番禺」銘刻的存在,推論李鄭屋墓也具有官吏墓的性質。

17. 馬文光:〈香港李鄭屋漢墓年代的探討〉,《漢長安城考古與漢文化》,科學出版社,2008年,第 338-353 頁。

18. 陳偉漢:〈番禺漢墓與廣州及珠江三角洲漢墓的關係〉,《番禺漢墓》,第 360 頁。

19. 馮永驅、陳偉漢、全洪、李灶新:〈南越國宮署御苑遺跡〉,《廣州秦漢考古三大發現》,廣州出版社,1999年,第 58-88 頁。

20. 饒宗頤:〈李鄭屋村古墓磚文考釋〉,《饒宗頤史學論著選》,上海古籍出版社,1993年,第 298-304 頁。

　　漢初成書《淮南子》、《史記》有多處提及番禺。近半個世紀以來，嶺南考古學的發現，秦漢出土的文物中有「蕃禺」、「蕃」或「番禺」的銘文，其含義耐人尋味，初步分析顯示，很可能是蘊涵官方統治者的象徵性意義。

　　廣東著名考古學家麥英豪認為：「廣州，古稱番禺。」[21] 他討論廣州考古所見青銅器和墓磚上，有一些「蕃禺三斗」、「蕃禺少內」、「蕃禺」、「蕃一斤九兩少內」、「蕃容一斗一升」、「蕃禺少內容一斗大半」、「蕃禺少一斗二升少半」和「番禺丞」等銘文。[22] 誠如黃展岳和麥英豪所指出，廣東地區自秦以來使用漢字，宮室名號、工官設置、度量衡、禮儀喪葬制度，均仿效漢朝。如標誌市府（管理市井的官署）製作的銅器、漆器為數甚多，大多發現在南越王墓和羅泊灣一號墓，少數發現於廣州南越時期墓。發現最多是「蕃」、「蕃禺」，有的在蕃禺下面加刻「少內」二字，更顯示是南海郡市府經營手工業作坊所製作，歸王國少府屬下的少內官署保管使用。[23] 概言之，從漢初南越國制度的傳承顯示，文物上銘刻「蕃禺」兩字的使用，往往與官吏政治的關係密切，是一種官方使用、管理行為的內在證明，已是相當清楚的事實。

　　如果說早於 1953 年廣州石頭崗 1 號秦墓出土漆奩蓋面上「蕃禺」二字的烙印，是廣州地區發現秦統一嶺南第一件歷史物證；[24] 1955 年，在香港李鄭屋墓內兩見的「番禺」、龍紋磚等的發現，更可以解讀為南越國滅亡後，漢朝中央政府通過番禺對嶺南加強了邊陲的統治，在約西元一世紀末，東漢

21.　麥英豪、黎金：〈漢代的番禺 —— 廣州秦漢考古舉要〉，《廣州文物考古集 —— 廣州考古五十年文選》，第 35 頁。

22.　麥英豪：〈廣州西漢南越王墓及出土珍品小記〉，《廣州文物考古集 —— 廣州考古五十年文選》，第 101－102 頁。

23.　黃展岳、麥英豪：〈從南越墓看南越國〉，《廣州文物考古集 —— 廣州考古五十年文選》，第 65 頁。

24.　麥英豪、黎金：〈考古發現與廣州古代史〉，《廣州文物考古集 —— 廣州考古五十年文選》，第 3 頁。

官吏已直接駐守管轄着九龍半龍周圍的範圍。《史記・南越列傳》:「番禺負山險,阻南海,東西數千里。」李鄭屋墓出土墓磚中「番禺」二字,也是「阻南海」最生動的見證。

(2) 李鄭屋官吏墓的探索

　　眾所周知,中國古代都城的功能主要是政治性的,從考古學看來,古代都城政治性的物化載體,往往在城市建築發展上有所表現。[25] 廣州作為漢在嶺南都城的重鎮,當然也不例外,城市發展的擴張,也必定是漢政治勢力伸延的表現。東漢以來,自現今廣州、佛山、番禺、順德、東莞、深圳南頭以至九龍半島,由點而線連成一系列的東漢磚室墓的遺址,千秋壯觀,其中部分應可以視為漢代政治文化載體的表現。李鄭屋墓作為官吏墓的政治含義,躍然紙上。

　　李鄭屋墓作為官吏墓的性質,估計所反映與當時香港一般住民的生活,有着若干的差異。近年香港地區相繼發現一些東漢時期的遺址,如東灣仔、滘西洲、沙埔村和掃管笏等,估計有些是平民的聚落遺址。[26] 其中較豐富的如東灣仔和滘西洲,出土大多是一些方格陶罐、圜底罐、陶紡輪和銅錢等生活的必需品,其建築規模和遺物的種類,均難以與李鄭屋墓的媲美。[27] 秦漢時期,官府手工業產品主要是供宮廷和貴族的消費,東漢番禺的政權也不例外。從手工業生產角度考慮,李鄭屋漢墓本身建築的一些構材、墓內出土的五十件陶器,如釜、壺、鼎、魁、卮、陶屋和井模型,其中一些明顯是禮制象徵的仿銅陶禮器;八件青銅器如鏡、鈴、洗、碗等,在當時九龍半島一帶,也顯然是相當有分量的權力與身份的象徵。這些東西,都可能不是今日

25. 劉慶柱、李毓芳:〈漢長安城宮殿、宗廟考古發現及其相關問題研究 —— 中國古代的王國與帝國都城比較研究之一〉,《漢長安城考古與漢文化》,第 43 頁。

26. 香港歷史博物館編:《李鄭屋漢墓》,香港歷史博物館,2005 年,第 54-55 頁。

27. P. R. Rogers et.al, *Tung Wan Tsai: A Bronze Age and Han Period Coastal Site*.

香港範圍內製造的，其中部分可以考慮是由廣州城市的周圍輸入的生產手工產品，是漢文化直接的移植。

　　另一方面，比較值得注意的是最近幾年屯門掃管笏的發現。2000 年北京大學考古系在掃管笏發現了一處東漢灰坑，出土有逾百枚五銖錢。[28] 2008－2009 年，中國社會科學院考古研究所、香港古物古蹟辦事處又在掃管笏遺址發掘，據報發現一處東漢時期長方形豎穴墓葬，被命名為 M6。墓中出土「隨葬品有鐵斧、銅盤、耳杯各一件及玉玦兩件」。[29] 從掃管笏遺址的地層和遺物出土的狀況考慮，我們傾向把鐵斧、銅盤、耳杯和另外一對的玦飾，區分為兩個不同組合的考古單元，前者是東漢而後者是商時期的墓葬。掃管笏出土東漢晚期青銅器和鐵器的發現，是漢化的禮制物質表現，誠如發現者所說，是「一個令人關注的亮點」。從地望上，掃管笏和李鄭屋都在現今新界西側沿海一線的通路上。

　　東漢政權在珠江口東側開發的重大歷史意義，可以看作是此地區從史前以來的土著的文化，從此轉向發展成漢化的中心地。從秦始皇三十三年（前214）統一嶺南設置南海郡，到東晉咸和六年（331），晉成帝設立東官郡和寶安縣，郡、縣治所所以設在深圳南頭，也應該是東漢以來此地漢人為主開發的延續，逐漸轉變成為此後粵東南社會文化的中心。[30] 在深圳地區東漢和東晉南朝數十座墓葬，主要分佈在南山及寶安西鄉一帶，是古代南頭城城市建設和發展歷史的人文見證。2010 年，南頭古城發現的東晉南朝護城濠溝，東西長 110 米，很可能是「東官郡」的城池遺跡。[31] 自漢以來，今日香港新

28. 《掃管笏考古發現》展覽單張，香港康樂及文化事務署，2008 年。

29. 傅憲國、梁中合：〈香港屯門掃管笏遺址發掘簡報〉，《考古》，2010 年第 7 期，第 17－30頁。

30. 深圳市文物管理委員會辦公室、深圳市博物館、寶安區文化區：〈深圳鐵仔山古墓群發掘簡報〉，《華南考古 2》，文物出版社，2008 年，第 290－324 頁。

31. 深圳市文物管理委員會辦公室、深圳博物館、深圳市文物考古鑒定所編：《深圳 7000年 —— 深圳出土文物圖錄》，文物出版社，2006 年。

界西面的繁榮遠勝於東邊的格局，溯源於此。這個格局的打破，一直要等到十九世紀西方的船堅炮利來到珠江口，才有所改變。其時荒蕪的香港島西面又搖身一變，成為東方之珠國際都會的中心。

第二節

三國兩晉南北朝時期

寶安縣　東莞郡　南頭　白芒遺址

三國時期（220－280）香港屬於東吳南海郡。東晉成帝咸和六年（331）香港改歸屬寶安縣。南朝梁武帝時東官郡為東莞郡，寶安受東莞管轄。唐中葉改寶安縣為東莞縣，香港屬於東莞縣管轄。

三國至南北朝階段，中國北方長期混亂，南方相對穩定，中原大族南移。珠江三角洲這一階段文物古跡發現也有不少新進展，其中主要以深圳的發現比較重要。2001 年深圳考古人員在明清南頭城南門外西側發掘出一條東西長 110 米、南北寬 38 米的魏晉時期的護壕。護壕內出土東漢磚和三國、東晉、南朝陶瓷器。此護壕可能是東官郡城的遺跡。[32] 此外，自 1983 年以來從寶安鐵仔山發現大量墓葬群，其中東晉南朝墓較多，包括南頭紅花園、西鄉、沙井一帶清理的東晉、南朝墓約百座之多。墓葬大小和隨葬品參差，大多數為磚室墓。南頭是當時粵東南地區之政治及經濟文化中心。[33] 現今，香港在此期間的考古發現不算很多，在大嶼山的白芒、貝澳、沙咀頭，南丫島的深灣、沙埔村等遺址，也發現過一些此期間的遺址。

---

32. 楊耀林：〈概述〉，《深圳 7000 年 —— 深圳出土文物圖錄》，第 3－15 頁。
33. 深圳市文物管理委員會辦公室、深圳市博物館、寶安區文化區：〈深圳鐵仔山古墓群發掘簡報〉，《華南考古 2》，第 290－324 頁。

　　據香港古物古蹟辦事處初步綜合，1983 年香港考古學會在大嶼山貝澳遺址發現兩座南朝墓葬，[34] 出土罐、碗等共八件青瓷器。1989 年，該學會在南丫島沙埔村的一處六朝墓葬中，發現銀簪一件，銀耳環一對。[35] 1997 年，古物古蹟辦事處再在沙埔村一處墓葬中發現青瓷碗一件。此外，南丫島的深灣、赤鱲角虎地灣、東涌沙咀頭也出土過同時期六朝至隋代的陶器。[36]

　　香港中文大學中國考古藝術研究中心於 1991 年在白芒遺址調查，發現了香港地區唯一的晉土坑墓（M1）一處，土坑長 142 厘米，寬 71 厘米，內隨葬八件陶器，兩件為四系耳青釉罐。出土狀況是兩個陶罐並列擺放，罐上擺放四個小青釉碗，其上再擺置一個較大型青釉碗，形成兩陶罐、四小碗、一大碗三疊之堆放。另一件陶碗邊有鐵剪、五銖錢、銀戒指、玻璃珠等其他遺物。罐兩件，泥條盤築成形，敞口、溜肩、鼓腹、平底，全身青釉保存完整、光滑。肩上有弦紋，貼有四系耳。底部有切痕跡。口徑 8.2 厘米，高 12 厘米。碗六件，最大一件口徑 14 厘米，高 5.4 厘米，最小一件口徑 8.2 厘米，高 3.1 厘米。口沿外有一周刻劃弦紋。一號墓的青釉四耳罐、碗和鐵剪、五銖厭勝錢、銀戒指等器物形制和組合形式，應屬晉時期墓葬，可對比如韶關市勞 M1、始興縣赤東 M13 及深圳市南大 M1 的墓葬資料，大致相當。[37]

　　白芒 M1 晉墓出土五銖錢，是非常特殊的錢幣。北京大學歷史系吳榮曾教授對白芒五銖錢曾有深入的分析。[38] 下文轉引了他對白芒五銖錢的研究成果。

34.　W. Meacham, "Pui O," *Journal of Hong Kong Archaeological Society*, vol. X, 1982-1983, pp. 60-69.

35.　W. Meacham, "Sha Po Tsuen," *Journal of Hong Kong Archaeological Society*, vol. XIII, 1989-1992, pp. 33-54.

36.　香港古物古蹟辦事處：〈香港澳門五十年來的考古收穫〉，《新中國考古五十年》，文物出版社，1999 年，第 501－524 頁。

37.　鄧聰、商志醰、黃韻璋：〈香港大嶼山白芒遺址發掘簡報〉，第 54－64 頁。

38.　吳榮曾：〈香港大嶼山白芒晉墓出土五銖厭勝錢考略〉，《秀色掩今古》，中國考古藝術研究中心，2007 年，第 134－141 頁。

M1 的墓室中獲得一枚五銖，正面穿上有北斗星，穿下有一魚。背面穿上有一帶鈎，穿兩旁各一刀，穿下有類似杵狀之物。錢徑 2.5 厘米，穿徑 1 厘米。這是一枚非通行貨幣的厭勝錢。

以下就白芒五銖上的各種圖形做些分析和探索：

（1）北斗

北斗星由七星組成，左面四星構成一斗形，右面三星成斗尾。古人對北斗星極為看重，在厭勝錢上常見，而且早晚都有。《史記‧天官書》說：斗為帝車，運於中央，臨制四鄉，分陰陽，建四時，均五行，移節度，定諸紀，皆繫於斗。

北斗是天上星辰中的主宰，也是天帝所乘坐的「車」。山東嘉祥武氏祠後室第四石上有天帝坐在斗車中的圖像，這和《天官書》說的「帝車」相符。

在不少迷信材料中常能見到北斗星，如東漢墓中所出的陶器上畫有北斗，在斗內有「北斗君」三字。下面有文四行，表示北斗君主管四種不同的鬼。有的漢墓中出土的陶器上寫着：「黃神北斗，主為葬者阿丘鎮解殃。」由於北斗主宰着人的生死，魏晉時人以為對北斗禱祭，便可使病人獲得平安。《魏書‧崔浩傳》記浩「向禱斗極，以延父命」。道藏中有《北斗本命延壽燈儀》。可見古人相信對北斗的禮敬，可以使人延年益壽。把北斗鑄在厭勝錢上，人持此錢大約可起到護身符的作用。

（2）魚

按照漢人的觀念，羊、雁、魚都是具有吉祥意義的動物。東漢時的銅洗，上面常有這三種動物的圖形，尤以魚為多，而且標上「吉利」、「宜子孫」、「宜侯王」等吉語。據此，則白芒五銖和《中國花錢》上第一枚皆有魚形，也都是表示吉利之意。不過，目前見到的著錄於各錢譜上的厭勝錢，帶有魚形者仍極少見。

圖 3-4　大嶼山白芒遺址 M1 出土晉青釉陶器組合

圖 3-5　大嶼山白芒遺址 M1 出土晉墓狀況

圖 3-6　大嶼山白芒遺址 M1 晉墓出土五銖錢正反面

（3）帶鉤

　　白芒五銖上有一帶鉤的圖形。在著錄於錢譜上的厭勝錢中，帶鉤的形象常能見到。厭勝錢上常有帶鉤，表示帶鉤在古人心目中帶有某種神秘意義。李佐賢也覺察到這點，按他的推測，帶鉤似代表長壽，他說：考《積古齋鐘鼎款識》有漢鉤，內有「長壽」字。此鉤形隱寓長壽之意。

（4）其他

　　白芒五銖上還有刀形和杵狀形的物體。刀形在各書著錄的錢上也很少見，但《南史・世祖紀》記齊武帝所見的錢上有雙刀。錢上出現刀的含義何在？現在尚不清楚。杵狀物是何種器物？如今也不明了。齊武帝所見的錢上有所謂「雙旗」、「雙節」者，不知是否指的就是如今所見的杵狀物？

　　白芒五銖上有魚、帶鉤圖形，現在又在東漢時的銅佩飾、印紐上見到，而在東漢以後就很少見到了。銅佩飾、印紐上的吉語，東漢以後也漸漸不見。可見出現於器物上的有些圖形或吉語也都有一定的時間性。從以上許多材料來看，白芒五銖雖出土於香港的晉墓，但其本身的年代當為東漢。古錢

學把和白芒五銖相似的銅錢佩定西漢時物是不正確的。[39]

　　以上為吳榮曾教授的意見，白芒五銖的製作年代可能是東漢，而此五銖的墓葬埋藏年代則在晉。白芒 M1 是香港晉代考古最具代表的發現。

第三節

隋唐－宋元時期

唐代遺址　宋代聚落遺址　宋代瓷器

　　隋唐至宋元時期，珠江三角洲一帶成為嶺南海上交通重要的出口。唐代廣州設置市舶使管理對外貿易。唐玄宗開元二十四年（736）寶安縣南寶設置屯門鎮駐兵，由嶺南節度使直接管轄。由於駐軍的影響，香港地區人口不斷增加，香港各地海灣都發現唐代相關遺跡和遺物。宋代以後香港被稱為大奚山，隸屬東莞縣。香港屯門設巡檢司，著名的佛門堂設稅關，徵收來往之關稅。宋末年中原戰亂，金戈鐵馬橫行，仕族相繼南遷。據歷史學家之考證，鄧、侯、文和彭等氏族相繼到達香港今日新界元朗、大埔、上水範圍，是為現今香港新界各大氏族的形成階段。宋代遺跡和遺物應該是十分豐富的。目前考古工作在此方面開展不足。近年宋代考古曾發現一些宋墓葬外，更初步揭示一些可能是南宋的聚落居住遺跡。

（一）唐代遺址

　　香港地區唐代遺址很豐富，據香港古物古蹟辦事處的公佈指出，香港唐

39.　同上註。

代遺址包括：屯門小欖、石角咀、龍鼓洲，赤鱲角深灣村、虎地灣，大嶼山沙咀頭、狗虱灣、東灣、二浪，馬灣東灣仔、南丫島沙埔村、蘆鬚城，長洲大鬼灣，港島春坎灣、西貢沙下等，遺址遍佈香港境內各處海灣。[40]

香港中文大學中國考古藝術研究中心於 1991 年及 1992 年間，在大嶼山白芒遺址調查發掘，發現過唐代一些窰址及陶瓷。窰址出土不少窰磚、箅、泥棒等與窰結構相關的遺物，但由於發掘面積不大，沒有全面揭露窰址的遺跡。白芒唐代陶瓷器發現相當豐富。唐代陶瓷器有碗、燈盞、罐、盆、碟、器蓋和壺。器物完整者較少。其中一片為湖南長沙銅官窰的貼花瓷壺碎片，長 5.9 厘米，寬 2.5 厘米。另外一件完整燈蓋，內壁通體施青釉，開片，脫落嚴重。口沿外壁有一周青釉。燈口徑 9.4 厘米，高 2.8 厘米。此外，尚有較多帶耳罐，罐肩上有弦紋，弦紋上貼橫、直系耳。

香港唐代的遺址以一些被稱為窰址的遺跡最豐富。這些窰址一般成群排列的出現，附近一般也有不少陶瓷器等生活用具的出土，初步的理解這些窰址應該是唐代聚落部分的遺存，當時肯定存在過很多村落居住的遺跡。有關香港窰址的目前考古學發現最豐富的一處，是赤鱲角的深灣村遺址。香港考古學會在 1978－1983 年、1990－1991 年在深灣村發掘，在沙堤較高的位置揭露了十二座唐代窰址，規模上可分為兩組排列，兩者相距十多米。一組窰址保存有四至五個遺跡。這些窰址製作也相當精緻，建造技術包括：

（1）直徑約 2 米之長，土坑挖掘；

（2）土坑底部構築以泥灰或石塊；

（3）以窰磚圍築窰壁，窰內有火道和窰箅。[41]

窰址周圍出土較多唐代的陶瓷，以罐和碗佔比例較多。有關香港唐代窰址功能和結構解釋，目前存在幾種不同的意見。2001－2002 年吳偉鴻在南丫

40.　香港古物古蹟辦事處：〈香港澳門五十年來的考古收穫〉，第 514－515 頁。

41.　William Meacham, "Sham Wan Tsuen Sand Bar," *Archaeological Investigations on Chek Lap Kok Island*, Journal Monograph IV, Hong Kong Archaeological Society, 1994, pp. 187-230.

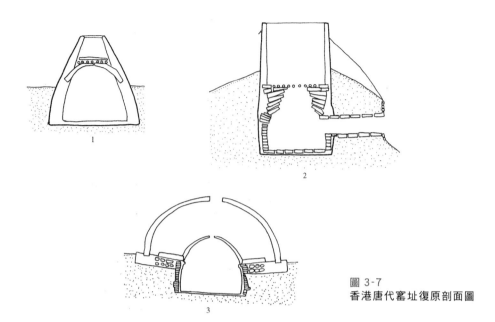

圖 3-7
香港唐代窰址復原剖面圖

島北角咀，發掘過一系列唐代窰址結構的遺跡。據分析，北角咀西灣地點的窰址結構，可以主要分為三種堆積：

第一種：窰磚遺存，包括十二個窰磚堆積，其中 C7 是由四十七塊長方形窰磚組成。發掘者認為這四十七塊窰磚是一次修窰階段所棄置的堆積。因此估計窰在使用過程中不斷地重建，而出現各式各樣規格窰磚。

第二種：窰算堆積，包括七組窰算堆積。C8 是 117 件破窰算所組成，也可能是重建窰內結構時的某一單元廢棄行為的顯示。

第三種：貝殼和珊瑚堆積，此次共發現過三個燒過貝殼堆和一處珊瑚堆。貝殼一般碎爛，有較大蠔殼，長達 18 厘米，C31 蠔殼共重 1.31 公斤。C20 火燒珊瑚堆分散 1.25 平方米範圍內，共重 44 公斤。發掘者認為，這些珊瑚與窰址燒製殼灰活動相關。[42]

42. 吳偉鴻：〈香港南丫島北角嘴西灣圓形窰爐的分析 —— 兼論香港唐代窰爐的分析〉，《華南考古 2》，文物出版社，2008 年，第 95–106 頁。

目前，對香港發現這些眾多的窰址功能解釋，主要可以概括為三種。

（1）殼灰生產說

這方面研究是從上世紀七十年代開始。學者們回顧從七十年代中期，香港考古學會發掘了大嶼山二浪、南丫島蘆鬚城、香港島春磡灣、屯門石角咀、大嶼山蟹地灣等窰址，並結合以前發現的香港島西南沿海、大嶼山東部沿海、新界東南沿海、南丫島沿海等地共二十九個窰址的資料，較為系統地研究了窰址的用途及年代，並探討了窰爐技術。研究的主要結果認定為這些窰址為燒製石灰。劉茂總結此推論的主要證據有以下幾項：（a）在窰址範圍發現了珊瑚貝殼以及在窰爐內發現了草木灰與石灰的黏結塊；（b）中國古代文獻中有貝殼燒石灰，石灰肥田和石灰製檳榔的記錄；（c）二十世紀初的香港政府憲報曾記載漁民在新界海域打撈珊瑚和貝殼；（d）香港大學建築系學生關於西貢石灰業的報告以及九龍、新界及大嶼山五個地點的十一座現代石灰窰爐考察的記錄。[43]

（2）陶器生產說

香港唐代窰址以赤鱲角深灣村發現最豐富。劉茂據此發現，論證這些窰址與陶瓷生產活動相關。其理由是，深灣村發現以下幾種技術存在，支持陶窰的可能性。

（a）窰爐技術

1997 年，在屯門小欖發現了一座圓形窰爐，經過窰爐結構、窰具、裝燒方法以及窰業技術淵源等方面的研究，認為這一類窰爐應該是生產陶瓷器窰爐，小欖窰址應該是陶瓷窰址，唐代香港地區應該有生產陶瓷器的手工業。

---

43. 劉茂：〈香港深灣村唐代窰址性質試析〉，《東南考古研究》第三輯，廈門大學出版社，2003 年，第 271－276 頁。

（b）泥料製備技術

深灣村窰址的燒土壁池可能是淘洗池，與之相鄰的石壁坑可能是沉澱坑，而坑中的黏土有可能是泥料。在深灣村窰址南部也有一個燒土壁池。池東壁殘長約 4.2 米，北壁殘寬 0.8 米，西壁殘長 3.7 米，池深約 0.3 米，東壁與西壁之間寬 1.5 米。這個燒土壁池與窰址中部的燒土壁池屬於同一類建築，應該也是泥料淘洗池。

（c）工作間

在深灣村窰址西南角 1 號窰爐東南，有一個石泥建築遺跡，其形狀及大小酷似一個廢棄窰爐再利用的露天小室，室內用石塊砌成一個小平台。室內堆積中發現一些青瓷及其他陶瓷碎片。這間小室可能是陶瓷生產工作室。

（d）裝燒器物技術

1984 年之前香港考古學會發掘出土的文物中，我們發現了一些窰具，有泥釘、墊餅、匣缽等。這些窰具反映了深灣村窰址的器物裝燒技術。

（3）鹽爐生產說

據一些學者研究，這些香港窰址很可能是沿海煮鹽爐的遺跡。李浪林博士從遺跡位置論證，窰址接近海水，又有足夠燃料，海邊沙堤是製鹽理想的地方。從所發掘窰址，也與煮鹽爐灶結構相似。燒製溫度上，窰址內燃燒溫度不高，在 600 度，符合製鹽方面的條件。且作坊式運作，八至十座爐灶組合，可能顯示煮鹽的規模，顯示官營或民營的生產。[44]

目前，香港發現近五十多處唐代窰址的功能性格，均未能在考古學上取得一定的共識。殼灰窰說搜集了若干考古學及民族學上的一些相關證據，但未能就殼灰的生產與窰構造和功能深入討論，以至生產後殼灰的去向，即社會上消費使用等問題，也完全未有更多的考慮。至於製陶、煮鹽兩者的說

44.　李浪林：〈香港沿海煮鹽爐遺址的發現及其意義〉，《中國文物報》，2008 年 7 月 25 日，第 7 版。

法，必須由與窰共存在的產物直接的分析，是至為重要的。這方面陶瓷廢品
資料證明，也是必要的。總之，目前以上對香港唐代窰址的三種解釋，都有
待更進一步的研究。

（二）宋代聚落遺址及瓷器

香港居民大都熟悉九龍灣上「宋王臺」的石刻，與相傳宋末兩幼主南逃
至本地的故事相關。然而，事實上「宋王臺」石刻並非為宋代文物，估計只
是後人為追記宋主而立此石刻。[45] 另一方面，位於大廟灣北岸天后廟後的石
刻，碑文共 108 字，敘述鹽官嚴益彰到訪及建塔經過。有關這處南宋咸淳年
間官富場鹽官嚴益彰碑刻的來源，饒宗頤謂：「咸淳十年六月，官富場鹽官
嚴益彰來遊南北兩山，因道義與三山（福州）念法明之請，泐石為記。」[46] 這
是香港最古老石刻文字。

近年香港宋代考古有很大的發展，據劉茂等最近的綜合研究，香港在
1997 年後發現的宋時期考古遺存共有十七處，分佈在離島、屯門、元朗、荃
灣、北區、大埔、沙田、黃大仙和西貢等九個地區。兩宋時期，香港是有名
的產鹽區，也是交通樞紐及軍事要地，並有大量北方移民進入，建立起農業
村落。有關香港宋代考古研究方面，包括宋代香港的居民構成及北方移民的
社會組織，宋代香港的經濟發展及香港在中國海外貿易中的作用，宋代香港
建築風格及源流，宋代香港居民的喪葬習俗等。劉茂指出的宋代十七處遺址
中，比較重要的有五處，包括虎山、小坑村、蓮花池、八鄉古廟及圓嶺仔。[47]

虎山：2002 年大澳考古調查發現，遺存呈環狀分佈，從寶珠潭西面山前

---

45. 白德：《香港文物志》，香港市政局，1991 年，第 57 頁。
46. 饒宗頤：〈附錄四　南佛堂門古跡記〉，《九龍與宋季史料》，萬有圖書公司，1959 年，第
　　118 頁。
47. 劉茂：《可資建設Ｍ＋的本地文化資源 —— 關於西九龍文娛藝術區核心文化藝術設施的思
　　考》（網上資料）。

圖 3-8　南宋咸淳十年摩崖題記全景

緩坡環繞至虎山中部山谷溪流兩岸。延伸長度超過 1000 米，堆積覆蓋面積大於 30000 平方米。採集宋代陶瓷器碎片多數品質極高，釉面光滑瑩潤，刻劃規整細膩，為宋代陶瓷中的上品。其中青瓷、天青釉和開片白瓷應出自南宋浙江杭州郊壇下官窰及龍泉窰，兔毫黑釉則出自福建建窰，而黑色彩繪器或許是江西吉州窰的產品。

小坑村：2000 年屯門松山水渠及小坑村水渠工程考古調查時發現，試掘探方 12 平方米，出土宋元時期夯築房基抹灰漿地面房屋遺跡及宋元時期青

瓷碎片,同時發現明清時期石柱礎房屋遺跡。

蓮花池:1999 年配合元朗錦田水渠第三期剩餘工程的考古調查發現,試掘探方 4 平方米,出土宋元時期保存良好的木質建築構件,以及青瓷、青白瓷碎片。木構件因深埋在常年潮濕的淤泥土層中而得以保存,有可能該地點曾是河流,而木構件則是橋樑的組成部分。

八鄉古廟:1999 年配合錦田公路擴寬工程的考古調查發現,發掘 2.25 平方米,遺物非常豐富。出土宋代青瓷器六十件/片,以及瓦當、磚和大量板瓦。從品質上看,青釉剔刻花瓷器、影青瓷器、瓦當和板瓦都屬於檔次較高的物品,應為中等階層人士所使用。該遺址或許就是鄧氏家族北宋年間的一處居址。

園嶺仔:2000 年配合治理深圳河第三期工程的考古調查發現,2002 年搶救發掘全部考古遺存,清理宋元時期墓葬三座,出土陶瓷碗罐、刻蓮瓣紋墊棺石,浮選出稻、麥、粟等農作物遺存。墊棺石為建築構件,刻有蓮瓣紋,應取自附近的宗教建築,麥、粟遺存則是本地種植北方農作物的實物證據。

除以上各宋代遺址,宋代最重要聚落居址鶴洲嶺遺址的發現如下。

(1) 聚落居址的發掘 —— 輞井圍鶴洲嶺遺址

宋代聚落遺址鶴洲嶺是在元朗區屏山鄉輞井圍東,鶴洲嶺是一座橢圓的小山,海拔 34.5 米。據李子文和莫稚在 2000 年 11 月至 12 月在這裏發掘,首次從遺址第三層清理出第 3 號房址,屬於宋代文化層內的遺跡,出土遺物有陶瓷器和磚、瓦等建築構件。按發掘者依遺跡與文化遺物兩者分別轉述介紹如下。

遺址第 3 層及房址 F3 屬於宋代文化堆積,出土遺物有陶瓷器和磚、瓦等建築構件。

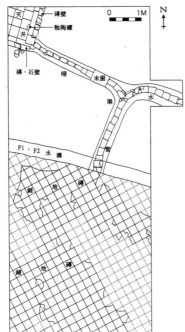

圖 3-9
元朗輞井圍鶴洲嶺南宋房址 F3 平面圖

（a）遺跡

　　清理出遺跡有房址和柱洞。房址編號 F3 位於發掘區東部 T3、T4 探方內，房基疊壓在第三層之上。在 46 平方米範圍內發現了鋪磚地面、天井（水池）和水管暗渠，地面之下有一層夯實的房基墊土，天井內填積房屋倒塌廢棄後的瓦礫堆積。

　　鋪磚地面發現於 T3 探方內。已揭露面積約 25 平方米。鋪地磚為 25.5 厘米大小的方磚，厚度約 2 厘米，鋪在堅實的房基墊土上。

　　天井（水池）發現於 T4 的西北部，僅清理出其西南角的一小部分。底部低於房基墊土面約 20 厘米，表面鋪紅色方磚，周邊則以長條形的磚塊和紅砂岩石塊砌壁。在東、南兩壁的相交處留出一個約 30 厘米寬的豁口，用於敷設水管暗渠。已揭露範圍為東壁長 1.5 米，南壁寬 0.8 米，分別伸延進

T4 北壁和 T2 的東隔樑內。

　　水管暗渠發現於 T4 探方內和 T3 的北部，已清理長度約 7.5 米，平面呈「Y」字形。在其北部，一條自天井（水池）東南角起向東南伸延，長約 3.3 米。另外一條自 T4 東壁起向西伸延，長約 1.8 米（尚未完全揭露）。兩條水管暗渠在 T4 東部匯合成一條，再向南伸延至 T3 北部穿入鋪磚地面之下。暗渠是從北而南流向。

　　房基墊土為紅褐色沙質土，厚 20－30 厘米。沙粒與第四層相似，中沙，粗細比較均勻，結構緊密，質地堅硬，應是在沙土中摻入其他成分後經反覆夯打而成。其上部 5－10 厘米，顏色偏黃，黏土含量比下部明顯增多。在房基墊土中還發現少許青瓷片、白瓷片、釉陶片和夾砂陶片等遺物。

　　柱洞有三個，編號 d1－d3，在 T4 東北部探掘區內發現。

（b）文化遺物

（i）第三層出土遺物

　　該層出土遺物僅有少量青瓷、釉陶、黑衣陶和泥質陶片，器型有罐、盤兩類，均為口沿或腹部殘片。

（ii）房基墊土出土遺物

　　F3 房基墊土中出土少許青瓷、白瓷、釉陶和夾砂陶片，器型可辨者有碗、罐、釜類器物。青瓷碗兩件，均殘。F3 壁：2 為口沿殘件，侈口，圓唇，腹斜收，腹以下殘。灰色胎，內外壁施釉，釉層開片，內壁飾刻紋。殘寬 3.3 厘米，殘高 2.4 厘米。

（iii）房址出土遺物

　　F3 出土遺物主要有磚、瓦、水管等建築構件和個別釉陶。釉陶罐 F3：1 出自天井（水池）內廢棄堆積中。磚 F3：5 出自 T3 鋪磚地面，橙黃色，扁平方形，表面平整光滑，背面粗糙。邊長 25.5 厘米，厚 2.2 厘米。板瓦均出自天井（水池）內廢棄堆積中。陶水管 F3：4a、4b 出自天井（水池）東南

側暗渠內，由兩塊筒瓦相扣而成。[48]

　　以上鶴洲嶺遺址宋代房址的發現，是香港這時期開創性的工作。有關鶴洲嶺宋代房址更清楚全面的認識，只能有待更多考古工作的投入。另外，如深圳市地區一些宋代考古也有相關之處。1981 年，深圳灣畔的南頭桂廟西南面，南頭至蛇口公路東側，發掘了一座宋代磚瓦窰。從暴露地面的跡象，周圍仍有幾座同類窰址。窰址遺跡呈葫蘆瓶形，順山坡挖穴築成，無磚砌築，券頂塌落。窰內出土若干陶器，其中有宋代影青瓷系。此處燒製生產紅色布紋瓦既厚又大，磚扁薄，寬 17 厘米，厚 2.5 厘米。[49] 這裏可以反映珠江三角洲此地區，已出現了磚瓦可能較專業的生產活動。這對於鶴洲嶺遺址中宋代房址建築構材，是否本地生產或外來輸入的探索，有一定啟示的作用。

（2）沙中宋元聚落古井

　　另一處九龍城的宋王臺宋元遺址，在 2012 － 2014 年間，因為港鐵沙中線施工期間，發掘了約 20,000 平方米，是香港地區迄今規模最大的考古發掘工作。這個遺址的中心地點在舊啟德飛機場客運大樓的周圍，上文化層是晚清至民國，下文化層是宋元階段。宋元文化層中包括有房址、井窰、墓葬和灰坑等遺跡。其中宋元階段的水井一共有四處。由於香港地區過去未發現宋元階段的水井，備受社會所矚目。以下就宋元四處古井略作介紹。

　　（i）四號井

　　由上、中、下三部分組成，上、中部分別是近代至清代的遺跡，而下部由礫石與黏土堆砌井邊，從中發現宋元的瓷器。這個井直徑 1.6 米，深 2 米。

　　（ii）五號井

　　據報井身由十層花崗岩長方形石塊疊砌而成，石塊間由黏土接合，井的

---

48. 莫稚、李子文：〈香港元朗輞井圍鶴洲嶺遺址發掘報告〉，《香港考古學會會刊》，第十五卷，1999－2002 年，第 1－17 頁。

49. 楊耀林：〈深圳市宋代磚瓦窰發掘簡報〉，《深圳考古發現與研究》，第 127－129 頁。

結構保存良好。井外欄寬 2.33 米 × 2.08 米，深 3.00 米，略呈長方形。

（iii）石井

石井井欄為石板砌築呈方形，井口邊長約 60 厘米，井深約 3 米。由於此石井有 3 米深，推測先要從石井底放入石板，圍築呈方形井身，在方角處，以類似榫卯狀結構接合，逐層向上疊築。

（iv）土井

土井井身呈圓形。從平面觀察，井口由兩至三層的礫石圍築而成。現井深約 1 米處已露出水面。此土井內曾出土宋末到元階段陶器。

從石井所在位置來看，很可能與其鄰近發現的石砌房址是同時存在的，也就是說房址的主人也可能是製作和使用石井的人。此石井深約 3 米，井身由石壁砌成，相當堅固，井水過濾更為嚴格，石井是飲用井的可能性較大。

香港地區很可能在東漢階段已開始傳入鑿井的技術。李鄭屋東漢墓出土過陶製水井模型。宋王臺遺址的水井遺跡是繼承和發展東漢水井的技術。而宋皇臺的石圍築的水井，具有很強自身特色。估計宋王臺遺址中房址和石井使用的石材原料，來源於九龍半島周圍豐富的花崗岩石脈中。我們如果從更廣大視野如中國以至東亞考察，對香港宋元石井的來龍去脈及其學術意義，會有更清晰的認識。

首先，在廣東省方面，著名南越皇宮署內，目前已發現各朝代古井超過五百口，是古代水井的天然博物館。廣東地區從唐宋開始流行石構水井，形式多樣，有石塊疊砌，也用石板拼築等。其中宋代六角形石井，每層用六塊紅砂岩石板切角拼砌，與香港五號井和 T1 石井互相媲美。兩地築井的石料不同，應是就地取材的一樣表現。

從中國整體來看，中國很可能是東亞水井技術最早的起源地。早期的水井可能首先是從長江中下游地區出現。浙江省在 7000－6000 年前著名河姆渡文化中，已發現了水井，並且水井上已有原始水亭的建築。中國考古學迄今已發現歷代的古井達到數千座以上。據日本學者鐘方正樹研究，中國史前

a

d

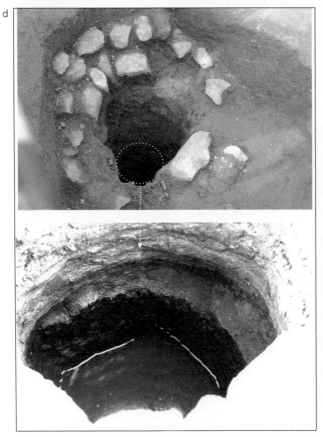

b

圖 3-10
沙中線地盤發現宋元古井

a 四號井
b 五號井
c 石井
d 土井

c

水井可分為兩個大的系統：其一為黃河中下游，由方形木架橫向疊築井身；其二為長江中下游，以豎直木條圍築井身。

黃河系早期方形積木井身最早見於 4500 年前河南省湯陰縣白營遺址，著名的山西陶寺遺址也有同樣的發現。據考古學家推測，這種方形木構技術在山東地區大汶口文化木棺的槨首先出現，再轉移至水井井身的製作。然而，有學者指出西伯利亞地區南部，大約在同時也出現相似的木構技術，譬如歐亞大陸北部流行的斯堪的納維亞全堆砌結構（Scandinavian Full-Scribe）所謂無縫拼接結構（Chinkless Method）。這種建築技術在東亞很多地方都流行。日本稱之為校倉造（Azekurazukuri）。宋王臺發現的石井就是這種起源於新石器時代黃河水井的宋代版本。此種石井結構牢固，估計是鑿井工人在九龍城當地鑿製而成。香港在十三世紀已出現如此先進無縫拼接結構石井技術，井身堅固，石井壁過濾井水應更為清澈可口、安全衛生。

從東亞角度而言，唐宋以後一些邊緣地區水井出現由木構轉向石構的變化。日本列島要到十六世紀才逐漸出現石製的井身，比香港地區晚了約三百多年。香港地區得中原文化風氣之先，較早就進入比較先進飲用石井水時代的先列。

（3）宋代瓷器

宋元時期，香港地區今日的新界、九龍等各地均出現了不少的村落，宋元遺址和遺物發現相當普遍。然而，過去考古學對於此時期一直未有系統的工作。近年，一些宋代聚落的發現及陶瓷方面的綜合研究成果，反映了宋元階段香港歷史的真實面貌。

宋代遺址過去考古工作並不多。據古物古蹟辦事處在 1999 年發表，總括在沙咀頭和深灣村發現宋代幾座墓葬；稔樹灣和龍鼓上灘等地發現宋代瓷片；米埔、深灣、奇力島等發現大量宋錢窖藏。香港考古學會在深灣村的發掘中，曾發現三座宋墓，出土十一件隨葬陶瓷器，包括罐三件、碗七件和水

注一件。1995 年發掘的沙咀頭遺址，亦清理南宋土坑墓一座，人骨已腐，隨葬四系小口罐一對，上蓋瓷碗一對。此外，古物古蹟辦事處在 1997－1998 年第二次考古遺址普查中，在吉澳島、烏溪沙、屯門新慶村等地亦發現了宋代遺存。其中對新慶村進行初步發掘，出土不少宋代瓷片。這些瓷片，大部分產自廣東沿海的窰場如廣州西村窰和潮州筆架山窰。[50]

有關香港宋元陶瓷考古方面，也有一些很精彩的發現。近年在元朗鼇磡石沙灘，發掘唐宋陶瓷包含四省十多個名窰的產品，還發現過豐富的宋代青瓷遺存。在黃大仙大磡村，2002 年發掘的 500 平方米，出土陶瓷 1536 片，其中兩片據說是南宋官窰的產品。西貢蠔涌在宋代遺址中，出土黑釉金彩碗。同樣，香港中文大學在大嶼山梅灣仔的宋代遺存中，也發現過兩片黑釉描金彩碗。

近年學者黃慧怡對香港宋元代陶瓷進行廣泛而深入的分析。黃氏指出目前的考古資料顯示，香港出土宋元瓷器的地點約七十多處，主要分佈在沿海和平原地帶，在九龍、新界及各離島多有發現，以大嶼山沿岸、西貢和元朗平原分佈最密。香港宋元瓷器的遺址性質經初步分類有三種：居址、墓葬和窰址。以居住遺址佔大多數，如西貢沙下、蠔涌、屯門小坑村、青磚圍、元朗輞井圍鶴洲嶺、羅湖圓嶺仔、大嶼山梅灣仔，分別發現房基、柱洞、灰坑、水渠及天井等建築遺跡。墓葬的數量很少，只在大嶼山深灣村和羅湖圓嶺仔發現。香港出土的宋元瓷器數量不少於六千片，當中包括二十多件可復原或完整的器物。器類均為日常生活用器，以飲食器為主，碗的數量最多，其次為盞、杯、盤、碟、洗、缽和執壺，儲藏器有盆、罐等，其他各種生活用器有瓶、燈盞、爐、盒、擂缽、器蓋和碾輪等。香港幾乎所有出土宋元瓷器的地點均發現青瓷，器型有碗、盞、盤、碟、缽、洗、執壺、瓶、燈盞、爐、盒和器蓋等，皆為飲食器和生活用器，並以碗、盞類最為常見。

50.　香港古物古蹟辦事處：〈香港澳門五十年來的考古收穫〉，第 501－524 頁。

圖 3-11
黃大仙大磡村遺址宋陶壺

圖 3-12
西貢蠔涌遺址出土宋黑釉金彩碗

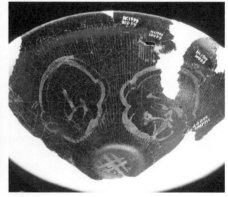

圖 3-13
西貢蠔涌遺址出土宋黑釉金彩碗局部

圖 3-14
羅湖圓嶺仔遺址出土宋炭化稻米

　　黃慧怡更進一步指出，香港出土青白瓷和白瓷的數量不少於四百片，在多個宋元地點皆有發現。器型有碗、盞、盤、杯、碟、洗、執壺、瓶、盒和器蓋等，皆為飲食器和生活用器。黑釉器主要分佈在西貢、元朗、大嶼山、南丫島、長洲等，數量有五十多片，均為茶碗碎片。釉色有黑、醬黑等，多帶光澤，胎色泛灰，一般內外施釉，外施釉及足。裝飾方法多為素面，少量器物內壁有兔毫紋、金彩文字、花卉、剪紙漏印裝飾。從分佈而言，香港發現較多北宋至南宋中期的瓷器，分佈在九龍、新界及離島各處。出土瓷器豐富多樣，主要來自廣東、浙江、福建和江西生產貿易瓷為主的省份。這時期的瓷器品種有青瓷、青白瓷、白瓷、黑釉器及青醬釉器，以青瓷和青醬釉器產品最多，次為青白瓷，再次為黑釉器。南宋晚期至元代發現瓷器的地點較少，出土瓷器主要來自浙江、福建及江西等地，基本不見廣東窰的產品。[51]

51.　黃慧怡：〈香港出土宋元瓷器的初步研究〉，《考古》，2007 年第 6 期，第 46–58 頁。

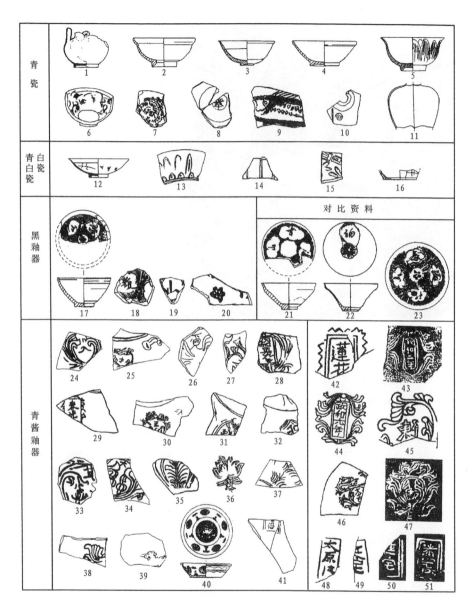

圖 3-15
香港出土宋元瓷器類型

1、10. 執壺	14. 盒	22. 福字碗
2－8、15、17－19. 碗	16. 盞	23. 壽山福海碗
9、12、13. 盤	20. 碗盞	24－51. 飾花卉或文字的瓷器
11. 瓶	21. 壽山海字碗	

香港考古有關元代的資料很少，大多只能從一些陶瓷片中得以辨認出來。此外，1991 年香港考古學會在赤鱲角蝦螺發掘十三座窰址，窰為饅頭形，壁為硬土，高 0.7－0.8 米，直徑 1.5 米，窰內有火口、火道，窰頂有三至四通風口。據測定窰內一些礦渣，含有較高比例二氧化鐵（72.07%）和二氧化矽（22.23%）。發掘者認為是煉鐵的窰爐。但大嶼山不產鐵礦。發掘者以碳十四測定年代，把這十二座窰址定為元代窰址。眾所周知，碳十四測定年代有其誤差，究竟此窰址年代是否屬於元代範圍，尚未能證實。

第四節

明清時期

明代遺址　墓葬　青花瓷　景德鎮瓷　明清大埔碗窰

竹篙灣明代景德鎮青花瓷　清代遺址　東龍炮台　九龍寨城

明代香港最初屬於廣州府東莞縣。萬曆元年（1573）改隸新安縣。明代從北方遷入的人士與日俱增，據明郭棐《粵大記》中記載，香港地名有七十三處之多，可見當時人口和社會有着較大發展，而沿海很可能尚生活有一些疍民，以漁鹽為生。[52] 香港近年明代考古有了不少新發現。除了過去較為著名的大埔碗窰、竹篙灣青花瓷重新發掘和研究外，屯門掃管笏近六十多處明代一般平民墓葬的發現，都對當時社會生活最真切地迫近，並進行了科學的探索，很受注目。

清代初期，順治十八年（1661）八月屬行遷界命令，沿海居民全部遷返內陸，香港也屬在遷範圍，被一時荒棄。直到 1669 年才逐漸被允許返回，

52. 蕭國健：《香港古代史》，中華書局，2006 年。

1684 年弛海禁後，香港一帶居民得以返回。

香港清代考古也有很重要的工作，其中以九龍寨城的發掘，顯示考古學在近代史的研究上，同樣可以發揮一定的作用。

明初香港屬廣州府東莞縣，由官富巡檢司管治。萬曆元年（1573）成立新安縣，香港改屬新安縣。明清之際香港地區經濟日漸繁榮，人口大增。清初，朝廷明令海禁，沿海居民內遷五十華里，這對香港地方社會帶來了負面的影響。近年香港地區明代考古學中，以掃管笏、大埔碗窰、竹篙灣三者的工作最受注目。

掃管笏遺址位於香港屯門南部掃管笏村西南的沙堤上，該遺址三面環山，背靠潟湖，面向東北－西南走向河谷口，有水源及農耕生產活動空間，且左右海灣有岬角，成為天然屏障保護沙堤內人類之聚落。在本世紀掃管笏村周圍有較大面水田及其他農耕土地，在這裏迄今發現最少從商代、春秋以至明清時代人類之聚落遺跡，這裏集中介紹若干明代墓葬的發現。古物古蹟辦事處於 2000 年與北京大學考古系及 2008 年與中國社會科學院考古研究所先後合作發掘掃管笏遺址。2008 年發掘期間在掃管笏發現明代墓葬達十處之多，可說是香港地區明代村落墓葬一次重要的發現。

2008－2009 年在掃管笏發掘的地層，如以 I 區 T1914 為例，可分第一至五層。第一層為表土層，厚 10－20 厘米，近現代的堆積。第二層深灰褐色沙土層，分佈於整個探方，出土較多明清時期陶瓷片瓦片。層面距地表 10－20 厘米，該層是明至清時期堆積層。迄今所發現六十多座明代墓葬坑開口均在此層，有些墓坑深約 40 厘米，打破其下春秋以至商代的堆積。此遺址第三至五層包括春秋以至商時期聚落的堆積。[53]

2000 年北京大學考古學系在掃管笏發現共三十四座墓葬，主要是明代

---

53. 香港古物古蹟辦事處、中國社會科學院考古研究所：〈香港屯門掃管笏遺址發掘簡報〉，《考古》，2010 年第 7 期，第 1／－30 頁；傅憲國：《香港屯門掃管笏遺址》，資料來源：http://www.wangchao.net.cn/junshi/detail_15267.html。

圖 3-16
屯門掃管笏遺址出土明稻米遺存

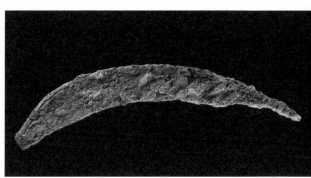

圖 3-17
屯門掃管笏遺址出土明鐵鐮刀

圖 3-18
屯門掃管笏遺址出土明醬釉陶罐及青瓷碗

圖 3-19
屯門掃管笏遺址出土明醬釉陶罐及青花瓷碗

的。一般都是單人仰身直肢葬，從墓坑四邊板灰可以判斷原來有木棺，但均已腐化，只保留有一些鐵釘及少量棺木的灰痕。人首一般保存較差，隨葬有銅錢、鐵器、陶瓷。從可以統計的二十五座墓葬出土銅錢資料中，一處墓葬最多可出銅錢有十枚，最少只見到半枚散落於棺內，主要為北宋銅錢。此外，三十四座墓葬中的一個罐內，仍盛載了呈灰狀稻米遺存。按 2000 年發

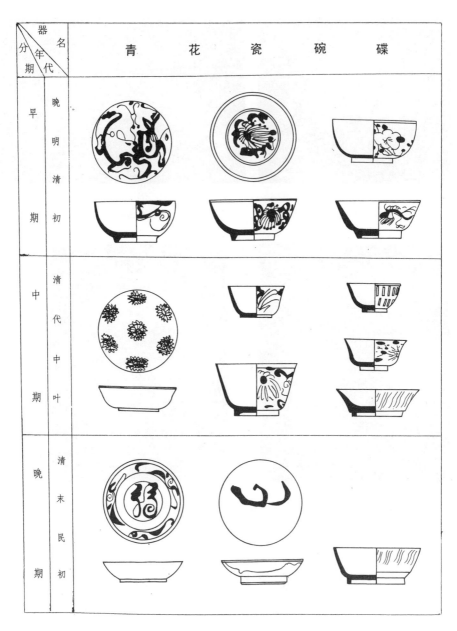

圖 3-20　大埔碗窰明清青花瓷器分期圖

圖 3-21　大埔碗窰選址遠景

圖 3-22　大埔碗窰遺址出土碾盤

圖 3-23　大埔碗窰遺址出土青花瓷碗

掘的資料所見，共出土七十二件較完整的陶器，其中一些是廣東明代棗陽窰仿龍泉青瓷產品，也有一些青花碗是來自江西景德鎮的民窰。[54]

2008－2009 年對明代墓葬有了更多的發現，墓葬主要是分佈於 I 區南部和 II 區的中、南部，均為長方形豎穴土坑墓。墓向以西南—東北向為主，東南—西北向次之，多數人骨骼保存極差，僅有個別鋪墊石灰的墓中骨骼保存較良好。墓葬中隨葬品包括陶瓷器、銅錢、銅簪、戒指、鐵刀、鐵鐮、鐵剪等，陶瓷均置於腳下。最常見是由兩個瓷罐之上扣兩個瓷碗組合成兩套四件組合，多數在一件罐內置稻米，另一件不見遺存。以上發現科學且生動地反映了明代屯門一帶鄉村聚落一些生活。墓葬中可以反映包括如男女性別差異與隨葬品不同，髮簪等一般可能與女性相關，而鐵鐮、鐵刀等反映了經濟生活中水田作業背景，陶瓷器來源不同也可能與墓葬主人的身份和愛好有着一定關係。

大致來說，這批墓葬反映了屯門已有比較平等而又淳樸的農村社會生活，是對明代屯門農村社會側面很真實的反映。

碗窰位於大埔墟之西南。碗窰村地名見於清康熙二十七年（1688）的《新安縣誌》。1995 年秋，香港中文大學中國文化研究所和香港區域市政署合作在碗窰遺址試掘。從碗窰村背後的山崗，發現開採瓷土礦的礦洞遺跡。在山坡上發現十六處水碓作坊遺跡，均為面闊二間，進深一間，面積約 30 平方米，作坊內安裝水碓三至六個，以水力推動水輪，粉碎瓷土瓷石。此外，村後山腳確認出一些可能是牛碾遺跡。碾盤是用花崗岩鑿成，直徑 3.93 米，還發現淘洗瓷土的洗泥池，以及製作器坯的作坊。早在二十世紀七十年代已發現了燒製陶瓷的兩座殘窰，1 號窰位於北坡，沿山坡傾斜，有窰門、窰室、煙道和排氣孔。窰室內散播大量墊餅和匣缽。1995 年發掘青花碗上寫有崇禎十五年造，可見碗窰最遲在明末已開始生產。從出土陶瓷片考察，碗窰在明

---

54. 《掃管笏考古發現》展覽單張，香港康樂及文化事務署，2008 年。

代晚期，即十七世紀末已開始生產，一直到二十世紀二十年代停產。碗窰製品一般運往珠江三角洲東莞、新會、江門一帶銷售外，深圳的一些清代墓葬中也發現過可能是大埔碗窰燒製的東西，部分遠銷至南洋。[55]

竹篙灣是位於大嶼山東北角的海灣。竹篙灣東岸有一小河，遺址在灣口小河畔。1986－1992 年，香港考古學會及古物古蹟辦事處先後在此共進行三次發掘。從河口兩側共出土數以萬算的陶瓷碎片，大部分屬明代中葉，景德鎮的青花瓷，以碗、碟為主。1990 年的發掘，發現圓形灰坑，其中塞滿陶瓷碎片，尚可分出層序，估計是有意識把陶瓷埋藏的。[56] 另外，一些陶瓷碎片在河岸兩側中發現，可能並非是原生堆積，曾經被搬運至此。

據研究竹篙灣青瓷年代，大約在明朝成化至正德年間，也混雜有一些廣東地區仿龍泉青瓷。竹篙灣明代青花紋飾包括：捲雲、人物、八吉祥、捲葉龍紋、雷紋、獅子、麒麟、孔雀、水草、歲寒、纏枝花卉、纏枝荷花等。[57]至於為何在竹篙灣發現如此大量景德鎮青花瓷，除了排除本地使用外，更大可能是轉口時，意外破損被遺留在此地。因此，不論是合法與非法行為，也可證實大嶼山竹篙灣在當時是香港青花瓷器外銷一處活躍的據點無疑。

香港地區清代考古資料很豐富，一般較注意的是軍事活動相關的一些遺跡，例如東龍炮台和九龍寨城的遺址，後者更是中國近代史鴉片戰爭直接的產物，為中外歷史學界所重視。

佛堂門炮台位於清水灣半島以南，東龍炮台坐落於島的北端，扼守佛堂門海峽進出之航道，極具軍事地理形勢意義。按《新安縣誌》記載，康熙

55.　區家發、周世榮、曾廣億、佟寶銘、馬恩生：《香港大埔碗窰青花瓷窰址 —— 調查及研究》，香港區域市政局，1997 年；香港文化博物館編：《香港大埔碗窰青花瓷窰址 —— 調查及研究》，康樂及文化事務署，2000 年；商志醰：〈香港地區窰址和青花瓷的發現與研究〉，《香港考古論集》，文物出版社，2000 年，第 171－183 頁。

56.　W. Meacham, "A Ming Trading Site at Penny's Bay, Lantau," *Journal of Hong Kong Archaeological Society*, vol. XII, 1986-1988, pp. 100-115.

57.　商志醰：〈香港地區窰址和青花瓷的發現與研究〉，第 171－183 頁。

圖 3-25
大嶼山竹篙灣遺址出土青花瓷碗及底款

圖 3-24　大嶼山竹篙灣遺址出土明青花瓷罐

年間炮台始建，包括營房和大炮設施，由軍隊守衛。1810 年，九龍炮台新建後，東龍炮台被廢棄。1979 年，古物古蹟辦事處對東龍炮台進行調查。1981－1984 年及 1997 年，在炮台內進行考古發掘，前後共發現十五間營房、殘牆基等遺跡。炮台是用石塊堆築而成。考古發現營房內出土不少陶瓷碎片及金屬器物大小各千餘件，包括炮彈。還有是一些與駐軍生活相關的，如動物、魚類的骨骼、貝殼等。貝殼數量較多，但不可能是一些研究者所言是主要的食糧。以常理推測，當地守軍糧食由政府供應為主。另一方面，出土一些青花茶具、石硯等，顯示駐軍日常及人文方面之側影。[58]

　　九龍寨城遺址與中英鴉片戰爭有着密切的關係。鴉片戰爭結束後，中國

58. 香港古物古蹟辦事處：〈香港澳門五十年來的考古收穫〉，第 517－518 頁。

圖 3-26　東龍炮台遺址
圖 3-27　東龍炮台外貌

被迫割香港島。因此，九龍半島的戰略地位更突出。1846 年，兩廣總督耆
英奏請興建九龍寨城，以應對英軍壓境。寨城平面呈四邊形，長 210 米，寬
120 米，有六處瞭望台，四道城門，南門有「九龍寨城」和「南門」的石額。
寨城內有房舍、衙門官舍等建築。此後，寨城一直有拆毀、增建，到 1941 –
1945 年因社會發展，寨城城牆被完全拆去。香港古物古蹟辦事處於 1993 年

及 1994 年集中在對原寨城東門及南門以探方和探溝方式進行考古調查測量，發現建築遺存，包括：牆基、水溝、道路、房屋、南門及東門等遺跡。重要的出土遺物包括兩件石額，其中一件石額為花崗岩，長 220 厘米，寬 78 厘米，厚 28 厘米，其上有「九龍寨城」楷書陽刻大字，左右各有題款，分別為「道光二十七年季春月谷旦」和「廣東巡撫部院黃、太子少保兩廣閣督部堂宗室耆、廣東全省水師提督軍門呼爾察圖巴圖魯賴立」。另一石額，殘長 94 厘米，寬 70 厘米，厚 20 厘米。石額中央陽刻「南門」。九龍寨城部分遺跡現已改建成九龍寨城公園。[59] 九龍寨城的發掘，是中英近代衝突歷史中的物質證據，並透過考古學資料對具體歷史作重建。

此外，還有分散於香港各地的祠堂、廟宇內的石碑、祭器牌匾、橫額、文字資料等，主要是乾隆以至 1980 年間的實物，都已被歷史學者匯集研究。文字文件碑刻等資料，相當豐富，使香港歷史可以用文字與物質方面兩者更全面的結合，對清代以來香港地區歷史研究提供了依據。

---

59. 同上註，第 518 頁。

第四章

近代以來香港
歷史文化的演變

蕭國健

　　清初，香港經濟和社會因遷界令而遭到嚴重破壞。復界以後，清廷鼓勵移民遷入定居，令香港地區獲得重建與發展。隨着西方列強染指東亞，鄰近中國唯一對外商埠廣州的香港亦無可避免地受到影響。經過兩次鴉片戰爭，戰敗的清政府被迫簽訂《南京條約》和《北京條約》，先後割讓香港島與九龍半島給英國。中日甲午戰爭後，清政府又被迫簽訂《展拓香港界址專條》，將新界租借予英國。香港進入殖民管治時期。

第一節

清代以來香港新界之管治

新界地區管治　　鄉約聯盟　　英治期間新界地區之管治

　　清代香港及新界等地區位廣東省新安縣境內，境內村莊屬官富巡檢司管轄，分官富司管屬村莊及官富司管屬客籍村莊。

　　1898 年以前，香港及新界等地區分鄉、都、圖及村等地方自治團體，由官諭選舉區內紳耆或族中之德高望重者掌事。行保甲制：以十戶為一排，十排為一甲，十甲為一保（里），設一地保及一總理，皆紳耆推舉，並獲官諭。

　　地保亦稱鄉保，屬胥役，為地方警察之一種，負責查覆稟請鄉賢、名宦及節孝等之入祀，查報候選與候補官吏及赴考生員之身家，協助捕捉案犯，查察不善之徒，看管未決囚犯，驗傷、驗屍，並作報告，協辦保甲、鄉村聯盟、冬防及團練等事務，查報田園及賦役。

　　總理為人正直，須有家室及正業，負責協辦鄉村聯盟、冬防及團練等事務，編審保甲，發給門牌，協助鄉保辦理調處管理區內人民之錢穀、戶籍及婚嫁等事情，轉達官方命令於區內，及管理公共事業。

　　村務由耆老（村長、父老）及族長（族正）管理，耆老（村長、父老）

[203]

APPENDIX II

ORIGINAL GAZETTEER AND CENSUS, MAY 15TH, 1841　n. 1

		Population
Chek-Chu	The Capital, a large town	2,000
Heong Kong	A large fishing-village	200
Wong Nei Chung	An agricultural village	300
Kung-Lam¹	Stone-quarry—poor village	200
Shek Lup²	do.　　　do.	150
Soo-Ke-Wan	do.　　Large village	1,200
Tai Shek-ha	do.　　A hamlet	20
Kwan Tai-loo 群大路	Fishing-village	50
Soo-kon-poo	A hamlet	10
Hung-heong-loo	Hamlet	50
Sai Wan	Hamlet	30
Tai Long	Fishing hamlet	5
Too-te-wan	Stone-quarry, a hamlet	60
Tai Tam	Hamlet near Tytam bay	20
Soo-koo-wan	Hamlet	30
Shek-tong Chuy	Stone-quarry.　Hamlet	25
Chun Hum	Deserted fishing-hamlet	00
Tseen Suy Wan	do.	00
Sum Suy Wan	do.	00
Shek-pae³	do.	00
		4,350
In the Bazaar		800
In the Boats		2,000
Labourers from Kowlung		300
Actual present population		7,450

¹ i.e. A Kung Ngam.　　² i.e. Shek O.　　³ i.e. Aberdeen.

圖 4-1　1841 年 5 月 15 日港府憲報中載港島村落及人口圖

須有資產、學識及民望，負責約束村民，稟報不善之徒，與鄉保、總理協辦村內條約，遇冬防及團練時，協助總理即抽村內壯丁，幫助丈量委員丈量田地。族長由族人自選，無官諭，負察舉族內良莠及約束族內子弟之責。[1]

　　新界地區勢力較弱之家族或村莊，常會組織聯盟，抗拒鄰近之較強者，採聯防互衞。此等自治團體所包括之區域，任由鄉民自願組合，官府對之並無限定，任由其自定呈報。此類聯盟無成文法之根據，但有鄉規習例之約束，且有訂立合約，由鄉民自選之總理及地保等維持執行，並獲官

1.　蕭國健：《香港新界之歷史與文化》，香港顯朝書室，2010 年，第 5—6 頁。

方認可監督。境內主廟為集會場所，共管墟市內之貿易利益，以神誕及打醮作聯繫活動。

　　鄉約為一鄉依血緣關係或地緣關係、並訂有規約之民眾組織，目的為禦敵衛鄉，勸善懲惡，廣教化，厚風俗，護山林，或應付差徭等。朝廷曾屢頒聖諭，通過鄉約，推廣於鄉村社會。隨着清朝統治之穩固，鄉約之地位愈為穩固。鄉約被賦予講鄉約、支持教育與科舉、應付差徭、經營鄉約共同財產及置買田地等權利。鄉約強化德治、屬行道德教化，鄉約把傳統道德和朝廷統治思想傳遞到官府政治力量所不及之地方，有效維繫着皇權之權威性與統治秩序。

　　鄉約組織以地區範圍為主，以宗族血緣範圍為輔，城市以坊里相近者為一約，鄉村以一圖或一族為一約。其村小人少者附大村，族小人少者附大族，合為一約。各類編一冊，聽約正約束。鄉約之負責人為約正及約副，一般擇德高望重之長者或居家先達縉紳一人為約正，二人為約副，通知禮文者數人為約贊，導行禮儀為司講，陳說聖諭，又以讀書童子十餘人歌詠詩歌，其餘士民俱赴約聽講。[2]

　　此類鄉村聯盟分兩大類：其一為小地區內村落之聯盟，以保區內治安太平為主；另一為由數小地區之聯盟，合組一較大區域之聯盟，此類聯盟因有合約之管束，故稱鄉「約」。

　　小區域內，由數村落合組鄉約，以保境安民、聯防互助為目的。

　　由數小地區所組成之數鄉約組織合組之聯盟，除保境安民、聯防互助外，亦起改善區內社會環境及交通之作用，並經營墟市貿易，舉辦宗教慶典。此類大地域合組之鄉約，較著者有沙田九約及大埔七約。

　　大埔七約共有六十餘村，下分七分約，1891 年組成七約鄉公所，創立太和市，並建立文武廟，作為辦公場所，處理鄉事。太和市現稱大埔墟，

2.　　同上註，第 9–10 頁。

墟內文武廟仍存，七約大樓於 1990 年落成，七約鄉公所辦公室亦已遷該大樓內。[3]

1899 年後，新界轉歸英治，初期行村代表制。各區父老或鄉紳非正式聚會，商討區內事務，處理與當局有關事情，父老被公認為地方領袖，被村民尊敬，為有相當影響力之人物，負責管理鄉村大小事務。

二次大戰後初期，新界成立新界鄉事委員會，此制度之成立，源出於村代表制。各鄉事委員會有其組織章程，執行委員會委員由各村代表互選，擔任鄉事委員會各項要職，各鄉事委員會主席為區議會之當然議員，出任區議會之工作小組主席，各鄉事委員會委員協助推行新市鎮之社區建立工作（如籌辦文娛康樂活動），與政務署（前理民府）經常保持密切聯繫。其時，新界共有 27 鄉 651 村，各村由戶主選舉一或多位村代表，共九百多人，組成 27 鄉事委員會。

新界鄉議局之前身為新界農工商業研究總會，1926 年，香港英國總督金文泰改其名為新界鄉議局，當時職權較現時為大：普通民事案件皆其辦理。日佔期間工作曾一度停頓，戰後恢復。1959 年訂立鄉議局條例，鄉議局成為政府之法定諮詢機構，與新界政務署（前民政署）經常保持密切聯繫，今仍如是。

1977 年，新界鄉事委員會與市區組織（如互助委員會、分區滅罪委員會文康興趣小組）合併組成地區諮詢委員會，1981 年改地區諮詢委員會稱區議會，成員包括官守及非官守之委任議員、市政局議員或鄉事委員會主席，1985 年成立臨時區域議局，成員共二十四名，包括十二名委任議員，九名從非市區之區議會間接選出，三名為當然議員（鄉議局主席及兩名副主席）。

1986 年更名區域市政局，與鄉議局密切聯繫。區域市政局三名委任議員亦為鄉議局成員，轄九行政區：離島、北區、沙田、西貢、大埔、荃灣、葵

---

3. 同上註，第 10−13 頁。

青（1985 年自荃灣分出）、屯門及元朗，各行政區下設分區，每區設分區委員會。[4]

清代移民與人口流變

遷海　廣府人　客家人　蜑民

　　清初，為禁止沿海居民對台灣鄭氏之交通接濟，清廷於 1661 年頒令遷海。遷海之策，為黃梧倡議，蘇納海及施琅按議。遷海範圍，集中江南、浙江、福建、廣東四省沿海，有遷五十里（廣東），亦有四十里、三十里（福建及鄰近地區）、二十里或十里不等。北線（江南、浙江、福建）以蘇納海及宜里布勘界督遷，南線（廣東）以科爾坤及介山勘界督遷。限時日，居民全部遷入內陸。於界上畫線，位線外者皆遷。

　　1661 年初遷，事出促逼，無充分準備，雖得政府時加安插，及鄰近地方收容，民困仍未能解。1663 年再遷，界邊立碑，設墩台，以兵守之。1664年三遷，界定。派員勘查，出界者死，或以通賊論斬。新安縣被裁撤，歸併東莞縣。香港地區西北新田起，東北沙頭角止，南面村落皆被遷位境內，界外者棄家園田地，安插界內之地，至流離失所，家散人亡，界內者亦受之禍害。朝廷於遷界要地築設屯門、獅子嶺、大埔頭、麻雀嶺登墩台，派兵駐守，以防遷民出界。遷民有潛出界外，回區內居住，時稱「賣界」。

　　遷海對沿海居民為害甚大，致沿海空虛，易為鄭氏將卒入侵，但無損台灣鄭氏之自立，且令寇掠擴大。1664 年八月，撫目袁四都潛於官富、瀝源為

4.　同上註，第 7−8 頁。

巢，為禍香港地區。

其時，李率泰及王來任遺疏請求復界，李之芳亦倡議，以遷海對沿海居民之禍害甚大。朝廷以周有德勘界，及石拄，杜臻等巡視後，於 1669 年下令展界，以海邊為界，香港沿海邊民復業，惟遷海令未撤。1682 年，台灣鄭氏降，1684 年遂弛海禁，廢遷海令，下令復界，沿海島嶼居民始得遷回，大奚山諸島始盡復。

1669 年至 1685 年間，香港及離島地區之居民陸續遷回。惟遷回者少，田地房舍荒廢。前代建築及文物無存。致令官方鼓勵鄰近客籍居民之遷入定居。港九及新界地區鄉村始得重建與發展。

香港位中國南海之北岸，珠江三角洲之東岸，本峯（畬）傜等土著之居地，惟因歷代中原動亂故，中土人士多舉族南遷避亂，其後客居香港地域，初為客籍，歷數代落籍後，身份亦有轉變。

早於兩漢間，中原人士已有南遷，其定居香港地域之情況無考。至魏晉南北朝時，南遷者獲客籍，但有否入遷香港地區，則仍有待考證。至隋唐及五代，入遷之情況亦未有記錄。

唐代及五代間原居江西等地之人士，於北宋末年，為避金人入侵，多避亂南遷粵東各地，及香港地域。元代間，有因避蒙元統治而避居香港地區。明代，早年入遷各族人口繁衍，故亦有分遷開業。其時，因境內天氣溫和，漁農出產豐富，社會安定，故能吸引鄰近地區人士入遷。

上述期間入遷定居者，於本港地區落籍，遂為原居民。明代，因香港地域隸屬廣東省廣州府，故被稱為廣州府人士，俗稱廣府人。港英政府及香港特區政府稱之為「本地人」（PUNTI）。

清初遷海，居民全遷內陸，康熙八年（1669）展界，居民被許遷回，康熙二十三年（1684）復界後，因遷回之居民不多，故於雍正初年招墾，鄰近之客籍農民相繼入遷香港地域，墾殖荒地，遂為落籍本港地區客家人。此等人士多原籍福建或江西，皆取道潮、惠二州，而南遷香港地域。此等人士皆

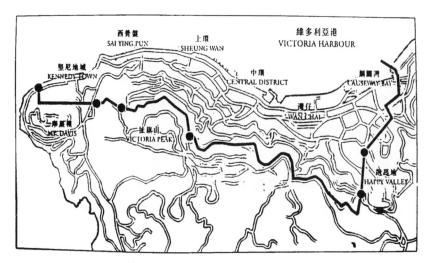

圖 4-2　1903 年港府劃定之維多利亞城圖

能刻苦耐勞，抵港後墾闢荒地，聚居成村。

　　1842 年英佔香港島，1860 年九龍半島南端（今界限街以南），包括昂船洲在內，割讓予英國，併入香港界內。自港九地區英佔後，英人於香港島北岸，發展女皇城，亦稱維多利亞城，開築道路，建造房舍，並於九龍半島上廣設軍營，以作防衛，故需大量人力。時廣東人士來港經營工商業者日增，就中亦多客家人。

　　時因太平天國事件，內地居民多避亂南遷，進入香港及九龍地域。太平天國失敗後，餘眾亦有退居香港。同時，廣東西路主客相爭，發生械鬥，部分客人相繼遷入香港避亂。時香港正值發展，甚需石材，而島上盛產石料，故能吸引大量石工，前來開採，五華及惠州兩地之客人擅長打石，故多遷入，開山取石，有等日後且成巨富。此等居民之入遷，對香港之發展，幫助甚大。

　　清初復界後遷入者，清政府初給予客籍，享開墾者之優惠，即香港新界之「客家人」（HAKKA）。

　　1898 年，中英簽訂《展拓香港界址專條》，該不平等條約要清政府將九龍半島以北，深圳河以南之地，及鄰近之島嶼，除九龍寨城外，租借與英國，為期九十九年，該租借地稱「新界」。翌年，新界地區正式歸港英政府管治後，英人與村民協商，新界村民仍過農村生活，一切民生及習慣，仍依中國傳統。

　　1898 年後，前時定居香港、九龍及新界之廣府人，皆為香港人。惟於 1899 年前入居新界者，因受 1898 年中英《展拓香港界址專條》及香港英新租界合同之規約，則享有原居民特權，故被稱為「原居民」。

　　十九世紀末，清廷多次對外作戰失敗，有志之士遂起革命。各次起義行動失敗之革命黨員，多潛居香港。光緒末年，廣東各地客籍人甚多篤信基督。1900 年間，山東義和團排教事起，廣東各地大受影響，香港鄰近地區之客家教友，為保障信仰自由，遂多遷入香港地區。

　　1911 年辛亥革命後，一批批之清廷親貴及官民南下香港。其後經歷軍閥混戰，客籍人士亦有遷入香港避亂，其間，失敗之軍閥亦有舉家率眾入居香港。1920－1930 年間，外地客籍商人遷入香港經商亦眾。

　　此等於 1899 年後避亂遷入香港之人士，皆被稱作客家人，其居新界者，無原居民權利，故稱新客家人，以別於 1899 年前之入遷者。

　　疍，本作蜑，為百越民族之一支。秦始皇出兵開發嶺南，遣軍民入戍，時越人未肯為秦虜者，多逃匿叢薄山峒中，及泛舟逐水草而居，亦與漢人雜居，稱蜑。香港濱海地域及附近島嶼之疍民，疑為古秦漢區內原住民之遺族。

　　疍民以舟為室，視水如陸，浮生海上。圖騰為「蛇」，自稱龍種，亦稱龍戶，以船為家，入水時常披髮繡面文身，以像蛟龍。初不服中央管轄。魏晉時，孫恩、盧循叛，後為劉裕所敗，孫恩亡，盧循率眾出海，入海島野居，生子皆赤體，稱盧亭，亦曰盧餘。此等人士皆稱疍蠻。其水上者居艇，陸上者於海濱處搭建棚屋居住。香港大埔海及離島大嶼山等地，自昔皆為疍民居所。

圖 4-3
元朗下白泥辛亥革命黨員
藏匿之大廠

　　疍民主要以捕魚為業，香港位珠江三角洲東岸濱海，沿岸島嶼甚多，向為疍家棲息之所。今大埔海一帶水域，為著名產珠之地。採珠工作為疍民之專業，蓋其善泳之故。明洪武初年編之入戶籍，歸河泊所管理。清代設司署管理疍民，編入戶籍，政府且向之徵稅。疍民居水上，以漁撈為業，少數住港灣內或江邊陸地，按漁汛到各處捕魚，收穫靠岸叫賣。

　　疍民於香港沿岸地帶，亦有以煮鹽為業。南宋寧宗慶元三年（1197）夏，香港大嶼山島上之疍民私煮海鹽，廣東提舉徐安國遣人緝捕之。當時沿海之鹽業，是由官府設官管理，而疍民所私煮者，便不須盡入於官，可以自由私賣。因有厚利可獲，故煮鹽便為沿海疍民所專營。不過，今香港及附近一帶之疍民，已少有煮鹽。但沿海多個海灘上，仍有不少煮鹽之窰被發現。

　　香港之疍民亦有以掉客渡海為業，及以搬運貨物為生者。掉客之「橫水渡」，及沙艇，都為疍民在珠江河裏及沿岸的地方謀生，今香港及附近島嶼，仍有不少。

　　香港之疍民有泊舟岸邊，以竹木蓋搭水棚（水上子欄）。先以木條豎椿，有豎石柱，在椿上搭支架，再以木板為牆壁及地板，繼以茅草或葵葉為頂，

呈斜形，臨水一面開門，設木梯，供下水。數間合成一組，以木板棧橋為通道。水棚（俗稱棚屋）已有二千年歷史，十九至二十世紀，分佈珠江口及內河水道之番禺蓮花山、東莞萬頃沙及斗門黃金鄉，香港東面海之吉澳、塔門、較流灣，西貢之糧船灣、對面灣、上流灣，離島之長洲、梅窩、東涌、大澳，西面之青山及流浮山等地。香港大嶼山大澳之棚屋，已發展為旅遊觀光點。

香港沿海的灣港，舊有疍家艇戶頗多，尤以后海灣、青山灣、大埔海、西貢沿岸及離島的海灣最多，大都以捕魚及航運為業。近年都市發展，沿岸大事填海，頗多疍民由政府安排，遷住陸上。如今，仍居艇上者，為數日減。

香港疍民之「鹹水歌」，為廣州方言演唱之一種漁歌，又稱「白話漁歌」，隨時隨地可唱，是一種有感而發、觸景生情之即興藝術，為漁民辛苦勞作後宣洩情緒之方式，也是漁民文化之重要體現。「鹹水歌」之形式像山歌，分獨唱和對唱，但沒有合唱，現場有無聽眾都不重要，重要的是自娛自樂。歌曲內容以漁民及漁業生活為主，如漁民之家庭關係、作業辛苦等。

現時，香港之漁民多已上岸定居，加上現代社會之快速發展，此種民間即興藝術已無法繼續保留，今已成為漁民先輩對辛勞生活的回憶。

第三節

鴉片戰爭、《南京條約》、《北京條約》
與新界之租借

鴉片戰爭　《南京條約》《北京條約》　新界租借

清道光年間，鴉片大量流入中國，其時，囤積鴉片的躉船，多停泊伶仃島一帶水域，伺機走私偷入尖沙咀，再流入廣東沿海各地。當時，香港是中

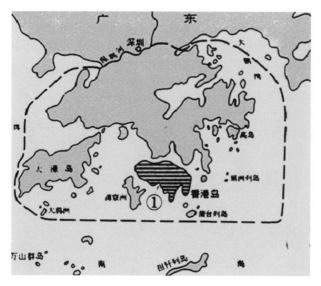

圖 4-4
中英《南京條約》割讓香
港島示意圖

西接觸的地域；而鴉片大量走私進入中國，致大量白銀外流，促成中英軍事
上的衝突。

　　道光十九年（1839）7 月，因英國海軍軍官醉酒毆斃林維喜事件，中英
鴉片戰爭爆發，9 月，九龍山與官涌之戰，初，清軍略勝，最後戰敗。道光
二十年（1840）6 月，英國遠征軍侵華，6 至 7 月間，英軍封鎖珠江口，及
北上攻佔定海。8 月，清廷於白河與英軍談判，未果。11 月，英軍回師攻佔
穿鼻、沙角。

　　道光二十一年（1841）1 月，英軍據沙角，欲訂《穿鼻草約》，初步協議，
交還定海，取州山，不果，英軍遂回師，佔香港島，1 月 26 日，英軍於香
港島西環水坑口登陸，宣佈佔領香港全島。2 月佔珠江各炮台，進逼廣州。
8 月，佔廈門、定海、寧波。道光二十二年（1842）6 月陷吳淞、上海，7 月
佔鎮江，8 月進迫南京，8 月 29 日訂《南京條約》，正式割讓香港島予英國。

　　道光二十二年（1842）香港島英佔後，島上進行各種建設。道光二十四
年（1844），英人於港島對岸尖沙咀處，私自建屋。道光二十七年（1847）

圖 4-5　回歸前的沙頭角中英街
圖 4-6　沙頭角中英街紀念碑

清廷建築九龍寨城，以增強防衛。咸豐四年（1854）8月，太平天國義軍佔九龍寨城，月後為香港僱傭兵協助奪回。

　　其時，英國因恐懼港島對岸九龍半島之地為他國所奪，威脅其對香港島之治安及利益，咸豐六年（1856），藉口亞羅船號事件，英旗受辱，派兵佔領九龍半島南端，10月法國亦以法傳教士於廣西被殺為理由，出兵中國。

　　咸豐七年（1857）4月，英軍入九龍寨城，擄守將回，後放還。12月，英法聯軍攻陷廣州，擄兩廣總督。咸豐八年（1858）1月，攻陷大沽口。6月，定《天津條約》，交還大沽口。

　　咸豐九年（1859）3月，英人強租九龍半島南端之尖沙咀。6月，再佔大沽炮台。咸豐十年（1860）9月，陷北京。時清廷因國內受太平天國之威脅，無力對外作戰，10月，與英人簽訂《北京條約》，將九龍半島南端（今界限街以南），包括昂船洲在內，割讓予英國，併入香港界內。

　　九龍半島割讓後，中英以今界限街為界，英人以界限街無險可守，故認為有擴展邊界之必要。光緒二十年（1894），中日甲午之戰爆發，清軍戰敗，翌年（1895），日獲台灣、澎湖列島及遼東半島，法獲中越邊界通商特權。光緒二十二年（1896），俄獲於東北建鐵路，及於戰時將軍艦開入中國各海港之特權。光緒二十三年（1897），德租借膠州灣，為期九十九年。

圖 4-7
沙頭角新樓街
（左，港方）與沙欄
下（右，中方）

　　其時，香港英國總督羅便臣乘機向英廷建議，將香港界址展拓。光緒二十四年（1898）6 月 9 日，中英簽訂《展拓香港界址專條》，清政府將沙頭角海至深圳灣最短距離直線以南、九龍半島以北之地域、附近之離島及大鵬灣與深圳灣水域，租借與英國，為期九十九年，7 月 1 日實施。該租借地稱新界，泛指九龍半島以北，深圳河以南之地，及鄰近之島嶼。時租界內有九龍寨城，中英同意仍保留屬中國土地，不在租借地內。

　　專條簽訂後，於光緒二十五年（1899）3 月，英人派員到新界勘界，立椿定界，測量土地，登記人口。時境內居民不滿英人統治，故起而反抗。4 月 16－18 日，村民於林村一帶開挖坑塹，拒阻英兵，惟因缺乏組織及訓練，武器落後，又無統一指揮，故為訓練有素及設備優良之英軍所敗。5 月16 日，英軍強佔九龍寨城、深圳及沙頭角，11 月 13 日英軍於深圳及沙頭角撤軍，惟九龍寨城則未有交回。

　　至是，整個新界地區正式歸香港政府管治。其後，英人與村民協商，新界村民仍過農村生活，一切民生及習慣，仍依中國傳統。

自是，香港島、九龍半島、新界及 235 個離島遂為英國所侵佔。至 1997
年 7 月 1 日，香港回歸中國，稱中華人民共和國香港特別行政區。

第四節

新界之佔領與居民之抗英鬥爭

《香港英新租界合同》「抗英揭帖」

光緒二十四年（1898），清廷以大學士李鴻章與英國公使瑪納德訂立《中
英展拓香港界址專條》，翌年清委員王傳善與港英輔政司駱克共同勘界，並
簽訂《香港英新租界合同》，將九龍半島北面之土地，南自界限街，北至深
圳河，東則由大鵬灣起，西至后海灣，共約 376 平方英里之地，及大嶼山一
帶之小島，佔前清新安縣土地三分之二，租借與英國，為期九十九年。

1899 年 3 月初，駱克檄諭新界居民，將土地印契呈驗，並有加稅之說。
3 月 27 日，警司梅軒利率隊前往大埔運頭角（大埔墟泮涌旁一小丘），搭建
席棚，供警察駐守，並準備於該處舉行接管新界儀式。

3 月 28 日，新界各鄉村之代表雲集屏山達德公所，成立達德約，召開會
議，商議抗英。翌日，各村張貼「抗英揭帖」。

3 月 31 日，梅軒利巡視運頭角泮涌席棚工程，驚見停頓，僱工逃去，遂
回港向港督卜力報告。4 月 2 日，港督卜力要求兩廣總督譚鍾麟向新界居民
曉諭，制止其抗英生事。翌日，英國公使亦向北京總理衙門抗議，要求派兵
鎮壓。

其時，新界居民於屏山開會商討抗英之事，為奸細吳介璋紳彥所洩漏，
故於 4 月 3 日，各抗英代表改於太和市文武二帝古廟內開會，惜仍為港府所
知，梅軒利率警隊前往制止，但為村民所逐，梅軒利逃回泮涌警棚，再回港

向卜力求援。

4月4日，卜力命加士居少將率兵百名，會同駱克前往大埔，翌日，駱克於新界各處張貼兩廣總督府所頒之曉諭告示。4月7日公佈接管新界儀式將於4月17日舉行。

4月10日，達德約各代表改於元朗舊墟內大王古廟附近之東平學社開會，部署行動，並把指揮部定名為「太平公局」，各村團練處作戰狀態。

4月12日，清守備方儒率大鵬協左營水師抵青山灣，向村民曉諭順從英軍之入駐，無效而回。時駱克於屏山接見各父老，迫其簽交「情願書」，答允約束達德約內村民順從，四位父老被迫具結。

4月14日，深圳河兩岸鄉村村民大量集結，並向大埔進發，繼於大埔西北山坡挖壕備戰。15日，卜力加派警察，監督重修席棚，豎立旗杆，並於16日增調軍隊兩連，輕炮十二門，軍艦兩艘，前往保護升旗儀式進行。

4月17日升旗儀式舉行後，數千村民於大埔山頭向英軍駐地發動攻擊，但為英軍所敗；村民遂退至林村山谷之壕坑陣地埋伏，候英軍追至時襲擊，惜村民武器落後，訓練不足，故仍為英軍所敗，不支而退卻，是為林村之役。

4月18日，二千六百名村民向上村石頭圍之英軍發動攻擊，但遭英軍埋伏，村民死傷頗多，英軍亦受到嚴重損失。後村民敗退，英軍進至吉慶圍及泰康圍時，「疑有莠民藏於其間」，欲內進搜查，但村民據守反抗。因吉慶圍牆高門固，且有護河圍繞，十分堅固，英軍以大炮將圍牆炸開，村民不敵，英軍將圍門拆卸，作為戰利品，運返英國。

4月19日，駱克往元朗太平公局搜尋文件，抗英領袖逃往廣州及南頭等地。4月20日，英軍往屏山等村落搜尋抗英領袖，迫繳武器。4月22日，新界村民返回各自鄉村，事始平。

事後，英國以清廷未有參與曉諭新界地區村民，遂於1899年5月16日派遣軍隊，強佔九龍寨城，逐走城內清廷官弁兵丁，並於大埔、元朗凹頭及屏山三處，各建警署一座，派員駐守，以作防禦。

自是，九龍半島界限街以北，至深圳河以南之地，遂為香港政府之新界地區，英文初稱 The New Territory，1912 年後始改稱 The New Territories。

第五節

從九龍寨城到九龍寨城公園

九龍寨城　　九龍寨城公園

九龍，亦稱九隆，包括香港島北面之九龍半島及新界南部等地，其名稱首見於明代志乘，與官富巡司之名並排。據古老相傳，該半島上有九支山脈，狀如蛟龍，蜿蜒蟠踞其上，故名。惟此九支山脈至今未能指定。

今九龍沿海一帶，唐稱屯門，時設屯門（軍）鎮，派兵駐守。五代置媚川都。北宋改靜江軍，置官富場，以兵守衛。惟其時之治所，設於九龍西北之南頭城內。九龍半島上，並無重大軍事建置。清康熙七年（1668）始於九龍半島上設置墩台，二十一年（1682）改為汛地，惟設置則甚簡陋。

清初原於今東龍島上建佛堂門炮台一座，惟因該炮台孤處海外，頗難接應，故於嘉慶十五年（1810），提督錢夢虎建議，遷建新炮台於九龍半島海濱，總督百齡令新安縣勸捐建築。炮台稱九龍寨炮台，並將原九龍汛改稱九龍海口汛，營寨為一以木柵環繞之兵營。

清道光二十年（1840），英人威脅日增，除舊有九龍炮台及九龍海口汛外，並於其東南面濱海之尖沙咀及官涌兩處，建造炮台，增兵防守。鴉片戰爭後，港島割讓與英國，九龍半島之軍事地位，更為重要。道光二十三年（1843），於九龍炮台背後增建九龍寨城。道光二十七年（1847）三月完成。其建置原因如後：

一、九龍半島南端各險要之失陷：鴉片戰爭後，港島割讓與英國，尖沙

咀地處九龍半島南端，與港島北岸中部甚為接近，地位甚為重要；戰爭之初，該處建有炮台兩座，分處尖沙咀及官涌兩地；位尖沙咀者稱懲膺炮台，在官涌者稱臨沖炮台，皆成於道光二十年（1840）三月間，兩炮台共有炮五十六位，自七百斤至五千斤。惜翌年正月，清軍撤防，炮台大炮他調；是年三月二十三日英軍佔據兩炮台，五月二十四日，以炸藥轟毀官涌炮台，尖沙咀炮台不久亦被拆卸，磚石運往香港島上，用作建築材料。因是，南端險要失陷，只得於半島北部濱海地域，另置防衛。

二、已有之軍事地位：寨城建築之位置，於嘉慶年間早有軍事設施：寨城前近海處，已建九龍（寨）炮台，其南部海濱，亦已建營房，名九龍海口汛，可見該處早已為軍事要地。故於該地增建寨城，實只為增強防禦。

三、指揮部之遷移前線，較易節制作戰：其時，香港及鄰近地域皆屬大鵬協轄管。該協分左、右兩營，右營管轄香港島以西一帶，治所位大嶼山東涌寨城；左營管轄港島至大鵬半島沿岸，治所位大鵬半島上之大鵬城，該城距九龍半島較遠，未能有效地指揮作戰。故於鴉片戰爭後，增建九龍寨城，移大鵬協副將衙門於城內，使能有效地指揮香港沿岸所屬之防禦。

四、較易遷拆寨城所在之民房：建築寨城，凡有阻礙城基之房屋，例當拆卸。惟九龍寨城牆基各處，均屬官地，只西門一處，需拆卸平房二十六間，鋸伐樹木二十八株，踩踏花生瓜菜地畝四十井，並買地四畝五分，共用銀約八百兩。因受影響之民眾甚少，政府所付之補償金額不多，故較易快速地進行。

該寨城離海岸一百五十餘丈，為一方形石城，周圍共一百八十丈，城內橫量七十丈零七尺，直量三十五丈二尺。東西兩牆共長六十六丈，高一丈三尺；南面城牆長六十九丈，高一丈五尺四寸，三面城牆底部厚一丈四尺，頂部厚一丈四尺；北面城牆依白鶴山麓建築，長六十四丈，高一丈三尺，牆腳厚七尺，頂厚七尺。城牆上共有城垛一百一十九座，各高五尺，厚二尺二寸。

各牆建築均甚堅固，外牆為八寸方形長條麻石三層，內牆兩層，中為黃

圖 4-8　前九龍寨城衙門

泥沙土混成，城垛則以八寸方形磚石砌成。

　　城開四門，上有敵樓，各門皆以其所在之方向為台，高丈餘，闊八尺，深二丈餘，頂作半月形，設有鐵閘。正門為南門，門頂石額陽刻「九龍寨城」，上款「道光二十七年季春月谷旦」，下款「廣東巡撫部院黃（恩彤），太子少保兩廣閣督部堂宗室耆（英），廣東全省水師提督軍門呼爾察圖巴圖魯賴（恩爵）」三人銜名。其上石額陽刻「南門」二字。

　　廣東巡撫部院黃恩彤，字石琴，山東寧陽人，道光六年（1826）進士，道光二十五年（1845）廣東巡撫，翌年十二月革職。太子少保兩廣閣督部堂宗室耆英，字介春，宗室，正藍旗，道光二十四年（1844）二月兩廣總督，道光二十七年（1847）十二月被召回京，道光三十年（1850）被處死。廣東全省水師提督軍門呼爾察圖巴圖魯賴恩爵，字簡廷，廣州府新安縣大鵬營人，行伍，道光二十三年（1843）廣東水師提督，道光二十九年（1849）病免，因作戰勇猛，獲「呼爾察圖巴圖魯」滿族勇士封號。

　　城內開水池，廣深各一丈，另有水井二口；城內通衢街道俱鋪石板。正北面建武帝廟一座；東北角建副將府及巡檢衙署各一所；西北角建演武亭、

大校場、軍裝局、火藥局、兵房十四間，及堆房六所。東南及西南闢為民居，不致兵民互雜。

道光二十七年（1847），因城外居民多欲遷入城內居住，故將北牆添築長十九丈，並將東、南、西三城牆腳各加厚二尺，北城牆腳加厚一尺，使上窄下寬，以固牆基。於後山增建粗石圍牆一道，長一百七十丈，高八尺，厚三尺。城牆上周圍之馬道兩旁，及內外牆腳，均加灰沙城心，添用橫長石條。

城內廟宇及衙署，牆腳均改用石砌，開平地基；並於東門內添築照牆。城外挖砌壕溝，增強守衛。

該寨城及其鄰近防務建置之開支，共二萬六千三百五十兩；其後增建，添加工料銀五千五百四十兩，合共三萬一千八百九十兩；另加拆建民房補給屋價、搭蓋篷廠、薪水、及口糧等銀共四千一百一十兩；統共支出三萬六千兩。皆從當時各官紳所捐輸經費中支取。

官紳捐輸始自道光二十六年（1846）九月初一十日，至二十七年（1847）三月初十日止，共收洋銀四十三萬二千六百七十三兩；又陽江縣知縣朱庭桂率同紳士譚鴻義等收捐洋銀三萬六千零二十兩；合共實收洋銀四十六萬八千六百九十三兩，均在廣州府庫。除支九龍防務工費外，盈餘四十三萬二千六百九十三兩。

由此可見，其時廣東地區防衛建設，實可自給，無須中央負責。鴉片戰爭之敗，當非無財建置防務，及鑄造火炮。

寨城建成後，移大鵬協副將率兵駐守。城內共駐兵二百五十名：由大鵬協左營右哨額外外委一員，率防兵一百五十名，及大鵬協右營右哨二司外委把總、右哨額外外委各一員，率兵一百名組成。

城上敵台東、南、西三面配炮三十二位，其中五千斤炮一位、四千斤炮一位、三千斤炮四位、二千五百斤炮六位、二千斤炮二位、七百斤炮二位，皆原置尖沙咀及官涌兩炮台，餘者從新安縣城移置。北牆因依山，無須備炮。

咸豐四年（1854）7月26日，羅亞添率惠州天地會起義軍攻陷寨城，閏

圖 4-9
九龍寨城公園

七月初四日，知縣黃光周、協同副將張玉堂、都司譚蛟等率兵收復寨城。咸豐七年（1857）4月，英軍襲擊寨城，劫持大鵬協副將，其後放回。

　　光緒二十四年（1898），英人租借新界，為期九十九年。其初，寨城內仍有清廷官員駐守，在城內各司其事。翌年，英政府於接收新界時，以元朗及錦田等地鄉民之反抗，為清廷官方協助不力為理由，便據《中英展拓香港界址專條》上有關九龍寨城主權問題之附帶說明，於是年 5 月 16 日，將寨城內之清朝官員驅逐出境。

　　自清朝官員撤出寨城後，該處遂淪為民居。歷內地多次變亂，遷入者日眾。因寨城主權本屬中國，故港英政府對之並無完善管理，人稱「三不管」地區，即香港、台灣及大陸中國政府皆不管，至令衛生環境日差。城內樓宇建築擠迫，無完善通水系統，食水多以科學井吸取地下水，污水直接排出屋外，街巷狹窄，且多無街燈設置，只靠住宅門前電燈照明。

　　港府於 1919 年、1932 年、1936 年、1947 年及 1962 年多次通令城內居民遷徙，並欲將城內房屋拆卸，惟皆因砦（寨）內居民之反對而作罷。二次

大戰期間，港九淪陷，日軍為擴建啟德機場，以充軍用，遂把寨城部分城牆拆去，石塊運往機場，建築環繞機場之大渠。戰後居民陸續遷回，人數較前大增。

1987 年 1 月 14 日，港府宣佈遷拆寨城內仍存屋宇，並計劃將該地闢建公園。1993 年完成遷徙居民及拆卸屋宇，並於是年秋天至翌年夏天期間由前香港古物古蹟事務署招紹瓚館長主持，進行考古發掘，尋獲南門門額、部分城牆遺址，及部分通衢石板街道。1994 年 5 月，公園興建工程展開，翌年 8 月竣工。

公園名「九龍寨城公園」，以舊衙門為中心，辦事處設其內，衙門內有「刊刻會議碑」，及前清寨城守將張玉堂之拳書及指書石刻。衙門前有清嘉慶年間鑄造古炮兩門及古井一口。考古出土之寨城門額、部分城牆遺址及通衢石板街道，經保留闢作「南門遺跡」。不遠處之龍津義學，門額及對聯仍存。

公園共分八景區，每區各有特色，園內亭榭及小徑，皆以寨城歷史建築及街道命名。該公園為本港一座富有中國園林特色之公園。

第五章

英佔早期中西文化的激盪

羅婉嫻

何佩然

　　1842 年《南京條約》簽訂，中國正式割讓香港給英國。英國隨即展開對香港的殖民管治，建立殖民政府。香港的人口以華人為主，他們保留中國傳統文化和生活習慣，但在英國的管治下，西方的政治模式、教育、宗教等傳入香港，由是香港成為中西文化交匯的地方。在中西文化的融合下，香港華人從中學習西方的文化、習俗等，並開拓西方的產業和事業，如開辦西醫醫院、西式社會組織、銀行等。本章從管治架構、城市規劃、經濟發展、社會組織變化、教育事業和宗教方面，闡述英佔早期香港的發展，從而反映中西文化如何在香港交匯。

　　英國引入西方的政治架構管理香港，並以港督為其在港的管理人，透過行政局、立法局和法院的設立，鞏固對香港的管治。在管治初期，英國為了確保佔領地位，任用英人為主的政治管治階層，後來，開始起用受過西方教育的華人加入管理層。

第一節

香港管治架構的建立

港督　殖民政府　行政局　立法局　法院　警察　監獄

　　英國對香港的殖民管治，是以殖民地部（Colony Office）直接管轄，並從英國委派總督（Governor）到香港管理一切事務，建立一個殖民政府。《英皇制誥》（Letters Patent）和《皇室訓令》（Royal Instructions），授予港督管治和組織政府的權力。在英國的授權下，港督在港設立行政局（Executive Council）、立法局（Legislative Council）和法院，是為殖民管治的三個重要機關。另在港建立警察和監獄制度，以法治的方式維持香港的治安和社會穩定，從而吸引更多商人來港投資，有助香港經濟長遠發展。

　　1843 年 6 月 26 日《南京條約》換文儀式後，英國確定其對香港的殖民管治，砵甸乍（Henry Pottinger，1789－1856；港督任期：1843－1844；有譯「樸鼎查」）亦就職成為香港首任英國總督（以下簡稱「港督」）。砵甸乍根據《英皇制誥》和《皇室訓令》授予的權力，籌組香港的殖民管治體系。[1]

　　《英皇制誥》（即《香港憲章》Hong Kong Charter）以英女王的名義頒佈，是建立香港殖民政府架構藍本的根據。《英皇制誥》授予港督為香港首長的權力，並設立法局、行政局協助港督管治香港。立法局是制定法例的機關，行政局則是頒佈法例的機關，並由《皇室訓令》詳細列明行政局、立法局的組成和運作，界定港督在兩局的地位。為了方便港督的管治和制定法例，港督必須任立法局主席，另設三位成員，他們的任命由港督提名並經英國的核准。港督作為立法局主席擁有投票權，兼有權行使作為港督的否決權，否決全體立法局議員的議案通過。行政局則是港督的諮詢機關，港督在行政局擁有絕對的權力，包括隨時召開會議、否決全體行政成員的決定等。[2]

　　由此可見，港督在香港擁有最高的權力，如港督葛量洪（Alexander Grantham，1899－1978；港督任期：1947－1957）曾形容「在殖民地裏，總督的權威僅次於上帝」。[3] 然而，殖民地部亦有明確的制度，規範港督行使有關的權力，包括兩局的議程需經殖民地部審核，立法局制定的法例亦須遵守殖民地部的指示，法例必須經英國國會或英王的通過才可生效。可是，香港與英國距離遙遠，書信的往來需花上數個月，故常出現英國的命令來不及下

1.　吳倫霓霞：〈第二次世界大戰前的香港政制〉，鄭宇碩編：《香港政制及政治》，香港：天地圖書有限公司，1987 年，第 3 頁；丁新豹：〈歷史的轉折：殖民體系的建立和演進〉，王賡武主編：《香港史新編》（上冊），香港：三聯書店，1997 年，第 75、77 頁。

2.　吳倫霓霞：〈第二次世界大戰前的香港政制〉，第 3 頁；丁新豹：〈歷史的轉折〉，第 77 頁；G. B. Endacott, *A History of Hong Kong*, 2nd ed., New York: Oxford University Press, 1964, pp. 37-38.

3.　Grantham, Alexander, *Via Ports, from Hong Kong to Hong Kong*, Hong Kong: Hong Kong University Press, 1965, p. 107，轉引自丁新豹：〈歷史的轉折〉，第 77 頁。

達，法例已在香港執行的情況。更有港督為求執行政令，選擇不向殖民地部或英國匯報。加上，殖民地部的官員缺乏對香港的認識，所以在決策時只依賴港督的匯報，故港督實質上是控制了整個香港的政治決策。[4]

在政制的層面上，港督雖然擁有絕對的權力，但實際施政時，港督仍要面對英商和在港華人。管治初期，部分在港英商與英國國會關係密切，他們成功透過這關係影響港督的施政。如戴維斯（John Francis Davis，1795－1890；港督任期：1844－1848）的人頭稅因英商的反對而修訂；寶靈（John Bowing，1792－1872；港督任期：1854－1859）的中區填海工程，亦因英商反對令工程擱置等。另外，華人佔香港人口 95% 以上，他們早期的影響力雖然不及英商，但聯合起來對英國的管治亦可構成一定阻力。如廢除妹仔制度、賭博合法化等議題，因涉及華人的習俗和利益，港府只可暫時擱置。[5]

隨着香港的經濟和社會的發展，立法局和行政局在體制上作出改變，包括增加議員人數、增設非官守議席及委任華人入局。1843 年，行政局和立法局均設三位議員，全是港府官員，並由港督任命。殖民地部認為兩局議員人數應減至最少，更阻止港督委任非政府官員入局，以便省卻不必要的議事爭議。[6] 由是殖民地部對歷任港督增加兩局議席的建議，均予以否決，並有限度增加議席。

戴維斯於 1844 年，計劃將立法局議席由三名增至五名，行政局則由三名增至四名，但被英國否決，兩局議員回復至三名。[7] 般咸（Samuel George Bonham，1803－1863；港督任期：1848－1854）任內與英商關係良好，相

---

4. 丁新豹：〈歷史的轉折〉，第 77－78 頁。

5. 丁新豹：〈歷史的轉折〉，第 79 頁；Endacott, *A History of Hong Kong*, pp. 55, 101-102.

6. 行政局成員：駐華商務副總監、輔政司和總巡理府；立法局成員：副港督、輔政司和總巡理府。吳倫霓霞：〈第二次世界大戰前的香港政制〉，第 12 頁；丁新豹：〈歷史的轉折〉，第 80－81 頁。

7. 行政局成員：副港督、輔政司和總巡理府；立法局成員：英軍司令、首席按察司和律政司。丁新豹：〈歷史的轉折〉，第 80－81 頁。

信在政務上可獲他們的支持，故建議在兩局加設二個非官守議席由英商出任。但殖民地部堅持行政局應全由官員組成，拒絕在行政局設立非官守議席，卻同意在立法局設兩個非官守議席。1850 年 6 月 14 日，立法局首兩名非官守議員由英商戴維・渣甸（David Jardine，1819－1853）和艾格（James Edger）出任。[8]

至港督寶靈管治時，建議大幅改革立法局，以開放議政權力，從而減少議員與港督間的政治歧見。他計劃公開立法局會議、增加至八名官守議員和五名非官守議員，而非官守議席由英國公民出任，並以選舉產生。殖民地部否決建議，認為這樣只會令香港的議政權力集中在暫居香港的英人手中，決策欠缺長遠性。再者，香港對英國的價值關乎在華的經濟利益，所以殖民地部偏向對香港實行直接的管治，堅決拒絕選舉的要求。最後，殖民地部同意增加官守議席二個和非官守議席一個，並於 1858 年公開立法局會議及其記錄。[9]

十九世紀五十年代香港經濟漸漸增長，從 1855 年開始香港已不再依靠英國的撥款經營。而且，因太平天國起義，移居香港的華人經濟狀況較佳，部分更是富裕的商人。面對香港社會和經濟的變化，英國對香港的政制作出有限度的改革，如賦予立法局討論和通過財政預算的權力等。然而，港督在兩局仍然擁有最終的決定權力，而政制的改革只限於立法局，行政局的定制長期維持在三名官守議員的任命。立法局雖增設非官守議員，但其人數仍少於官守議員，港府更在 1866 年規定官守議員必須支持港府的議案，這表明非官守議員無法否決港府「需要」通過的議案。[10]

隨着華人在香港的經濟地位日益重要，至軒尼詩（John Pope

8.　吳倫霓霞：〈第二次世界大戰前的香港政制〉，第 12 頁；丁新豹：〈歷史的轉折〉，第 82 頁。

9.　吳倫霓霞：〈第二次世界大戰前的香港政制〉，第 13 頁；丁新豹：〈歷史的轉折〉，第 82 頁；Endacott, *A History of Hong Kong*, pp. 99-100.

10.　吳倫霓霞：〈第二次世界大戰前的香港政制〉，第 14 頁。

Hennessy，？－1890；港督任期：1877－1882）任內，華人已擁有香港絕大部分的物業。加上，軒尼詩與華人關係良好，他意識到華人的社會、經濟地位轉變，對香港日後的發展尤為重要。1880 年，因立法局非官守議員吉普（H. B. Gibb）請假，軒尼詩乘機委任香港首位華人律師伍廷芳（1842－1922）代任，他更進一步建議設立永久的華人非官守議席，但遭殖民地部反對，並重申伍廷芳只是暫代性質。殖民地部強調華人不熟西方的議事程序，而且立法局必會討論與中國有關的問題，這將引起華人議員的身份尷尬。[11]直至 1883 年，港督寶雲（George Bowen，1821－1899；港督任期：1883－1885）在兩局增加議席，包括行政局議員從五人增至六人；立法局的官守議員增至六名、非官守議員增至五名，其中一席為華人出任；後黃勝（1826－1902）獲委任華人議席，其後並由華人何啟（1859－1914）繼任。[12]

由於立法局、行政局的官守議員人數佔大多數，他們又必須支持港府的議案，故常出現一些不利民生的議案都能順利通過。例如十九世紀八十年代，英國為了保持其在亞洲的防禦地位，要求香港支付部分軍費開支，並因官守議員的支持而通過。由是引起非官守議員的不滿，1894 年三名非官守議員懷特里德（Thomas Whitehead）、遮打（Paul Chater，1846－1926）和何啟提出政治改革的要求，並獲 363 名在港商人的支持。他們建議在行政局新增設非官守議席，並增加立法局非官守議席的人數，從而改變官守議員主導的局面。他們更要求非官守議員由英籍人士以選舉方式產生、官守議員有投反對票的權力。但殖民地部同樣以華人利益作理由，拒絕給予英籍人士選舉權。[13]

1896 年，殖民地部決定改革香港政制。在立法局各增設一名官守和非官

11.　吳倫霓霞：〈第二次世界大戰前的香港政制〉，第 14、15 頁；丁新豹：〈歷史的轉折〉，第 82 頁；Endacott, *A History of Hong Kong*, pp. 176-177.

12.　吳倫霓霞：〈第二次世界大戰前的香港政制〉，第 16 頁；丁新豹：〈歷史的轉折〉，第 82 頁；Endacott, *A History of Hong Kong*, pp. 204-205.

13.　吳倫霓霞：〈第二次世界大戰前的香港政制〉，第 16－17 頁；丁新豹：〈歷史的轉折〉，第 80 頁。

守議席，而非官守華人議席亦由一人增至二人；並在立法局委任二名資深的議員為行政局非官守議員，從而改變行政局由官守議員壟斷的局面。不過，首名華人行政局議員至 1926 年才被委任，由華人周壽臣（1862－1959）出任，他的任命正值省港大罷工結束，港府在罷工中因得到華人領袖鼎力的調解，才可順利解決，故其後港府始委任華人進入行政局。[14]

香港司法制度、警察制度與監獄的建立，是維護香港管治、經濟繁榮和社會治安的重要元素。香港奉行司法獨立原則，司法不受港府的干預，以保證香港司法的公正、公平。警察則是維持香港治安的重要把關人，保障投資者的利益。監獄建立是執行法律和治安的重要措施，關押對社會、經濟構成危險的人士。

早在 1841 年，英國承諾保護在港華人，並保證華人所有的禮教、風俗和財產擁有權一律不變；在司法審判上，華人可沿用中國的法律，而英國人與其他國籍人士則遵從英國法律。同年，威廉·堅吾（William Caine，1798－1871）獲委任為總巡理府（Chief Magistrate），負責香港的治安。《南京條約》簽訂後，英王任命首席按察司（Chief Justice）和律政司（Attorney General）。首席按察司是最高法院的首席法官，而律政司則為政府提供專業法律意見，兼任行政局和立法局的議員。[15]

香港的法律制度沿用英國的模式，包括英國的普通法、衡平法和其案例均適用於香港，並因應香港的特殊環境需要刪除部分不適用的法例。在司法審判上，香港沿襲英國的陪審團制度。早期所有案件須經總巡理府審議及律政司簽署，以決定案件是否需要提交高等法院裁決。在審判時如被告否認控罪，則需組織陪審團作審判。如原告人不服高等法院的裁決，有關人士可以

14. 吳倫霓霞：〈第二次世界大戰前的香港政制〉，第 18 頁；丁新豹：〈歷史的轉折〉，第 81 頁。
15. 丁新豹：〈歷史的轉折〉，第 86－87 頁；Ho Pui-Yin, *The Administrative History of the Hong Kong Government Agencies, 1841-2002*,Hong Kong: Hong Kong University Press, 2004, p. 51.

申請向英國的樞密院司法委員會（Judicial Committee of the Privy Council）提出上訴，是為「終審」。但十九世紀時，只有很少數案件獲司法委員會受理上訴，所以香港高等法院已算是終審。[16]

在英國殖民管治香港不久，港府便興建「維多利亞監獄」，由總巡理府兼任監獄長官，至 1857 年才獨立增設「維多利亞監獄典獄長」（Governor of the Gaol），專責管理監獄的事務。維多利亞監獄的管理人員均是歐人和印度人。監獄是實行種族隔離管理，將華人囚犯與其他國籍囚犯分開囚禁，而不同種族的囚犯亦有不同的刑罰方式。[17]

鞭打即笞刑，是十九世紀香港監獄最常施行的懲罰，特別是用於華人囚犯身上。早期受笞刑的犯人從監獄押送到上環的鞭笞台，公開受刑。並因應囚犯的國籍有不同的鞭打位置，如非華人囚犯鞭打臀部，華人則鞭打背部。初期是以藤鞭為刑具，後改以九尾鞭行刑，這對華人囚犯造成永久性的傷殘，更有囚犯受鞭笞後死亡。然而，笞刑獲得歷任港督和英人的支持，因為英國國內亦設有笞刑，他們更認為這是阻嚇華人犯罪的最有效方法。軒尼詩任內，有見笞刑被濫用，下令禁止公開鞭笞、限制只鞭打臀部及以藤鞭取代九尾鞭，但遭殖民地部反對，並認為他對華人囚犯過於寬容，只會令更多不法份子從廣東到港，對香港的治安構成威脅。[18]

香港監獄擠迫情況嚴重。香港囚犯過多，監牢空間有限，令疾病容易傳播。港府曾以船隻作監獄，以分散囚犯，紓緩監獄擁擠的情況，但有些囚犯在運送途中溺斃，而囚犯關禁在密封的船艙內，疾病更容易傳播。其後在船上的囚犯，均押往昂船洲繼續服刑。至 1866 年港督麥當奴（Richard Graves

16. 丁新豹：〈歷史的轉折〉，第 87－88 頁；余繩武、劉存寬主編：《十九世紀的香港》，中華書局，1993 年，第 208 頁。

17. 余繩武、劉存寬：《十九世紀的香港》，第 214 頁；Ho Pui-Yin, *The Administrative History of the Hong Kong Government Agencies, 1841-2002*, p. 79.

18. 余繩武、劉存寬：《十九世紀的香港》，第 214－217 頁；Endacott, *A History of Hong Kong*, pp. 171-172.

MacDonnell，1814－1879；港督任期：1866－1872）頒佈釋放已服刑期三分之一的囚犯，但須在他們面上刺青並發放回鄉，這令獄中的囚犯人數從714人減至363人。[19]可是，這個措施只是暫時的紓緩方法，解決香港監獄擁擠，必須減少罪行的發生。

為了確保香港的社會穩定，英國引入警察制度，以維持香港的治安秩序。英國佔領香港初期，總巡理府威廉・堅吾負責香港的治安事務，他借用英印士兵任警察，其後在港招聘警察，但因經費不足，至1843年只有二十八人受聘。然而，香港的警察質素差，他們多是失業或言行不正的英印士兵和水手，所以大部分的英商或商行自僱護衛或更夫等，以保護自身的安全和財產。[20]

1844年港府嘗試成立警隊，委任英軍上尉任警察司（Superintendent of Police）以統籌。但因他缺乏警務經驗，故未能成功。砵甸乍建議從英國聘請四名警官和五十名警佐到港工作，亦因香港財政緊絀，須由英國補助，故被殖民地部否決。至1845年，英國派警官查理斯梅（Charles May，？－1879）到港，負責籌組香港警務。查理斯梅積極招聘警察，共168人受聘，其中歐人71人，印度人46人，華人51人。但因警察的薪酬待遇不佳，離職的情況普遍，至1849年全港只有128名警察。[21]

香港警察由英人、印度人和華人組成，不同種族的警察有不同的待遇。較高級的員警官職皆由英人出任，以統籌其他種族的警察。香港警察大部分是印度人，因為他們服從命令，所以深得歐人信任，但他們不熟廣東話。至於華人警察，雖然與普羅華人沒有語言的障礙，卻被英人質疑他們的忠誠

19. 余繩武、劉存寬：《十九世紀的香港》，第218頁；Endacott, *A History of Hong Kong*, pp. 154-155.

20. 余繩武、劉存寬：《十九世紀的香港》，第220－221頁；G. B. Endacott, *A Biographical Sketch-Book of Early Hong Kong*, Hong Kong: Hong Kong University Press, 2005, p. 62.

21. 余繩武、劉存寬：《十九世紀的香港》，第221頁；Endacott, *A History of Hong Kong*, p. 47-48, 54.

圖 5-1　　從香港島東眺中區，維多利亞城及北角，約攝於 1904 年

度，所以不予以重用。另警察的薪酬待遇和裝備亦因其種族有別而不同，如英人、印度人警察可以配槍，但華人警察只有木棍。[22]

　　警察受賄、貪污的情況普遍，他們常濫用權力欺壓華人。例如敲詐妓女或普羅大眾；或以搜查為名，掠奪財物；若他們不肯就範，則送往警局或被拘押。警察更收受賭館、妓院和煙館的金錢，作為保護他們正常執業的先決條件。另外，警察虐待華人亦十分普遍，特別是管治初期，英人警察有權剪去華人的辮子作懲罰，這是對華人極大的侮辱。[23]

　　英國引入西方的政治架構管理香港，並以港督為其在港的代理人，透過行政局、立法局和法院的設立，鞏固對香港的管治。港府成立警隊和監獄制

22.　余繩武、劉存寬：《十九世紀的香港》，第 221−223 頁。

23.　同上註，第 228−230、232 頁。

度，以建立香港的法治和懲罰制度，保障投資者的生命安全和財產，從而確保香港經濟繁榮發展。在管治初期，英國為了確保佔領地位的穩定性，任用以英人為主的政府管治階層，華人只是「被統治階層」。隨着華人的社會、經濟地位改善，港府開始起用華人，但亦只限於接受西方教育、從事西式專業行業的華人，如律師何啟、伍廷芳等的少數華人而已。

第二節

維多利亞城的規劃

城市規劃　颱風　維多利亞港　填海工程

今天香港的版圖，包括了香港島、九龍半島、新界及 230 多個離島。[24] 1842 年 8 月至 1860 年 10 月的香港是指面積僅有 75 平方公里的香港島；1860 年 10 月至 1898 年 6 月期間，香港的版圖向北伸延至九龍半島的界限街，增加了 9 平方公里；1898 年 6 月起，港英政府向清廷租借了深圳河以南，界限街以北的新界，以及香港水域範圍內的 230 多個島嶼共 957 平方公里[25] 的土地，使香港的總面積增至 1041 平方公里。香港的城市規劃，最早可追溯至 1842 年的香港島北岸的維多利亞城。

英人佔據香港島，一心想興建貿易居停。[26] 在海上貿易的年代，地理位置和港灣的深度是開發貿易港的先決條件，甚至比自然資源的蘊藏量更重要。

24. 隸屬於香港範圍的離島，近年因實施填海工程變為與大陸相連，數量愈來愈少，較明顯的例子如赤鱲角島、昂船洲。
25. CO882/5, Lockhart, Stewart, "On the Extension of the Colony of Hong Kong," 8 October, 1899, p. 36.
26. 港督發表聲明，說明英人無意移民香港。

1806 至 1819 年間，壟斷英國對華貿易的東印度公司（East India Company）曾遣派水文地理學家霍斯伯格（James Horsburgh）勘探廣東珠江口地形，發現往來香港海域的船隻為區內之冠。[27]

　　往來貿易的船隻的理想停泊地點，必須是一個優良的避風港。香港位於太平洋西面，南中國海岸的珠江口，屬亞熱帶氣候，每年 6 至 10 月，受到在菲律賓東邊海面形成而北上向南中國海移動的颱風吹襲，平均約有五至六次。[28] 這些從西太平洋吹向香港的熱帶氣旋，對香港島的沿岸造成極大的破壞，每次颱風過後，本港地區會持續有暴雨。據 1884 至 2010 年間香港天文台的紀錄，本港錄得最高的單日降雨量為 1926 年 7 月 19 日的 534 毫米，是 1884 至 2010 年全年平均降雨量 2383 毫米 [29] 的 22%，而每年的雨季（5－9 月）與旱季（10－4 月）的降雨量差異極大，可達 900－3000 毫米。[30] 如何能在小島上找到既可躲避颱風及暴雨，也能讓遠洋輪船停泊的地方，是個必須解決的問題。

　　霍斯伯格在香港海域附近進行勘探，發現汲水門以西、港島與南丫島之間的東博寮海峽、港島北面的鯉魚門及港島南面的大潭灣，都是良好的避風處及船隻停泊的理想地點。[31] 根據 1845 年哥連臣就香港島鄰近水域所繪畫的

27. 十九世紀初，廣州是中國唯一對外開放的港口，所以香港是歐洲商旅往亞洲必經之地。自歐洲東來的商船，多先在香港補充食水，再北上廣州，或南下至東南亞各國，故歐洲人對香港海岸的形勢瞭若指掌。Sayer, Geoffrey Robley, *Hong Kong, 1841-1862: Birth, Adolescence, and Coming of Age*, Hong Kong, Hong Kong University Press, 1980, p. 23.

28. Gray, D. M., "Tropical Cyclones," *The Junk*, June 1989, pp. 27-31.

29. 《香港全年氣溫及雨量的排行》，香港天文台網頁 http://www.hko.gov.hk/cis/statistic/crank13.htm。

30. 何佩然：《點滴話當年——香港供水一百五十年》，香港，商務印書館，2001 年，第 6 頁。

31. Sayer, G. R., *Hong Kong, 1841-1862: Birth, Adolescence and Coming of Age*, pp. 23-24; Taylor, E. S., *Hong Kong as a Factor in British Relations With China, 1834-1860*, London, 1967, p. 30.

地圖標示，當時圍繞港島最深的地點有：[32]

一、位於港島東岸的鯉魚門海峽（Lyemoon Pass），水深達 46 米（150 呎），與新界大陸相隔只有 402 米（1320 呎），[33] 為東面進入港口的瓶頸地帶，船隻可躲避從東北吹襲的颱風，是附近理想的避風點。

二、位於港島西南、南丫島東北之間的東博寮海峽（East Lamma Channel），水深達 46 米（150 呎），是船隻從南邊進入香港的必經之地，港島西南的香港仔有鴨脷洲阻擋，是港島南面理想的停泊點。

三、位於港島北岸今金鐘至上環一帶海岸，現稱為維多利亞港（Victoria Harbour）的地方，水深雖不及前兩地，最深處有 18 米（60 呎），是東西面進入香港的匯合點，也可供當時的遠洋輪船停泊。

十九世紀中期香港水域，是指圍繞着港島附近的海域，並未包括水深達 58 米（190 呎），[34] 可容納遠洋巨輪停泊的馬灣海峽，因馬灣海峽仍未納入香港的版圖以內。此外，1845 年哥連臣海港深度的評估，與 1999 年政府海事處報道海港深度的數字稍有差異：鯉魚門海峽水深只有 43 米（141 呎），[35] 東博寮海峽（East Lamma Channel）水深則約為 43 米（141 呎），[36] 而今中環沿岸，有 17 米（56 呎）深。[37] 港島沿岸的深度，百多年來受珠江下游的沖積土衝擊變得愈來愈淺；十九世紀中期的量度方法不同，也是造成不同年代資料

32. *Mapping Hong Kong, A Historical Atlas*, Lands Department, Hong Kong, Government Printer, p. 128.

33. Chiu, T. N., *The Port of Hong Kong, A Survey of Its Development*, Hong Kong, Hong Kong University Press, 1973, p. 5.

34. 《馬灣及臨近水域》地圖，香港特別行政區政府海事處海道測量部，1999 年，2001 年再版，編號 HK1502。

35. 《海港東部》地圖，香港特別行政區政府海事處海道測量部，1999 年，2000 年再版，編號 HK0801。

36. 《東南臨近水域》地圖，香港特別行政區政府海事處海道測量部，2000 年版，編號 HK2502。

37. 《海港中部》地圖，香港特別行政區政府海事處海道測量部，1997 年，2000 年再版，編號 HK0802。

有所差異的另一原因。

　　香港要發展成為轉口貿易港，除地理位置、港灣的深度，及阻擋颱風能力外，軍事作用其實是英人建城的首要考慮。1841 年英軍在上環水坑口（Possession Point）登岸以後，[38] 並未以東面的鯉魚門或西南面的東博寮海峽這兩個港灣較深的地點為主要基地，反而在東角（現址銅鑼灣）及石塘咀一帶紮營，原因是此兩地背靠太平山及渣甸山，從港島北岸東、西兩個據點可清晰窺視清廷在對岸九龍半島的舉動。在十九世紀中期，往來貿易主要靠沙船、帆船，縱使是遠洋輪船，吃水深度與今天的巨輪相比，仍相去甚遠，港灣深度達 18 米的港島北岸，已足以應付當時遠洋輪船的需要，而中環及金鐘一帶南面有太平山，北面有九龍半島抵擋颱風，也是船隻停泊的理想地點。

　　軍事考慮使銅鑼灣至上環沿岸，順理成章成了香港城市核心所在，也增加了日後城市擴張的困難。1842 年女皇城正式被命名為維多利亞城，[39] 港灣也正式被稱為維多利亞港。

　　位於北緯 22°11'–22°17'，東經 114°07'–114°15' 的香港島，是華南丘陵向海伸延的最南端，地貌與華南地區相近。島上多山，地勢在非常小的範圍內，有明顯的差異及頻繁的變化。高地並非集中於小島的中心，而是零散地分佈於各區。低地面積很小，主要位於港島的北岸和南岸，是狹長的海岸低地。自北岸向南是一列呈東西走向的丘陵，丘陵西面有 554 米高的太平山，東有 531 米高的柏架山。港島從北向南傾斜，南部地勢較平坦，高度約為 250–300 米，突出的高地為赤柱半島和鶴咀半島，[40] 港島可供發展的平地相當稀少。

　　1841 年英國外交大臣巴麥尊（Lord Palmerston）用寸草不生、石頭滿

38.　香港商業匯報編：《香港建造業百年史》，香港，1958 年，第 40 頁。

39.　*The Friend of China and Hong Kong Gazette*, 7 April 1842.

40.　蘇澤霖：〈地貌〉，《香港地理》，廣州：廣東科技出版社，1985 年，第 18–37 頁。

佈，來形容這個位於南中國海的小島。[41] 地理特質使居民聚集沿海，根據港府在 1841 年的人口普查，赤柱人口最多，有居民 2000 人，筲箕灣則有 1200 人，共佔當時全港總人口 7450 人的 43%，[42] 島上居民多以捕魚為生。自鴉片戰爭後，島上的人口不斷增加，由於平地不多，居民只好在陡坡上興建房屋。1851 年 12 月 28 日上環的文咸海旁發生大火，觸發了港府填海的構思，在沒有沿海土地業權爭執的情況下，港府輕易地實踐了移山填海創造土地的理念，在港島北岸締造了香港第一次填海的歷史。1851 年 12 月，華人聚居的上環文咸海旁發生火災，政府有機會推行首項大規模的移山填海工程，興建今天的文咸東街，[43] 彌補沿岸土地不足的先天缺陷。根據 2010 年香港特別行政區地政總署測繪處資料，全港陸地總面積約為 1104 平方公里，[44] 較 1898 年增加了 63 平方公里，佔全港總面積的 6%，這都是透過填海工程創造的空間，新增的土地主要位於城市的核心區域。

英方登岸以後，1841 年 6 月 14 日，公開拍賣東起自下環（今灣仔），西至上環的土地，一方面希望透過賣地獲取資金，另一方面利用商人開發港島。各大商行在首次賣地中熱烈競投海旁地段，反映了一眾商家均看好港島北岸的優勢，這也間接促成北岸成為日後的城市核心。既然政商界一致認為港島北岸具備發展條件，如何將當時西方城市規模，逐漸在小島上落實，政

41. Lord Palmerston, private letter to Charles Elliot, 21 April 1841, in British Foreign Secretary, Letters, edited by A.C. Benson and Lord Esher, London, 1908, vol I, pp. 261ff, see also Frank Welsh, *A History of Hong Kong*, London, Harper Collins Publishers, 1997, Introduction, p.1.

42. *Chinese Repository*《中國叢報》, Volume X, No. 5, in *The Hong Kong Gazette*, May 1841, p. 289.

43. 何佩然：《地換山移 —— 香港土地及海港發展一百六十年》，香港：商務印書館，2003 年，第 47 頁。

44. 香港的土地面積隨着填海造地的原因而不斷增加，不同年代的資料會因量度方法不同而有差別，根據 *Land Utilization in Hong Kong*, Hong Kong, Government Printer, 1966, p.1 的記載，1966 年全港面積只有 1032 平方公里，較 1899 年港府記錄的 1060 平方公里更少。2010 年的全港面積據香港地政總署測繪處編製的 2011 年版《香港街》，第 428 頁。

府重要部門的選址,以至基本配套設施的發展方向,均需作仔細的考慮。

1842 年 3 月 29 日政府成立委員會,米里歇斯上尉(Captain George F. Mylius)被委任為田土廳廳長(Land Officer),[45] 專責土地測量、土地評估,設計海軍基地、船廠、道路分佈,以及解決食水供應問題。1843 年 1 月港督砵甸乍委任工程人員亞歷山大·哥頓(Alexander T. Gordon)為香港的田土廳廳長及總量地官(Land Officer,Surveyor and Inspector of Roads),[46] 負責規劃城市的公共設施如政府建築物、道路、海堤、平整土地、食水及排污系統等工程。[47] 1843 年 7 月 6 日哥頓草擬了一份城市發展建議書,是港府首份城市規劃藍圖。[48] 哥頓看準了黃泥涌谷地廣闊的面積,建議以黃泥涌為城市中心區,中環及金鐘半山闢為政府山,灣仔摩利臣山(Morrison Hill)至中環沿海一帶修築海堤,以方便政府管治及經濟發展;而政府山至海岸一帶,因交通便捷,專供外商建立商貿基地。皇后大道以南則發展為華洋住宅區。1844 年 5 月 9 日哥頓正式被提升為總測量官。

哥頓的建城計劃,不但就政治、經濟、民用各方面提供了發展空間,平衡了各方面的利益,並將建城的重要工程如興建海堤、修築馬路等列入議程,基本上設計了十九世紀下半期以港島北岸、政府山以南及黃泥涌區為發展重點的方向,至於西區及南區均未在建成藍圖上提及,這也造成西區及南區較晚才被開發。哥頓將黃泥涌谷地列入城市核心區的建議,因該地地勢低陷,沼澤瘴氣充斥,恐影響健康,沒有被政府接受,其他建城規劃,其後

45. *The Friend of China and Hong Kong Gazette*, 31 March 1842.

46. *The Friend of China and Hong Kong Gazette*, 5 January 1843.

47. 1844 年港府成立總測量官署(Surveyor General's Office),1883 年總測量官署改稱工務司署,1891 年總量地官改稱工務司。*Hong Kong Blue Book*, Hong Kong, Noronha & Co., 1844-1892;Ho Pui-yin, *The Administrative History of the Hong Kong Government Agencies 1841-2002*, p.119.

48. CO 129/4, "Despatch From Colonial Land and Emigration Office," 9 December 1843, pp. 216-220.

一一被落實。[49]

　　十九世紀四十年代香港島主要的發展可分為幾個重要的部分，港島北部即現址中環、金鐘一帶的地區，是重要的軍政中心，集中了新成立的重要政府部門包括美利兵房、域多利兵房、軍火庫、軍事醫院、警署、船政廳、域多利監獄、郵局等，故該區又被稱為政府山；港島北面沿岸則為外資洋行發展貿易的據點，私人企業積極興建碼頭、船塢及貨倉；現址灣仔、跑馬地一帶則為墳場、宗教團體、學校的基地。[50] 十九世紀四十年代末期，模仿英國城市的建築，包括了 1846 年建成的政府總部美利樓、三軍司令官邸、香港會會所。1847 年奠基、1849 年建成的聖約翰教堂，建築物以歐洲式石柱、半圓拱的窗楣、幾何線條的門框裝飾，建成羅馬式鐘樓、哥特式尖塔、中古歐洲的堡壘。各建築不但外貌盡顯歐洲城市的風采，在功能上也以依從西方行政管理模式運作，使港島儼如一個英式的小城。

　　為保證洋人生活及商貿活動不受華人影響，早於 1841 年政府釐定土地發展政策時，已利用城市規劃的方法刻意分開華洋的活動範圍。1841 年 6 月 14 日政府在公開讓私人發展的土地中，將市場地段包括上市場（Upper Bazaar）118 幅面積各為 504 平方呎（14 呎 × 36 呎）及下市場（Lower Bazaar）150 幅面積各為 800 平方呎（20 呎 × 40 呎），共 268 幅的土地，列為華人活動地區。當時稱為上市場的地區是指現址鴨巴甸街以西，荷里活道以北，九如坊及歌賦街一帶；而下市場則為現址蘇杭街及文咸西街一段。港府容許華人用茅草或木材搭建臨時房屋，華人居住的區域，建築十分簡陋。由於人口密集，衛生環境惡劣，華人區與洋人活躍的中環差異很大。

　　當香港的轉口地位逐步建立，而大部分的經貿活動集中在中環的時候，中環的土地就變得彌足珍貴，設在金鐘、中環的港府部門，以及軍部的兵

---

49. *Historical and Statistical Abstract of the Colony of Hong Kong 1841-1930*, Hong Kong Government, Noronha & Co, 1932, p. 1.
50. 1842 Pottinger's Map, *Mapping Hong Kong*, pp. 160-161.

房，已佔去中區的大部分土地，故港府亟欲改變原先計劃，將位於中區商貿的中心地帶，面積約有 1.5 英畝的上市場收回作歐人商貿活動地區，以獲取更多的地稅，因此港府在現今水坑口以東，皇后大道中以南的太平山街一帶，另闢新的華人居住區域 —— 太平山區。太平山區繼上、下市場以後成了第三個華人聚居的地方。

位於中區的上市場，土地價格的升值潛力因而不斷提高。1843 年年底田土廳廳長哥頓將文咸海旁（Bonham Strand）至歌賦街一帶及上市場的地段重新拍賣。[51] 1844 年 1 月 22 日位於上市場內共二十七幅土地由歐洲人成功投得，政府並勒令上市場的商戶及居民在 1844 年 1 月 15 日起的六個月內遷出，[52] 上市場的華人需另覓地發展。[53]

政府在未經商戶同意下，重新拍賣上市場地段，引起華人不滿，港督砵甸乍在出售上市場土地後命令當時的裁判司威廉・堅吾（Chief Magistrate, Major William Caine）、撫華道郭士立（Registrar General, Charles Gutzlaff）及田土廳廳長哥頓組成委員會，解決上市場商戶安置問題，政府不但沒有考慮原華人業主利益，更聲稱首任田土廳廳長米里歐斯（George F. Mylius）簽發的地契只屬臨時性質，並無永久效用。當時的輿論對港府強逼華商遷離上市場，有極嚴厲的批評，甚至指政府為強盜。[54] 港府不但沒有理會反對的聲音，反而在 1844 年 7 月 25 日發表公佈，令上市場商戶於 1844 年 9 月遷出，上市場遂被納入歐人商貿區。

華商在完全沒有討價還價的能力下，只好接受港府的安排，在太平山區第 44 號及 78 號地段（約為現址水坑口街以東及城隍廟街以西一帶），重新建立家園，政府豁免受影響商戶年地稅，准其在 1849 年 1 月起才開始繳付

51. CO129/2, "Gordon to Pottinger," 19 December 1843, p. 445.
52. CO129/5, "Woosnam to Gordon," 10 January 1844, p. 69.
53. CO129/2, "Davis to Stanley," 26 July 1844, p. 435.
54. *The Friend of China*, 10 August 1844.

地稅，每戶並可獲 40 元賠償；[55] 惟港督砵甸乍認為一些從事不道德行業例如賭館、妓院的商戶不應獲得任何賠償。當時被政府安置的 112 戶中，只有 81 戶可獲得 40 元賠款。[56] 港府為是次的搬遷動用 5900 多港元作平整太平山區土地之用，太平山街及下市場一帶自此便成了華人聚居之所。港府總裁判官威廉‧堅吾更下令歐洲人，除警員以外，不准於華人聚居的地方居住。

　　華人社區的人口，隨着香港商貿發展及中國政局變遷而急增，居住環境衛生惡劣及治安愈來愈差。港府不斷利用填海工程，將維多利亞城的範圍沿港島北岸向東西兩邊伸展。1857 年，為方便管治，維多利亞城分為西營盤、下市場、太平山、中環、下環、黃泥涌及掃桿埔七個區域；[57] 1858 年增設石塘咀區，下市場被改為上環，共分八個區；[58] 1866 年黃泥涌區分拆為灣仔及寶靈頓兩個區域，增至九個區；[59] 1888 年再增設堅尼地城，維多利亞城共分十個區。[60]

55. CO 129/6, "Carrie, Gutzlaff and Gordon to Bruce," 21 May 1844, p. 444.

56. CO129/6, "Carrie, Gutzlaff and Gordon to Pottinger," 21 May 1844, p. 440.

57. "Return of the Population and of the Marriages, Births and Deaths," *Hong Kong Blue Book, 1857*, p. 134.

58. "Return of the Population and of the Marriages, Births and Deaths," *Hong Kong Blue Book, 1858*, p. 81.

59. A. J. Leach ed., *The Ordinances of the Legislative Council of the Colony of Hong Kong commencing with the Year 1844*, Hong Kong Government, 1890 edition, Ordinance no.7 of 1866, p.907.

60. John W. Carrington ed., *The Ordinances of Hong Kong prepared under the Authority of the Statut Laws* (1900 revised edition), Hong Kong Government, 1901, Ordinance no.13 of 1888, p. 296.

第三節

經濟活動

自由港　轉口港　南北行　鴉片貿易　苦力貿易
金融業　工業　輪船運輸業

香港憑其水深港闊，與內地毗連等地理優勢，在英國的自由經濟政策下，成功發展為國際轉口港。香港成為來自全球的貨物集散中心，商業貿易頻繁，更是人力流動的中樞地區，來自內地的苦力聚集在香港再運往東南亞、美國等地。同時，隨着轉口貿易的發展需要，香港的金融和航運業等相關的業務興起，促進香港經濟多元發展。

英國選擇香港為其在華的據點，是因為香港的地理環境優良，縱然香港缺乏天然資源，無法自給自足，英國仍發展香港。由於香港島北部有維多利亞港的優勢，適宜發展港口貿易，儘管可發展的土地有限，港府仍在北部建設維多利亞城。[61] 英國希望將香港打造成國際的轉口港，將來自不同地區的貨物和人流集中，再轉運至全球各地。

英國以自由港、轉口港的方向發展香港經濟，更對外宣佈香港為自由港口，更是免關稅的港口。在英國的殖民管治下，給予外國商人投資的信心，他們在港設立辦事處和總部，如英資的渣甸洋行（Jardine, Matheson & Co）、顛地洋行（Dent & Co.）、太平洋行（Gilman & Co.），美資的布殊洋行（Bush & Co.）、旗昌洋行（Russell & Co.），猶太人開辦的沙遜洋行（Sassoon & Co.）和印度人開辦的依巴拉謙洋行（A. Edrahim & Co.）等。[62]

至十九世紀中葉，因美國、澳洲出現「淘金熱」，香港從而成為苦力的

---

61. 余繩武、劉存寬：《十九世紀的香港》，第 238－239 頁；Endacott, *A History of Hong Kong*, p. 44.
62. 鄭宏泰、黃紹倫：《香港股史：1841－1997》，香港：三聯書店，2006 年，第 12 頁。

集散地，隨之「南北行」、「金山莊」的貿易漸漸蓬勃發展。「南北行」的貿易由在港華商經營，「南北」本是指華南、華北的地區，隨着香港的貿易版圖擴展，「南北」已伸展到南洋和美洲、歐洲等地的貿易。南北行的貿易是將南北兩地的貨物集中在香港，如北線的中國絲綢、藥材、土產及花生等，南線則包括南洋地區的香料、大米、珠寶等，再轉運從中賺取利潤。香港的南北行商人多是潮汕人，其最具代表性是乾泰隆行的陳煥榮和元發行的高滿華。[63]

「金山莊」是隨着愈來愈多華工出洋應運而生的貿易。金山莊本是指「辦莊」，由於金山（即三藩市）是主要的銷售地，所以又稱「金山莊」。辦莊專為華僑代買各種貨物和匯款，從而賺取佣金，特別是「淘金熱」的出現，往美國、澳洲的華人增多，更自成社區，他們對中國的商品、食物有一定的需求，故辦莊擔當採購和轉運的角色。其後金山莊更辦理華僑的匯款，並在金山等地設立商號辦理僑匯。另金山莊憑在海外的聯繫，漸漸代辦招募華工出洋的工作。在港經營金山莊以廣府人為主，最具代表是禮興號的李陞。[64]

南北行和金山莊的蓬勃發展，亦帶動香港的轉口貿易。1876 年全港南北行和金山莊共 315 間，至 1881 年增至 395 間。[65] 香港對美國的貿易有明顯增長，這與金山莊的貿易有密切的關係。香港的進出口量亦逐年增長，如在 1854 年共 443354 噸，至 1871 年增至 3235701 噸。[66] 至十九世紀末、二十世紀初，香港的轉口貿易逐步擴大。香港對英國貿易的依賴漸減，從 1883 年佔 74%，減至 1898 年的 66%。取而代之是對華貿易增加，同時歐洲、美國

63. 莫凱：〈現代貿易體系的成長歷程〉，王賡武主編：《香港史新編》（上冊），第 285 頁；張曉輝：《香港華商史》，香港：明報出版社有限公司，1998 年，第 9–10 頁；David Faure & Lee Pui-Tak, *Documentary History of Hong Kong: Economy*, Hong Kong: Hong Kong University Press, 2004, pp. 51-52.

64. 張曉輝：《香港華商史》，第 11–12 頁。

65. 同上註，第 13 頁。

66. 鄭宏泰、黃紹倫：《香港股史》，第 23 頁；Endacott, *A History of Hong Kong*, pp. 126-127.

的貿易亦漸為重要，這反映香港已步進國際轉口港的地位。[67]

鴉片貿易和苦力貿易是香港重要的經濟活動，更因這兩項貿易的帶動，令英國在港的殖民管治得以穩定發展。鴉片在十九世紀的世界歷史上扮演重要的角色，鴉片成為英國扭轉在華貿易逆差的商品。英國從印度將鴉片輸入中國，從而賺取中國的茶葉和白銀。外國商人則利用不平等條約內的治外法權，在華從事鴉片貿易。

鴉片貿易是香港初期的經濟支柱，洋行是販運、售賣鴉片的主要經營者。1847 年，鴉片的出口佔全港出口總值的 86.5%。[68] 1845 年至 1849 年間，印度出產的鴉片有 75% 輸往香港，約 40000 箱，總值 16000000 元，均存放在香港再轉運往中國各地。怡和洋行和顛地洋行更合作限制鴉片的供應量，防止其他洋行的介入，以保持鴉片貿易的利潤。[69]

1858 年《天津條約》簽訂，鴉片貿易合法化。1858 年，港府正式通過法例，香港可以將原只限於香港販賣的鴉片煙膏出口到其他地區。由是鴉片商行在港設立總部，香港成為鴉片貿易的集散和加工中心。如 1888 年香港入口 71512 箱鴉片，但本土使用只有 373 箱，餘下均是轉運到其他國家和地區，並以運往中國內地為主。[70] 鴉片貿易和販賣專利權更成為港府主要的財政收入，如 1845 年港府以 8520 元出售為期一年的鴉片專營權；至 1893 年鴉片收入佔港府財政收入的第六位。[71] 到十九世紀末，英國國內和香港都出現反對鴉片貿易的運動，以杜絕吸食鴉片的風氣，然而成效有限。

苦力貿易是十九世紀香港另一重要貿易。香港被英國管治後，因是自由港限制少，漸取代中國其他港口如廈門、汕頭等，成為主要的苦力轉口港。[72]

---

67. Endacott, *A History of Hong Kong*, p. 254.

68. 余繩武、劉存寬：《十九世紀的香港》，第 257 頁。

69. Endacott, *A History of Hong Kong*, pp. 130-131.

70. 余繩武、劉存寬：《十九世紀的香港》，第 261－262、293 頁。

71. Endacott, *A History of Hong Kong*, pp. 60, 256.

72. 余繩武、劉存寬：《十九世紀的香港》，第 263 頁。

苦力貿易在十九世紀中葉最為興盛，其範圍更遍及全球。1849 年和 1851 年，美國加利福尼亞州和澳洲分別發現金礦，故吸引大量勞工前往淘金。如 1854 年 5 月威廉‧堅吾指出，自 1 月 1 日起已有 5500 人往三藩市，2100 人往墨爾本，並有 21000 人在香港和廣州等待出發。[73] 另有估計，1852 年約有 30000 名華工從香港到加州，至十九世紀六十年代，加州華工更達 151000 人。[74]

隨着英國加快對其殖民地的開發，急需大量的勞動人力，故部分苦力由香港運往南美、東南亞等殖民地。早期苦力貿易以英商為主要參與者，如怡和洋行和顛地洋行等；另有經營美國苦力貿易的華商興和行。據統計在 1857 年至 1872 年，由香港運往美洲、澳洲和東南亞的華人苦力共 320349 人。從事販賣苦力的商行，每年約賺取 3400000 元。然而，苦力到目的地後多被人口販子拍賣轉售，他們會跟隨契約一併出售，其利潤更為可觀。[75]

苦力貿易的蓬勃開展，帶動香港的代理業、客棧等相關行業發展。苦力在外國工作，他們會將其薪金匯兌回家鄉，這亦促使香港的金山莊和金融業發展。[76] 而最具規模發展的是航運業，中國的帆船和西方的快船都是早期運載苦力出洋的主要交通工具。其後，西式輪船取代中式的帆船，由是船東亦成為苦力貿易的既得利益者。如 1854 年怡和洋行的苦力船每次出航，便可賺取 90000 元。[77]

香港的航運業因鴉片、苦力貿易得以發展，早期參與香港航運的以洋商為主，後華商亦加入經營。在不平等條約簽訂後，洋人可以在華自由貿易，西式的輪船業因而受惠。由於輪船載貨量大、速度較帆船快，更可獲投保，

---

73. Endacott, *A History of Hong Kong*, p. 128.
74. 余繩武、劉存寬：《十九世紀的香港》，第 265 頁。
75. 同上註，第 264、267－268 頁；可兒弘明著，孫國群、趙宗頗譯：《「豬花」——被販賣海外的婦女》，鄭州：河南人民出版社，1990 年，第 16－17 頁。
76. 張曉輝：《香港華商史》，第 11－12 頁。
77. 余繩武、劉存寬：《十九世紀的香港》，第 268 頁。

圖 5-2
十九世紀中期香港港口的
外國輪船與中國帆船

這對營商者有保障，更可減低運輸成本，故外國的輪船公司爭相開拓香港
的航線。如 1847 年，顛地洋行和怡和洋行建造兩艘輪船「廣州號」和「香
港號」，行走於廣州和香港之間。兩所洋行並於 1848 年創立省港小輪公司
（Hong Kong Canton Steam Packet & Co.），但因營運不當於 1854 年關閉。[78]

　　除了發展港穗間航運外，遠洋航運業亦在香港萌芽。半島東方輪船公司
於 1843 年從事香港的航運業務，開拓好望角與香港的航線，後開設香港與
上海的航線。至十九世紀五十年代初，半島東方輪船公司開辦香港與汕頭、
廈門等地的郵運、貨運和客運，並運送鴉片和金銀，如 1859 年運載 27577
箱鴉片，輸出白銀價值 18633522 元。[79]《天津條約》簽訂後，中國的國內市
場進一步對外開放，香港的航運業因而得益。十九世紀六十年代，共十三家
外國輪船公司在華營運，並在香港設立公司，以控制長江一帶的運輸生意。[80]

---

78. 同上註，第 242 頁；張曉輝：《香港華商史》，第 41 頁。
79. 余繩武、劉存寬·《十九世紀的香港》，第 243－244 頁。
80. 同上註，第 272 頁。

圖 5-3
1874 年 9 月太平洋郵船
公司的輪船在香港仔擱淺

　　1869 年蘇伊士運河開通，對全球的航運帶來重大的影響，東西方的航程縮短，創造了更大的商機。這吸引更多外國輪船公司在香港設立分公司或以定期航班到香港，如十九世紀七十年代中國泛太平洋輪船公司、太平洋郵輪公司和東西洋輪船公司加入香港與三藩市的航運；1880 年義大利郵船公司開拓香港航線等。同時，香港的帆船業未因外國輪船的加入而被淘汰，反之因轉駁的需要，帆船的數目仍有增長，如 1867 年進入香港的帆船 20787 艘，至 1898 年增至 29466 艘。[81]

　　隨着香港洋商經營航運業成功，華商亦加入競爭，但因清政府限制華人輪船的航道，所以早期華商多以投資洋行的航運生意，或以懸掛外國國旗、聘請洋人船員等方式，經營航運業務。至 1872 年，中國籌組中國輪船招商局，並在香港建分局，其部分資本來自香港的買辦，主要營運長江的航線。同時，華商開始自組輪船公司，如華商輪船公司（The Chinese S. N. Co,

81.　同上註，第 273-275 頁。

Ltd）、省港澳輪船公司、1894 年成立的香港泰安輪船公司。[82]

十九世紀末，華僑回國投資和清政府廢除《內港行程章程》，為華商自辦的航運業務帶來充裕的資本及有利的營商環境。華商開辦的輪船公司以經營省港運輸為主。1901 年省港輪船公司創辦，成功集資 100 萬元，備有「珠江號」。同年，有北安輪船公司和香江輪船公司的成立。1902 年香港四邑輪船公司創辦，公司由美、加華僑籌組。另外，1898 年華商成立天星小輪有限公司，打破洋商壟斷港島和九龍航運的局面。然而，相對洋行開辦的輪船公司，華商創辦的輪船公司規模較小，其經營的範圍亦限於省港之間。[83]

香港成為國際重要的轉口港，促使航運業蓬勃的發展，亦令相關的中轉貿易服務興起，包括貨倉服務和船塢維修等。隨着在香港轉口的貨物增多，中式的貨棧已不能迎合需求，1871 年香港貨棧公司成立，提供公共貨倉服務，更負責港口對外的駁運等。1886 年怡和洋行的埠頭貨棧與香港九龍碼頭倉棧貨船公司合併，籌組香港九龍倉棧公司，公司規模龐大，資金相當充裕。[84]

香港航運業發展，帶動碼頭和船塢的建設，藉以鞏固香港轉口港的服務質素。1874 年颱風襲港，令 185 艘船隻沉沒，更造成 4000 多人死亡，港督堅尼地（Arthur Edward Kennedy，1810－1883；港督任期：1872－1877）進行改善港口安全工程，包括在 1883 年完工的銅鑼灣防波堤，興建維多利亞碼頭等。十九世紀八十年代，香港貨棧公司自資興建兩個深水碼頭，為遠航輪船提供碼頭服務。[85]

另外，船塢業的興盛對轉口貿易尤為重要，香港雖有優良的海港，若缺

82.　同上註，第 273 頁；張曉輝：《香港華商史》，第 41－42 頁。

83.　張曉輝：《香港華商史》，第 41－44 頁。

84.　余繩武、劉存寬：《十九世紀的香港》，第 286 頁。

85.　同上註，第 286 頁；龍炳頤：〈香港的城市發展和建築〉，王賡武主編：《香港史新編》（上冊），第 225 頁。

圖 5-4
1874 年被颱風破壞的
黃埔船塢

乏足夠的配套亦無濟於事,來自遠洋的船需要維修和補給,所以船塢的發展
最為重要。十九世紀八十年代,香港已有五個船塢,最具規模的為香港黃埔
船塢和第一船塢。黃埔船塢創於 1863 年,由怡和洋行負責營運。該船塢具
規模,擁有各類造船、維修的機器,並建有二十一艘船舶,僱用近五千名員
工。第一船塢則於 1888 年成立,為香港商船和遠東船隻提供維修服務。[86]

　　隨香港中轉貿易的發展,對金融服務的需求大增,從而刺激香港金融業
的發展。在銀行業上,早期以外資銀行為主,他們的服務對象亦集中洋商。
1845 年 4 月,總行設於印度的東藩匯理銀行在港設分行,為香港首間銀行。
其時銀行主要為轉口貿易服務,提供信用保證、融資和匯兌的服務。1859 年
渣打銀行在香港設支行,是香港的發鈔銀行。1845 年至 1865 年,香港共有
十一所銀行。但 1866 年因印度孟買出現金融問題,觸發香港的分行擠提,

86.　余繩武、劉存寬:《十九世紀的香港》,第 287 頁。

圖 5-5　香港上海滙豐銀行

令六所銀行倒閉。[87]

　　1865 年籌組成立的滙豐銀行，改變了香港金融業為轉口貿易服務的模式，開拓中國的金融服務，從而發展多元化的銀行業務。《天津條約》簽訂，中國開放長江流域一帶的市場，洋商籌組一所設在中國或香港的銀行，以提供急需的金融服務，由是滙豐銀行在多名香港洋商的支持下成立。滙豐銀行的業務迎合在華洋商的需要，如為資金規模較小的企業提供達半年的票據支付期，更因其業務以東亞為主，所以未受 1866 年的擠提潮影響。[88]

　　蘇伊士運河的開通、歐亞間電報通訊的發展，推動了歐亞的貿易。香港作為國際性的轉口港，亦吸引不少外資銀行前來成立分行，如 1884 年法國東方匯理銀行在港成立，其後更有日本、美國等地銀行在港設分行，從而拓展其銀行業務至中國及東南亞殖民地。[89] 另香港銀行經歷多次的業務危機

87.　周亮全：〈香港金融體系〉，王賡武主編：《香港史新編》（上冊），第 339－340 頁；余繩武、劉存寬：《十九世紀的香港》，第 244－245 頁。

88.　參與的洋商包括顛地洋行的崇利（F. Chomley）、美國瓊記洋行的夏爾德（A. eard）、德忌利士洋行的拿蒲那（D. Lapraik）、沙遜洋行的沙遜（A. Sasson）。余繩武、劉存寬：《十九世紀的香港》，第 276－279 頁；周亮全：〈香港金融系〉，第 330 頁。

89.　余繩武、劉存寬：《十九世紀的香港》，第 179－180、279 頁；周亮全：〈香港金融體系〉，第 340 頁。

後，開始發展多元化的金融服務，包括存款、放貸、發鈔等範疇。銀行業界意識到存款是穩定銀行基業的部分，1879年銀行存款總額7068600元，至1899年增至23882000元。貸款業務上，部分銀行更為清廷提供貸款，如1877年滙豐銀行為清政府提供500萬兩貸款，清廷則以海關關稅作擔保。[90]

西方銀行服務對象以洋人為主，由是華商的金融需要則依賴傳統的銀號。在香港經營銀號者以廣東人為主，包括瑞吉銀號、天福銀號、泰新銀號。至1885年，香港有二十多家銀號，1890年增至三十多家，主要從事匯兌和兌換的業務。香港的銀號服務對象是華商，所以多設於上環地區，後為了進一步擴充業務，開始從獨資經營轉為合夥，更開始為洋商提供服務，開拓新的客源，為傳統的銀號注入西方銀行的色彩。[91] 然而，西式銀行的開辦需要大量的資金，所以香港華人自辦的西式銀行直到民國成立後才出現。

保險業亦因轉口貿易的需求而在港發展。早在1804年，怡和洋行和顛地洋行管理的諫當保險行在廣州成立，1834年改為怡和洋行自行經營，其受保地區更擴至倫敦、印度等地；1866年英商在港創辦香港火險公司。華資的保險公司於十九世紀七十年代相繼成立，如1871年創辦的華商保安公司。1877年，何亞美和李陞等籌組的香港安泰保險公司，公司接受往返香港、澳洲、新加坡等地的船隻投保。1899年，義安水火保險公司成立，其資金充裕，更在南洋、美國等地設立分行。[92]

香港因缺乏天然資源，所以在英國的計劃下，香港以轉口貿易為經濟命脈，港府很少投放資源發展工業。香港初期最為觸目的工業是造船、修船業，這亦與港口貿易有密切關係，如1900年香港已有八家造船公司，包括

---

90. 余繩武、劉存寬：《十九世紀的香港》，第281-282頁；周亮全：〈香港金融體系〉，第342頁。

91. 張曉輝：《香港華商史》，第25-27頁。

92. 余繩武、劉存寬：《十九世紀的香港》，第284-285頁；張曉輝：《香港華商史》，第34-35頁。

黃埔海塢公司、太古機器船塢公司、1895 年華商自辦的廣福祥機器船廠。[93]
另有製糖、麻繩廠等工業，如 1868 年唐景星等人租用怡和洋行的土地，開
辦煉糖廠，後為怡和洋行接辦，改名為中華火車糖局。1881 年太古糖房落
成，糖房由太古洋行營運。[94] 然而，相對洋商的工業，早期華商的工業以手
工業為主，如萬隆糖薑工廠、和盛祥涼果廠等。至十九世紀九十年代，才出
現機械式生產的華資工廠，包括藝新機器廠、大成機器造紙有限公司等。[95]

　　香港在英國的計劃下，在十九世紀末、二十世紀初成功發展為國際轉口
港。鴉片和苦力貿易推動早期香港貿易發展，奠定香港轉口港的地位，更帶
動相關行業的興起，如航運業、金融業等。同時，隨着航運業和金融業進一
步發展，深化香港轉口服務的完備，讓香港的國際轉口港地位得以鞏固。相
對轉口貿易的發展，香港工業在早期的發展較為遜色，並停留於始創的階層。

第四節

社會風貌

人口結構　保甲制　公共衛生條例　市政工程

香港商會　東華醫院

　　香港的大規模開發，吸引了原居於華南地區的華人前來，建立香港以華
人為主的社會。但港府的官員以英人為主，他們在管治華人時面對文化、風
俗差異等問題，由是港府初期沿用中國傳統的保甲制，以達「以華制華」的
管治目標。然而，人口增長不穩定，為香港帶來不少的社會問題，包括治安

93.　余繩武、劉存寬：《十九世紀的香港》，第 298 頁；張曉輝：《香港華商史》，第 52 頁。

94.　余繩武、劉存寬：《十九世紀的香港》，第 299 頁。

95.　張曉輝：《香港華商史》，第 52－53 頁。

惡化、娼妓普遍等。隨着香港經濟發展，港府漸漸改變對華人的管治方式，並投入有限的資源，改善香港市政和基本建設。因應香港的社會問題，各類型的社會團體亦紛紛成立，華人團體如行館、團防局、東華醫院、保良局等；西人團體如商會成立等，各自回應和解決社會的需求。

　　早在英國佔領香港前，港島區的赤柱、黃泥涌等已有村落，其居民多以捕魚為生。[96] 1841 年 5 月，香港華人共 7450 人，其中 4350 人是居住在村落的原居民，2000 人住在船上，餘下是工人和小商販。[97] 至 1842 年 3 月，香港人口增至 12361 人，約一半的人口居住在維多利亞城。[98] 其後香港人口持續增長，至 1845 年香港人口已增至 23817 人，其中歐人 595 人，印度人 362 人，華人則佔全港總人口的 96%。[99]

　　殖民管治初期，港府需要大量廉價勞工建設香港，所以沒有限制華人移民的湧入。香港人口增長的速度，受到中國政局變化影響。特別在十九世紀五十年代後期，太平天國起義令香港人口迅速增多。1853 年香港人口共 39017 人，至 1855 年急升至 72607 人，及後 1860 年更上升到 94917 人。1866 年《北京條約》簽訂後，香港總人口約 115098 人。1881 年，港府進行人口普查，香港人口達 152858 人，到 1891 年人口增至 217936 人。二十世紀初，由於受《中英展拓香港界址專條》的簽訂及其他因素的影響，1898 年香港人口突破 30 萬。1901 年香港總人口為 368987 人，其中港島和九龍人口 283975 人。[100]

　　香港人口結構以華人為主，佔總人口 95%。1865 年，香港總人口 125504 人，其中華人共 121497 人，非華人人口為 4007 人。至 1886 年，香

---

96. 冼玉儀：〈社會組織與社會轉變〉，王賡武主編：《香港史新編》（上冊），第 157 頁。
97. Endacott, *A History of Hong Kong*, p. 65.
98. 余繩武、劉存寬：《十九世紀的香港》，第 337－338 頁。
99. Endacott, *A History of Hong Kong*, p. 65.
100. 余繩武、劉存寬：《十九世紀的香港》，第 339－340 頁。

港總人口 181432 人，其中非華人人口 10142 人，華人人口 171290 人。至 1911 年，香港總人口更達 456739 人，其中華人已有 444664 人。[101] 同時，香港男女人口比例失衡情況嚴重，如 1881 年華人人口共 148800 人，其中男性 105800 人，女性只有 43000 人；至 1901 年港島區和九龍區的華人總人口為 274500 人，其中男性 200300 人，女性則只有 74200 人。[102]

再者，香港人口的死亡率和出生率差距很大，這與性別比例不均和社會結構有關。香港的出生率偏低，特別是華人出生率較非華人為低，如 1891 年華人出生率為 7.13%，非華人出生率為 19.53%。[103] 這是因為在港的華人以男性為主，他們單身到港發展，是暫住性質，所以香港的華人出生率很低。相反，因為居住環境擠迫、缺乏醫療、衛生設施等，香港的死亡率很高，1880 年至 1893 年，每年平均死亡率達 26.47%。[104]

英國採取「以華制華」的方法處理華人事務，保留早已在港實行的保甲制度。1841 年 2 月 1 日，英國頒佈告示「凡有長老治理鄉里者，仍聽如舊」，並「責成鄉里長老，轉轄小民」。[105] 保長、甲長由鄉民選出，他們直屬警察巡理府，授予警察的執法權力，以維持社會秩序。然而，保甲制度在香港固有的村落如赤柱、薄扶林等早已實行，所以仍行之有效，但該制度在移民人口集居的中環、上環地區，因人口流動性太大，而無法有效執行。1853 年，港府通過《華僑地保例》，將地保的權力擴展至排解華人商業、地區日常糾紛。港府設立地保可避免直接介入華人的紛爭，防止因文化和價值觀不同而引發的反抗。[106]

101. Endacott, *A History of Hong Kong*, pp. 183, 252, 276.
102. 余繩武、劉存寬：《十九世紀的香港》，第 348 頁。
103. 同上註，第 347 頁。
104. 同上註，第 349 頁。
105. 丁新豹：〈歷史的轉折〉，第 95 頁。
106.《華僑地保例》規定在港督的批准下，各區的納稅人可選出十至二十四名評審員，並從中選出一人任地保之職。同上註，第 96 頁。

　　第二次鴉片戰爭爆發後，香港的反英情緒高漲。由是港府於 1857 年實行「華人登記及調查戶口」，更強化保甲制度，加入中國的「連坐法」，從而達到互相監視和牽制的管治效果，防止反英、反港府的暴動爆發。其方法是十戶的居民選出一名甲長，再由港督任命。甲長負責該區的治安，他擁有警察的權力，可以搜查或調查可疑人士，並須向總登記官（Registrar General）撫華道（Chinese Secretary）匯報華人事務。但甲長一職因殖民地部反對在港對個別種族施行不同的管治政策，於 1858 年被撤銷，1861 年保長制度亦被廢除。[107]

　　羅便臣（Hercules Robinson，1824－1897；港督任期：1859－1865）任港督時，改變港府對華人的政策，加強港府與華人間的溝通。首先，他整頓港府高級官員，罷免因與華人海盜勾結的總登記官兼撫華道高和爾（Daniel R. Caldwell，?－1879），[108] 並設立「官學生制度」。這制度是從英國揀選年輕人到東方接受共五年的中文及政治培訓，以改善港府對華人的施政和溝通。同時，出版中文《憲報》，讓華人了解港府政令。[109]

　　地保制度廢除後，管理華人事務的責任由總登記官負責。然而，東華醫院成立後，醫院漸成為華人與港府間重要的中介人；華人伍廷芳獲委任入立法局，總登記官的設立更形同虛設。至 1882 年，英國強調華人的意見應直接向港督反映，並加強總登記官的職權，更委任懂中文又獲華人信任的史釗域（C. E. Stewart）擔任。其後，港督寶雲委任總登記官為行政局和立法局的官守議員，藉以凸顯其地位和重要性，亦表明港府對華人事務的關注。1913 年，總登記官改名為華民政務司（Secretary for Chinese Affairs），並列任各華人團體如東華醫院、保良局等的主席。[110]

107. 丁新豹：〈歷史的轉折〉，第 96－97 頁。

108. Endacott, *A Biographical Sketch-Book of Early Hong Kong*, pp. 97-98.

109. 丁新豹：〈歷史的轉折〉，第 98－100 頁。

110. 同上註，第 100－101 頁。

　　香港的市政問題，包括居住環境擠迫、市政設備不足等，與港府缺乏完善的城市規劃有關。香港的人口增長受到內地政局變化的影響，港府無法預算人口的增長速度和時段。加上，早期華人以暫居為主，所以港府在初期財政不足的管治環境下，對市政的投入十分有限；及後人口的過度增加，港府亦未能作出即時的措施應付，由是香港市政問題日趨嚴重。香港的居住擠迫與人口結構有密切的關係，香港的華人移民為了方便找尋工作和上班，多居於維多利亞城。由是香港的華人人口過度集中，如 1881 年住在維多利亞城有 102385 人，佔總華人人口 86%。[111]

　　同時，香港的衛生、健康問題，一直受歷屆殖民地醫官（Colonial Surgeon）所指責。如殖民地醫官艾爾斯（Phillip Bernard Chenery Ayres；殖民地醫官任期：1873－1896）在 1874 年指出港府「必需改善渠務，制定有關法規，以監管貧苦華人的居住衛生 …… 否則疫症將會在港爆發，最後香港只會獲得疫埠的污名」。[112] 1881 年衛生工程師翟維克（Osbert Chadwick，1844－1913）到港調查香港的居住環境與衛生情況，他指出「香港的衛生狀況欠理想，需要有效的矯正措施。而且香港的死亡率高，平均死亡年齡均屬年輕」。[113]

　　翟維克報告揭露香港華人的居住環境擠迫和衛生惡劣的情況，下層華人只要求租金低廉，不會計較居住環境的優劣；業主為了賺取最多的金錢，盡量將所有空間分割為細小的房間出租。業主物盡其用，將閣樓、陽台改裝為房間，每層最多只有兩扇窗，光線不足，空氣亦不能流通。而且，華人住宅缺乏完善的渠務系統，除了明渠及每幢樓宇有一條分渠是由港府接駁外，其他現存的管道全是華人非法加建。這些水管的容量小，容易淤塞，令有害氣

---

111. 余繩武、劉存寬：《十九世紀的香港》，第 342 頁。
112. Hong Kong Government, *Colonial Surgeon's Report for 1874*.
113. O. Chadwick, *Mr. Chadwick's Report on the Sanitary Condition of Hong Kong: With Appendices and Plans*, S. l.: s. n., 1883, p. 4.

體從水管向屋內釋放。[114]

翟維克向港府提出一系列的改善建議。在居住方面，他建議港府制定全盤的住屋計劃，禁止閣樓作居住用途，限制房間應有的窗戶數目等。[115] 渠務安排上，港府應在賣地前完成所有基本建設，包括鋪路及管道等，而現存的管道需要重鋪。翟維克指出下層華人的住所十分污穢，由於他們是暫居，所以縱然居住環境衛生再惡劣也不在乎。翟維克直接道出港府須承擔改善華人居住環境衛生的責任，包括興建合規格的樓宇，他更忠告：「若再拖延，不可抵抗的疫症將會出現。」[116]

港府對翟維克報告作出回應。1883 年港府成立潔淨局（Sanitary Board），負責清理街道、檢查樓宇、管理香港的居住環境和執行防疫的措施等。[117] 潔淨局未能有效執法，如從《1887 年公共衛生條例》（Public Health Ordinance, 1887）通過時華人的反對理由，可反映其時香港的社會情況。該條例是鴉片戰爭以來，最具規模改善香港居住環境衛生的法例。[118] 條例首讀後，即遭受華人非官守議員何啟反對。何啟指責議案與現實不符，忽略下層華人的經濟能力，漠視業主的利益。他認為議案是港府將歐人的生活準則套入華人的生活，等同「要求華人食麵包、牛排，代替白米和豬肉」，忽視華

---

114. 同上註，第 10－12 頁，第 15－16 頁。

115. 同上註，第 29－30 頁。

116. 同上註，第 5 頁。

117. Y. W. Lau, *A History of the Municipal Councils of Hong Kong 1883-1999: From the Sanitary Board to the Urban Council and the Regional Council*, Hong Kong: Leisure and Cultural Services Department, 2002, pp. 24-25.

118. 《1887 年公共衛生條例》內容包括制定潔淨局的架構及職能、瘟疫爆發時潔淨局的權力、渠務系統的鋪設、房間應有的窗戶、地下室和廁所等的要求、各樓宇間的距離、界定成人應有 300 平方公尺的居住空間。Hong Kong Government, "A Bill Entitled an Ordinance for Amending the Laws Relating to Public Health in Colony of Hong Kong," *Hong Kong Government Gazette*, May 7, 1887.

洋文化的不同。[119]

　　另外，在港華商亦向港府呈交請願書，表達對條例的不滿。他們指出因為港府頒佈尊重華人風俗習慣的訓令，才「慕此仁風懷斯善政」，來港投資及工作。但這議案令「商賈聞而色變，士庶見而心驚」，議案觸及華人生活習慣，若立法「則人人皆犯禁，日日皆受罰」。而議案通過租金必「倍加」、令貧民「非減食以補租，即攜家而離港」。[120] 最後，在華人極力的反對下，公共衛生條例大幅刪除通過，令條例失去其原有的意義。由是可見，香港的市政、衛生問題涉及社會現實的需要，必須港府直接介入如興建合規格的樓宇等，才能根治有關的問題。

　　香港成為人口數十萬的國際轉口港。港府除引入不少西方社會組織外，亦保持了中國傳統的社會組織，並因為西方文化的影響，令香港產生具西方功能與中國傳統特色的華人社會團體。這些華人社會組織針對香港的社會問題而成立，為港府分擔照顧社會的責任。

　　早期香港華洋社會有明顯的分界，有各自的活動範圍和社交圈子。1846年，在港洋人組成香港會所（Hong Kong Club），會員為英人公務員、商人和軍人。會所提供西方的休閒活動，是洋人工餘時聚集的場所。會所有嚴格的入會限制，中、下層的洋人與華人均被拒之門外。另洋人在香港成立了具西方特色的組織，如帆船會、艇會（Victoria Regatta Club）、香港木球會（Hong Kong Cricket Club）等西式運動組織，同樣只限洋人加入。[121]

　　在商業組織上，洋商於 1861 年 5 月 29 日，自組香港商會（Hong Kong Chamber of Commerce），因只限洋商加入，又稱「西商會」。商會旨在維持

---

119. Gerald Hugh Choa, *The Life and Times of Sir Kai Ho Kai: A Prominent Figure in Nineteenth-Century Hong Kong*, 2nd ed., Hong Kong: Hong Kong Chinese University Press, 2000, pp. 95-96.

120. CO 129/237, No. 9, January 11, 1888, From Des Voeux G. W., Public Health Bill- Forwards Petition of Chinese Community against, with memo by Surveyor General, pp. 16-33.

121. 冼玉儀：〈社會組織與社會轉變〉，第 159－160 頁。

商業利益，仲裁會員間的糾紛。由於香港商會的會員包括怡和、顛地等洋行的大班或經理，他們手執香港經濟命脈，故多次成功為香港的商業投資和利益與港府交涉。香港商會更於 1881 年，獲港府授權提名一名會員進入立法局任非官守議員，這凸顯了香港商會的社會地位。由是香港商會除了具商業意義的組織外，更具有政治的權利，是受港府認同和重視的組織。[122]

洋人建立的社會組織或團體不接受華人的加入，同樣華人的社會組織或團體亦拒絕洋人的參與。香港華人社會組織中，最早出現的是行會。行會是中國傳統已有的基本社會組織，成立目的是維護同業間的利益。在轉口貿易蓬勃發展下，香港出現最具影響力的行會——「南北行公所」。1868 年南北行在文咸西街設立公所，其目的是「立行規，守商德，崇道義，重言諾，樹以楷模，重為典則」。[123] 南北行公所不受中國傳統的地緣、方言所限，會員來自不同的省份，包括粵人招雨田、馮平山、潮州人高滿華等。同時，南北行公所更負起服務社會的責任，組織更練團保衛商行財物、購買消防車等。[124]

文武廟是十九世紀另一具影響力的社會組織。文武廟由盧貴、譚才等人籌備，1847 年建成。文武廟是一所供善信參拜的寺廟，並具維持社會秩序的功能，負責管理文武廟的值理全是顯赫的華人領袖，包括鴉片商人、建築商人或南北行行商。文武廟的值理操控所有華人事務，更包括接待中國官員，協助清廷在港進行捐官事務等。[125]

由於早期香港治安欠佳，所以居住在五環的華人自行組織更練團，保衛家當和生命。1866 年，各區更練團聯合成立團防局，團防局獲港府認可，由

---

122. 同上註，第 161－162 頁；周佳榮、鍾寶賢、黃文江編著：《香港中華總商會百年史》，香港：香港中華總商會，2002 年，第 7－8 頁；Endacott, *A History of Hong Kong*, pp. 119, 176.

123. 冼玉儀：〈社會組織與社會轉變〉，第 164 頁；Faure & Lee, *A Documentary History of Hong Kong: Economy*, pp. 49-51.

124. 冼玉儀：〈社會組織與社會轉變〉，第 164 頁。

125. 同上註，第 165、167 頁。

總登記官管理，其角色是協調港府參與華人事務，如維持華人的治安、協助港府對華人作人口統計、幫助找尋被販賣的女性等。1891 年，總登記官史超域加強團防局的權力，成立十二人的委員會以示監察，團防局從而成為港府的華人諮詢機構。由是，團防局局紳亦晉升為華人領袖，獲華人社會的敬重和港府的信任。[126]

東華醫院是十九世紀香港最具影響力的華人組織。東華醫院的成立與廣福義祠有關，廣福義祠建於 1851 年，原為擺放神主牌及靈柩的地方。後因華人病危不往國家醫院（Government Civil Hospital）求診，義祠因而成為他們容身之所。這令義祠的衛生日益惡化，被香港和英國報章大肆報道，迫使港府面對。港督麥當奴認為只有興建華人醫院，才可解決義祠的問題，後港府捐出 115000 元興建醫院。1872 年 2 月 14 日東華醫院落成，以中醫免費醫治華人。東華醫院由董事局管理，首屆董事局共十二人，包括買辦、南北行行商、金山莊行商和行會等代表。[127]

東華醫院可收容 80 至 100 人。[128] 東華醫院的入住率高而死亡率亦高，如1883 年 1479 人入院，死亡人數共 759 人，死亡率是 51.3%；1886 年 2048人入院，死亡人數 1109 人，死亡率達 54%。[129] 這反映東華醫院等同義祠，成為病危華人最後的容身之所。東華醫院受華人的歡迎，因為醫院是以中醫治病，免除華人對解剖的懼怕，還有醫院提供免費的殯葬服務。其後東華醫院接管了義祠，服務範圍擴大至運送在港華人及海外華人靈柩回鄉，幫助被拐

---

126. 丁新豹：〈歷史的轉折〉，第 93 頁

127. Elizabeth Sinn Yuk-Yee, *Power and Charity: The Early History of the Tung Wah Hospital, Hong Kong*, Hong Kong: Oxford University Press, 1989, pp. 18-22, 32-37, 51. 董事局成員有：買辦：梁鶴巢、羅堯基、蔡龍之、陳瑞南、陳定之；元發行的高滿和、廣利源行鄧鑒之、英華書院黃勝、美隆楊璦石、建南何斐然及和興李玉衡。

128. Sinn, *Power and Charity*, pp. 50-51.

129. Hong Kong Government, *Colonial Surgeon's Report 1883-1886*.

圖 5-6　1900 年東華醫院局紳出席保良局院舍落成典禮

婦孺及窮困的華人。[130] 由是，東華醫院漸漸處理所有的華人事務，成為普羅華人爭取福利的華人團體。

　　東華醫院為解決華人醫療需求而成立，保良局則是為解決香港娼妓、人口拐賣問題而成立的團體。由於香港男女比例失衡，令娼妓業發展蓬勃，更出現拐賣婦女、逼良為娼的情況。不法份子乘香港轉口港的便利，從內地誘騙婦女到香港，再轉賣到南洋等地，其利潤更可觀。由於愈來愈多婦女被拐騙到港，港府開始壓制販賣婦女的活動。在港府的努力下，部分婦女重獲自由，但她們多是被騙到港無法返回家鄉。由是華人領袖發起籌建保良局，為

130. Sinn, *Power and Charity*, pp. 62-63, 69-71.

這群婦女提供安身之所。1878 年保良局成立，其宗旨是「保赤安良」。由於
部分被拐的女童年幼，保良局為她們提供讀書的機會，教導她們一些謀生的
技能，更會為她們安排結婚對象。[131]

　　至十九世紀八十年代，香港出現新興的華人領袖，他們是接受西方教
育，成功晉升為受英人認同的領袖階層，如西醫醫生兼律師何啟等。他們在
香港開始組織一些具西方特色的團體，如 1892 年楊衢雲（1861－1901）和
謝纘泰（1872－1938）組成輔仁文社，作為宣揚政治改革的場所。他們都接
受西方教育，謝纘泰曾在中央書院讀書。輔仁文社與辛亥革命關係密切，二
人亦協助孫中山在港成立興中會，楊衢雲更任興中會的主席。[132]

　　在商業組織上，華人在 1896 年 1 月 17 日成立「中華會館」，為華人商
會。中華會館改變過往華商各自為政的慣例，共同商議利益。[133] 1897 年，謝
纘泰建議籌組華商會所（The Chinese Club），成員是接受西方教育的商人，
何東（1862－1956）出任主席一職。華商會所是一個讓華商聯誼的地方，
會址初設於雲咸街，後遷往皇后大道。[134] 1900 年，另一批華商發起組成華商
公局（The Chinese Commercial Union），以進一步團結華商。華商公局獲
華人的認同，公局多次為華人民生問題與港府交涉。然而，華商公局一直未
能立案，故在 1913 年 11 月 22 日合併入華商總會（The Chinese Chamber of
Commerce），並由劉鑄伯（1866－1922）出任主席。[135]

　　香港是一個華洋共處的社會。英人要管治一群華人面對很多的問題，包
括文化、風俗的差異，更加上香港華人人口增長不平均，由是產生很多社會
問題，如居住環境擠迫、衛生惡化、性病蔓延、婦女被拐賣等。港府雖曾嘗

131. 可兒弘明：《「豬花」──被販賣海外的婦女》，第 49、54－55 頁。
132. 冼玉儀：〈社會組織與社會轉變〉，第 176－177 頁；Faure & Lee, *A Documentary History
　　 of Hong Kong: Society*, pp. 89-90.
133. 周佳榮、鍾寶賢、黃文江編著：《香港中華總商會百年史》，第 7－8 頁。
134. 同上註，第 8 頁。
135. 同上註，第 9、13－17、28－29 頁。

試改善部分問題，如成立潔淨局糾正香港的居住和衛生情況，但成效有限。同時，隨着經濟的改善，社會上有識之士組成不同的團體，以解決和回應大眾的需要，如東華醫院、保良局、團防局等，都是針對香港社會問題而成立，為港府分擔照顧社會的責任。

第五節

教育事業

中央書院　香港西醫書院

　　初期，香港的教育事業包括了中國傳統的私塾，又稱「卜卜齋」，教授中國傳統的經學知識；另有教會開辦的西式學校，教授西方知識，是香港西式教育發展的先驅。因香港商業發展，需要大量具有西方知識、懂英語的華人，所以對西式學校的需求增加。在理雅各布（James Legge，1815－1897）的建議下，港府首間官立學校 —— 中央書院開辦，以教授西方實用知識。至1887 年，一群在港行醫的西醫醫生倡議香港華人西醫書院成立，發展西醫醫療教育，培訓華人西醫醫生，從而使普羅華人接受西醫。

　　香港最早的教育是由新界鄉村所推動的中國傳統學塾。氏族以其祠堂作教學的地方，有些大族更自建書室作獨立的教學用途，如屏山鄧氏建有覲廷書室，錦田有周王二公書院等。鄉村學塾負起啟蒙學童的責任，讓族中子弟學習聖賢知識，更藉以栽培才學俱備的子弟準備科舉考試，寄望他們可以高中「光宗耀祖」，然而能應考縣試的童生是十分少的。[136]

---

136. 吳倫霓霞：〈教育的回顧（上篇）〉，王賡武主編：《香港史新編》（下冊），第 419－421 頁；陸鴻基：《從榕樹下到電腦前 —— 香港教育的故事》，香港：進一步多媒體有限公司，2003 年，第 13－15 頁。

西式教育最早由教會引入香港。英國確立對香港的殖民管治後，各教會紛紛將其總部從澳門等地遷至香港，如倫敦傳道會和馬禮遜教育會（Morrison Education Society）等。教會在港辦學目的是培訓華人傳教士，從而進一步拓展在華的傳教活動。早期教會在港開辦數所學校，包括馬禮遜紀念學校（Morrison Memorial School）、英華學校（Anglo-Chinese School）、由史丹唐（Vincent Staunton）開辦的寄宿書院聖保羅書院（St. Paul's College）、英華女學校（Anglo-Chinese School for Girls）、拔萃書室（The Diocesan Native Training School）、華人神學院（Seminary for Chinese Clergy）等。[137]

至 1859 年，教會學校數目銳減，從十多所減至三所。這與社會對教育的需求有關，華人到教會學校求學，是為了學習英文，以便日後找到高收入的工作，所以他們學懂英語後便退學。再者，第二次鴉片戰爭期間，香港的反英情緒高漲，華人學生紛紛退學，教會學校亦被迫關閉。[138] 教會早期在港辦學雖不成功，卻培養了一群精通英語的華人領導，他們更成為中國現代化發展的重要人物，如黃寬（1829－1878）、容閎（1828－1912）等。

殖民管治初期，港府沒有意識在香港施行長遠的教育政策。1845 年，港府中文秘書（Chinese Secretary）郭士立（Karl Gutzlaff，1803－1851）建議港府每月向鄉村中文學校資助十元，港府從八所鄉村中文學校，選出位於維多利亞城、赤柱和香港仔的三所給予資助。港府的資助可顯示對香港教育和中文教學的重視，爭取普羅華人的民心，而其開支只佔港府總開支不到 1%。[139] 1847 年 12 月，港府成立「教育委員會」（Education Committee），監

---

137. 方美賢：《香港早期教育發展史》，香港：中國學社，1975 年，第 17－19 頁。

138. 吳倫霓霞：〈教育的回顧（上篇）〉，第 432 頁；Sweeting, Anthony, *Education in Hong Kong Pre-1841 to 1941: Facts and Opinion: Materials for a History of Education in Hong Kong*, Hong Kong: Hong Kong University Press, 1990, p. 148.

139. 吳倫霓霞：〈教育的回顧（上篇）〉，第 425 頁；陸鴻基：《從榕樹下到電腦前》，第 36 頁；Endacott, *A History of Hong Kong*, pp. 135-136.

管受資助的鄉村中文學校，訂立以學生人數作為資助的原則，首年受資助的學校，共九十五名學生。[140]

1852 年，教育委員會改組，聖公會史密夫（George Smith）任主席，其他成員均由教會人士擔任。教育委員會將教授中國經學的時間縮減，並加入教授聖經和西式學科如地理、數學等。[141] 至寶靈在任期間，受資助的學校由最初三所增至十九所，學生人數從 102 人增加到 937 人，港府在教育的支出亦從 125 英鎊上升至 1200 英鎊。[142] 然而，大部分資助學校的學生人數是虛報的，因為教師的工資是按收生多寡而定。加上，政府資助學校的教師薪金較低，師資質素並不理想，如有教師私自挪用學生的資助金等。[143]

1857 年，港府委任羅士列（William Lobscheid）為官校督察（Inspector of Government Schools），以巡查各受資助學校的教學情況。1860 年，教育委員會改組為教育諮詢委員會（Board of Education），擁有更大的權力處理香港教育事務，包括撤換、委任校長等。[144] 同時，理雅各布提出教育改革議案，建議港府將維多利亞城數所學校合併，並聘請歐人監督管理學校，以建立具規模的官立學校。港府接納並於 1862 年自辦中央書院。[145]

由於港府將大部分的資源投放在中央書院上，故削減對鄉村中文學校的資助，並關閉學生較少的學校。至 1868 年，港府推行政府輔助鄉村學校（Government Aided Village Schools）政策，由鄉村提供校舍和教師，港府則

---

140. 四十名就讀於維多利亞城，二十四名於赤柱，香港仔則有三十名學生。Endacott, *A History of Hong Kong*, p. 136.

141. 吳倫霓霞：〈教育的回顧（上篇）〉，第 425－426 頁；方美賢：《香港早期教育發展史》，第 14 頁。

142. Endacott, *A History of Hong Kong*, p. 138.

143. 方美賢：《香港早期教育發展史》，第 26－27 頁。

144. Sweeting, *Education in Hong Kong Pre-1841 to 1941*, pp. 148-150.

145. "The New System prepared by the Rev. Dr. Legge," *Hong Kong Gazette*, 1861, pp. 106-107, quoted from Sweeting, *Education in Hong Kong Pre-1841 to 1941*, pp. 185-187；吳倫霓霞：〈教育的回顧（上篇）〉，第 426 頁。

每月資助 5 元，以減少政府的支出，亦可達到推廣教育的效果。但執行的情況不如理想，部分學校過於偏遠，而港府的資助亦多用作教師的薪金。[146]

1870 年，英國國內通過對辦學團體的資助，以實行普及教育，港府亦擴大對其他辦學團體的資助。1873 年，史釗域推出補助法規（Grant Code），港府對受資助的學校作出規範，如規定其學生人數為二十人以上，宗教科目的授課時限、世俗課程每日須授課四小時以上等，受資助學校需受港府的監管等。天主教會因法規過嚴，大部分天主教學校退出有關計劃，最後只有六所學校接受資助，其中五所是基督教學校，一所為天主教學校。[147]

1879 年，港府將中央書院校長兼官校督察的職位獨立，由歐德理（Ernest John Eitel，1838－1908）任官校督察，專責香港的教育發展。同年，軒尼詩接納天主教主教的建議修改補助法規，包括取消學生人數的下限，對世俗和宗教學科授課時間放寬，港府補助的範圍亦從小學擴大到中學。由是天主教會積極參與補助計劃，以示對港府修例的支持，形成港府與教會合作辦學的局面，而中文教學則由華人自辦。[148] 至 1882 年，香港有 39 所官立學校，共 2114 名學生入讀；補助學校則有 41 所，共 3086 名學生。[149]

1890 年教育司署（Education Department）成立，以管理香港教育事務。1892 年港督羅便臣將少於 25 名學生的官立學校關閉，集中資源協助教會辦學。在港府的推動下，教會成為香港最大的辦學團體。1898 年香港共 115 所學校為港府監管，100 所是資助學校，共有學生 5882 人，而官立學校則只有

---

146. 吳倫霓霞：〈教育的回顧（上篇）〉，第 426－427 頁。

147. Sweeting, *Education in Hong Kong Pre-1841 to 1941*, p. 209；吳倫霓霞：〈教育的回顧（上篇）〉，第 436－437 頁。

148. 方美賢：《香港早期教育發展史》，第 36－37 頁；Sweeting, *Education in Hong Kong Pre-1841 to 1941*, p. 211; Endacott, *A History of Hong Kong*, pp. 233-234.

149. 方美賢：《香港早期教育發展史》，第 56 頁；Endacott, *A History of Hong Kong*, p. 236.

15 所，學生人數 1445 人。[150]

　　隨着港府補助計劃的多次修訂，港府對中文學校的資助日漸萎縮，香港的中文學校多以民間私人或團體自辦學校為主。1883 年香港約有 103 所私塾，學生約一千多人。義學由同鄉會、街坊會和廟宇等團體開辦，如東華醫院於 1880 年與文武廟合辦免費義學，至 1898 年已開辦六所義學。[151] 二十世紀初，大批學者或清朝儒學大師到港，他們在港辦學吸引富家子弟入讀。香港較具規模的學塾有陳子褒開辦的子褒學塾、盧湘父創辦的湘父學塾等，他們是康有為的學生，所以深受社會大眾敬重，更有部分學塾專收女生，如群德女子學塾、王氏女塾等。[152] 這些塾館在港府着力發展英文教育政策下，擔當了推動和保留中文教育、中國傳統的重大責任。

　　十九世紀五十年代，香港的人口、經濟和社會經歷變化，對西式教育的需求日漸增加。太平天國起義後，大批較富裕的華人逃至香港，他們準備在港作長遠的發展，並隨英國在港管治日趨穩定，部分洋行將其總部從中國遷至香港，由是香港需要大量精通中、英語的人才，擔任買辦、翻譯等職務，英文教育具實際的市場價值和需求。[153]

　　理雅各布從英華書院的辦學經驗中體會到港府應自行開辦世俗學校。他建議港府將維多利亞城內多所學校合併，成立一所具規模、教學嚴謹的官立學校。1861 年，港府開辦中央書院，是港府首次直接辦學。中央書院以英國的文法中學為藍本，分八年級至一年級。港府更從英國聘請史釗域（Frederick Stewart）任書院的校長，他年輕又沒有宗教的背景，可以負起發

150. 方美賢：《香港早期教育發展史》，第 59 頁；Endacott, *A History of Hong Kong*, pp. 240-241.

151. 吳倫霓霞：〈教育的回顧（上篇）〉，第 430 頁；Sweeting, *Education in Hong Kong Pre-1841 to 1941*, p. 211.

152. 吳倫霓霞：〈教育的回顧（上篇）〉，第 430 頁。

153. 同上註，第 433 頁。

展世俗教學的責任。[154]

　　中央書院初期是一所中英雙語兼重的學校，中文為主，英文為次。隨着港府的英語教育政策及英文的商業價值被肯定，英語教育成為書院的主導教學。[155] 中央書院收生情況理想，首年開辦（1862 年）已有學生二百多人。初期學費全免，至 1865 年才收取學費，但仍吸引很多學生報讀。書院遠較資助中文學校受歡迎，因為學生在中央書院接受三年的英語訓練後，便找到工資遠高於接受中文教育的工作。[156]

　　中央書院多次改善教學質素，以迎合香港社會和經濟發展。1867 年，中央書院招收不同國籍的學生，包括日本、西班牙和英國等。同時，為了教授自然科學等西式實用學科，中央書院在 1869 年設有實驗室，更於 1874 年設立獎學金，獎勵品學兼優的學生。隨着學生增加，中央書院增聘教員。書院於 1889 年改名維多利亞書院（Victoria College），後於 1894 年命名為皇仁書院（Queen's College）。[157]

　　然而，中央書院亦面對很多教學挑戰。如辦學初期，史釗域無法找到合適的英文教科書，直至開學七個月後，教科書才由英國運到香港。[158] 而且，由於英文在香港的商業價值高，中央書院面對學生年齡過高、輟學率高的問題。如曾出現最低年級學生的入學年齡為二十五歲；另如 1871 年共 249 名學生入讀，後 134 人因找到合適的工作而退學。[159]

　　至十九世紀末，英語教育的重要性漸受港府肯定。港督軒尼詩認為英語

154. 同上註，第 433－435 頁；方美賢：《香港早期教育發展史》，第 24－25 頁；Endacott, *A History of Hong Kong*, pp.139-140.

155. Endacott, *A History of Hong Kong*, p. 150；方美賢：《香港早期教育發展史》，第 24－25 頁。

156. 吳倫霓霞：〈教育的回顧（上篇）〉，第 435 頁。

157. 方美賢：《香港早期教育發展史》，第 29、31、57、60 頁；Sweeting, *Education in Hong Kong Pre-1841 to 1941*, pp. 206-207, 209.

158. Endacott, *A History of Hong Kong*, p. 231.

159. 吳倫霓霞：〈教育的回顧（上篇）〉，第 436 頁。

教育有助華人提升社會地位，1878 年他提出加強英文教育，要求接受港府資助的學校均設英文學科，但英國認為這建議過於急進故反對。[160] 中央書院原為四小時的英文教學，後增至五小時，而中文教學則由四小時減至兩個半小時，更以翻譯科取締中文科，直至 1903 年才重開中文科。[161]

其後，港督羅便臣因經歷華人強烈反對港府鼠疫控制措施，認為更應加強英文教育，以改善華人的衛生觀。故在 1895 年，規定新成立的學校必須以英語教學，否則不獲港府資助，而官立的華文學校和其中文班均需停辦。直至 1902 年港府才重開華文班，1904 年復辦華文學校。[162] 同時，大批中文學校亦因辦學規模小、缺乏教學設施等，未能達到港府的資助要求而被迫關閉。相反，教會學校在長期辦學理想的情況下，獲得更多的辦學資源，並開辦中學課程，從而進一步深化港府的英語教育政策。[163]

港府亦透過對中文學校與英文學校的資助差距，確立英語教育的方針。港府認為聘請中文教師的薪金比英文教師低，而且大部分中文學校校舍是華人私人房屋，所以相對英文學校辦學支出較小，由是港府對兩者的資助不同。如二十世紀初英文學校每名學生有二十四元資助，但中文學校學生只有三至十一元。[164] 1902 年港府成立教育委員會（Education Committee），委員會十分贊同港府的英語教育政策，認為以英語教育培養少數的精英領袖，從而教化普羅大眾是最有效方法，比普及教育更見成效。[165]

事實上，英語教育除了實際的商業價值外，亦有助英國發展對華的貿易，特別是十九世紀末，列強在中國辦學從而加強對華的影響力，如德國在

160. 方美賢：《香港早期教育發展史》，第 36 頁；Sweeting, *Education in Hong Kong Pre-1841 to 1941*, p. 210; Endacott, *A History of Hong Kong*, p. 234.
161. 吳倫霓霞：〈教育的回顧（上篇）〉，第 442 頁。
162. 方美賢：《香港早期教育發展史》，第 61 頁；Endacott, *A History of Hong Kong*, p. 241.
163. 吳倫霓霞：〈教育的回顧（上篇）〉，第 437 頁。
164. 同上註，第 437、439－440 頁。
165. 同上註，第 443 頁；Sweeting, *Education in Hong Kong Pre-1841 to 1941*, pp. 216-217.

中國開辦大學，選用德國的教材，更直接從德國聘請教師任教，加強向中國
滲透。[166] 當時，正值中國變法圖強，渴求具西方知識的華人，由是中央書院
的畢業生多回內地任海關要員。[167] 在港發展英語教育，亦有助擴大英國在華
的影響力。

　　1887 年，倫敦傳道會促成雅麗氏紀念醫院（Alice Memorial Hospital）
的興辦，為華人提供免費的西醫治療服務。同時，一群在港行醫的西醫醫生
倡議開辦西醫學校，培訓華人西醫醫生，讓在港華人不需因言語的問題而不
選擇西醫治療。1887 年，香港華人西醫書院（以下簡稱「西醫書院」）成立。
西醫書院的辦學目的是將西方醫學從香港宣揚至內地，寄望其畢業生「將越
出香港小島，而影響且及於遠處，所有香港及其他通商口岸之人民疾苦，得
賴本院畢業同學之高級治療學術為之解除」。[168]

　　西醫書院雖屬民間自辦的西醫學校，但在行政組織、課程設計、實習
規格等方面，均有嚴格的要求，令畢業生具有等同英國國內醫學院畢業生
的資格，如在課程編制上，西醫書院亦以英國國內的醫學院課程為藍本，
定為五年學制。學生必須修讀植物學（Botany）、化學（Chemisty）、解剖
學（Anatomy）、生理學（Physiology）、藥物學（Material Medica）等基本
科目；更因應香港的疾病特色，設有熱帶氣候的疾病（Diseases of Tropical

---

166. Chan Lau, Kit-Ching & Peter Cunich, eds., *An Impossible Dream: Hong Kong University from Foundation to Re-Establishment, 1910-1950*, New York: Oxford University Press, 2002, pp. 23-27.

167. 吳倫霓霞：〈教育的回顧（上篇）〉，第 441－442 頁。

168. Evans, David Meurig Emrys, *Constancy of Purpose: An Account of the Foundation and History of the Hong Kong College of Medicine and the Faculty of Medicine of the University of Hong Kong, 1887-1987*, Hong Kong: Hong Kong University Press, 1987, p. 29；羅香林：《國父之大學時代》，台北：商務印書館，1954 年，第 5、6－7 頁。

Climates）課程等。[169] 考試制度方面，西醫書院參考英國國內醫科學院的考核制度，務使「中國學生的程度，足與英國的優秀者相等，同時，優異的中國學生，也必能有把握的和英國優異學生爭衡」。[170] 完成課程並考試合格的學生，則能頒授「華人醫學外醫科及外科證書」（L.M.S.C.C.：Licenciate of Medicine and Surgery, College for Chinese）的專業資格。[171]

西醫書院在有限的資源下辦學，並利用香港已有的教學資源進行授課。在授課場地上，因港府沒有撥出土地，西醫書院在雅麗氏紀念醫院進行教學。實習醫院的安排上，亦以雅麗氏紀念醫院為主，還有國家醫院、東華醫院。西醫書院的圖書館藏書，由教師、醫生等捐贈。教學需要的實驗室則利用雅麗氏紀念醫院內的設施；而植物學的教授，則在香港動植物公園內進行。[172]

由於西醫書院的辦學資金有限，所以教師以兼職為主，他們多是在港執業的西醫醫生或港府醫療官員，包括在雅麗氏紀念醫院工作的醫生，如夏鐵根（William Hartigan）、佐敦（Gregory Jordan）、文遜（Manson Patrick，1844－1933）和楊威廉（William Young，？－1888）、譚臣（John Christopher Thomson，1863－？）等。他們都是醫學專才或醫務官員，具備豐富的行醫經驗，[173] 如任教外科的康得黎（James Cantlie，1851－1926），是著名的西醫醫生，曾多次在具權威性的醫學學刊發表論文。艾爾斯則任教解剖學和骨學，是資深的殖民地醫官，具有豐富的行政及醫學經驗。

鑒於入讀西醫書院的學生已不限於華人，故於 1907 年「香港華人西醫

---

169. Evans, *Constancy of Purpose*, Appendix III; Lo Hsiang-lin, *Hong Kong and Western Cultures*, Tokyo: Centre for East Asian Cultural Studies, 1963, p. 163；羅香林：《國父之大學時代》，第 6 頁。

170. 羅香林：《國父之大學時代》，第 8 頁。

171. Choa, *The Life and Times of Sir Kai Ho Kai*, pp. 65-67.

172. Lo, *Hong Kong and Western Cultures*, pp. 164-165；羅香林：《國父之大學時代》，第 15 頁。

173. Evans, *Constancy of Purpose*, pp. 30-31.

書院」刪去「華人」二字，改名「香港西醫書院」。[174] 西醫書院自 1887 年成立，至 1912 年併入香港大學（University of Hong Kong）醫學院，共 128 名學生入讀，其中 51 人完成學業畢業。[175] 由於其時中國內地、東南亞等地急需西醫人才，所以西醫書院畢業生的成就不限於香港，如首屆畢業生孫中山（1866－1925；1887 年入學，1892 年畢業）畢業後曾在澳門行醫，其後他策劃辛亥革命推翻清政權，1911 年建立中華民國，並任臨時大總統之職。

國民政府努力建立以西方衛生為準則的醫療及公共衛生制度，故更需大量的西醫醫療和衛生人才，這為西醫書院畢業生提供多元化的出路，如關景良（即關心焉；1869－1945；1887 年入學，1893 年畢業）畢業後曾任江南沿江炮台醫官。[176] 關景鏗（1880－1947；1901 年入學，1907 年畢業）任北洋開灤礦務局醫務所所長。李樹芬（1903 年入學，1908 年畢業）在西醫書院畢業後，往愛丁堡大學（Edinburgh University）進修，1911 年在廣州衛生部任部長（Minister of Health）之職。[177]

大部分學生畢業後，任雅麗氏紀念醫院和那打素醫院的駐院醫生，以吸取更多的行醫經驗，如陳觀聖（1893 年入學，1899 年畢業；醫生任期：1896）、胡爾楷（1887 年入學；醫生任期：1897）、杜應勳（即杜閣臣，1870－1962；1893 年入學，1899 年畢業，醫生任期：1909－？）等。[178] 部分畢業生獲港府聘任，胡爾楷在 1895 年畢業，後在國家醫院當助手及翻譯員，其工作表現更獲歐籍西醫醫生的高度評價，如詹姆斯婁遜（James Alfred

---

174. *The China Mail*, Oct 2, 1936; Choa, *The Life and Times of Sir Kai Ho Kai*, pp. 76-77.
175. 羅香林：《國父之大學時代》，第 42 頁。
176. 容應弪、關肇碩：《香港開埠與關家》，香港：廣角鏡，1997 年，第 13 頁；羅香林：《國父之大學時代》，第 33 頁。
177. 羅香林：《國父之大學時代》，第 38－39 頁。
178. London Missionary Society, Council for World Mission Archives, South China, Decennial Report of the Alice Memorial and Nethersole Hospitals Hong Kong 1891-1900, Box No. 3 (1891-1900), No. 511/ Box No. 3 (1891), No. 512.

Lowson，1866－1935）稱讚他對國家醫院的貢獻良多。[179]

　　西醫書院畢業生畢業後投身醫療教育的工作，確保西醫醫療教育在香港、中國內地或東南亞的長遠發展。王寵益（1889－1930；1903 年入學，1908 年畢業）於 1908 年在西醫書院畢業後，往英國愛丁堡深造，並於 1920 年至 1930 年回港，任香港大學醫學院病理學教授，是香港大學首位華人教授。[180] 畢業生致力推動香港西醫的發展，如關景良創辦中華醫學會和香港養和醫院（Hong Kong Sanatorium and Hospital 或 Yeung Wo Hospital）。[181] 李樹芬則活躍於香港醫療、公共事務，曾任市政局（Urban Council）議員、扶輪社會長等，其後管理香港養和醫院，任董事長兼院長之職。[182]

　　港府早期投放在教育的資源有限，這製造了空間讓教會自行辦學，亦讓傳統的中文教育得以保存。隨着香港的經濟發展，英語的商業價值被肯定，港府的英語教育政策漸漸落實推行。港府施行的教育政策不是普及教育，而是培訓少數的華人精英以教化普羅大眾，這種英語與精英教育結合的政策，主導了香港教育日後的發展，民辦的香港西醫書院的教學情況顯示，至十九世紀末，港府無意在港發展高級教育，所以對西醫書院的資助十分有限。然而，西醫書院的畢業生沒有受教學資源不足的影響，他們畢業後對香港、中國內地及東南亞的西醫醫療服務貢獻良多，從而使西醫在華人世界漸漸被接受。

179. Hong Kong Government, Medical Committee Report (1895).
180. 羅香林：《國父之大學時代》，第 39 頁。
181. Choa, The Life and Times of Sir Kai Ho Kai, p. 23；容應嚹、關肇碩：《香港開埠與關家》，第 13 頁；羅香林：《國父之大學時代》，第 33 頁。
182. 羅香林：《國父之大學時代》，第 33 頁。

第六節

宗教信仰

基督教　佛教　道教　天主教

　　香港居民可以擁有不同的宗教信仰。外國宗教如基督教、天主教、伊斯蘭教等，因英國的管治而傳入香港。另英國曾承諾不會對香港的風俗等作干預，所以華人仍可保留自己的宗教信仰。華人是多元信仰的民族，在港華人除了祖先崇拜外，還信奉觀音、天后、關帝等，更保留不少的信仰儀式，如打醮等。

　　西方宗教隨英國的殖民管治在香港發展，其中以天主教和基督教的傳播規模較大。天主教和基督教在港傳教的模式相似，除了傳教工作外，傳教人員都積極參與香港的社會事務，填補十九世紀時港府未能涉足的範疇。同時，香港是華人社會，教會更着重讓華人教徒自行管理教會，從而達到天主教和基督教可在港長遠發展的目標。

　　傳教士初在華傳教，因彼此文化的差異，華人十分抗拒西方傳教士。加上，中國對外戰爭失利，與外國簽訂不平等條約，華人對洋人的仇視更轉嫁到傳教士身上，反教、攻擊傳教士的事件頻生。初期傳教士多以澳門為基地，再進入中國內地進行傳教。1841 年 2 月 9 日，共八名傳教士到香港，自《南京條約》簽訂，教會更紛紛將其基地遷至香港。[183]

　　天主教早在元朝傳入中國，至清雍正年間中國實行禁教，在華的天主教教士唯有遷往葡萄牙租借地澳門，重整中國的傳教工作。[184] 在 1841

183. 劉紹麟：《中華基督教會合一堂史：從一八四三年建基至現化》，香港：中華基督教會合一堂，2003 年，第 38－39 頁。

184. 李志剛：〈天主教和基督教在香港的傳播與影響〉，王賡武主編：《香港史新編》（下冊），第745 頁。

圖 5-7
香港天主教座堂

年 4 月 22 日，羅馬教傳信部指示將香港列為「宗座監牧區」（Prefecture Apostolic）。隨 1860 年《北京條約》簽訂，英國管治香港的土地面積和人口增加，教務日益繁多，故 1874 年羅馬教廷將香港升格為「宗座代牧區」（Vicariate Apostolic）。根據教宗庇護第九世頒佈的牧函，指出香港代牧區「除該監牧區原有之地域以外，還包括新安縣、歸善縣及海豐縣」。[185]

　　初期天主教徒以外國人為主，1843 年香港天主教徒共 925 人，包括愛爾蘭軍人 880 人、葡萄牙人 25 人等，華人 100 人。[186] 十九世紀中葉至二十世紀初，在港發展的天主教修會以法國和義大利傳教會為主。女修會包括：沙爾德聖保祿女修會、嘉諾撒仁愛女修會；男修會包括：巴黎外方傳教會、宗座外方傳教會、道明會、基督學校修士會，至二十世紀初香港約有天主教教徒八千多人。[187]

185. 田英傑編著、游麗清譯：《香港天主教掌故》，香港：聖神研究中心暨聖神修院校外課程部，1983 年，第 1－2、5－6 頁。
186. 同上註，第 32 頁。
187. 李志剛：〈天主教和基督教在香港的傳播與影響〉，第 746、748－749 頁。

　　基督教在港發展，直至 1883 年前已有十二所教會在港建立。如早在 1841 年到港的美國浸信會、倫敦傳道會、公理會、信義宗、美國聖公會、美國長老會等。[188] 有部分教會專設洋人禮拜，華人禮拜則部分教會有專責的服務，亦有將其附設於洋人禮拜內。如愉寧堂於 1845 年建成，主日早上為歐人崇拜，下午則為華人崇拜。[189] 然而，早期傳教士在港傳教成效有限，雖然教會全力培訓華人傳教士，但他們多被派往內地。而且，在財政和管理上，華人教士未能脫離洋人教士的操控，所以影響了傳教的成效。[190]

　　隨着華人基督徒增多，以及華人經濟能力的改善，華人自理教會的目標日漸清晰。倫敦傳道會重視建立本地教會，提倡「他們亦當負上責任，建造他們心中最符合上帝聖道的教會和教會制度」。[191] 至 1880 年，愉寧堂不許華人教徒使用，加上，華人何啟捐款與倫敦傳道會開辦醫院，由是倫敦傳道會另購土地興建醫院和華人會堂 —— 道濟會堂，以王煜初（1843 - 1902）任主任牧師。[192] 1884 年，鄺日修獲聖公會按立為牧師，管理華人教會事務。這是華人自理教會的開始，亦標誌着基督教在港作長遠發展的開始。

　　天主教和基督教教會在香港從事不同的社會服務。在醫療上，1838 年公理會的伯駕牧師（Peter Parker）成立「在華醫藥傳教會」，推動歐美各國教會派醫務傳教士（Medical Missionary）來華傳教，透過醫治華人，減低華人對傳教士的敵意。[193] 由是，初期到港的傳教士多擁有醫生資格，如倫敦傳道會的雒魏林（William Lockhart）和合信（Benjamin Hobson，1816 -

---

188. 同上註，第 739 頁。

189. 劉紹麟：《中華基督教會合一堂史》，第 57 頁。

190. 李志剛：〈天主教和基督教在香港的傳播與影響〉，第 755 頁。

191. 劉紹麟：《中華基督教會合一堂史》，第 87 頁。

192. 同上註，第 118 - 120、130 頁；李志剛：〈天主教和基督教在香港的傳播與影響〉，第 755 - 756 頁。

193. 蘇精：〈黃寬與倫敦傳道會〉，《近代中江基督教史研究集刊》，2000 年第三期，第 21 - 22 頁。

1873）、公理會的戴華爾（William Beck Diver）和長老會的高民（William Henry Cumming）等醫生。[194] 1843 年 6 月 1 日，合信更在灣仔摩利臣山開辦傳道會醫院（Medical Missionary Society's Hospital），為華人提供免費西醫診治服務。首年已有 3348 名門診病人和 556 名住院病人。[195] 另天主教會於 1852 年開辦聖方濟各醫院。[196]

然而，醫務傳教的成本高，教會轉以其他方式發展多元化的社會服務，包括開辦孤兒院、學校等。十九世紀中葉，香港的棄嬰情況普遍。這是因為華人家庭貧窮，無法撫養孩子；加上，華人重男輕女的觀念，所以女嬰多被遺棄。由是聖保祿女修會在 1848 年興辦育嬰堂，至 1854 年育嬰堂已有兒童 1360 人。[197] 1874 年，聖保祿女修會開辦老人院，照顧孤苦無依的老人。[198] 另 1850 年起，天主教神父拓展探望囚犯的服務，關注死囚的需要，引導他們皈依；並向其他囚犯講道和進行彌撒。[199] 1863 年港督羅便臣撥地建西環教導所，並交由天主教會管理。教導所協助曾犯罪的青少年重新投入社會，教授他們木工、製鞋等謀生技能，防止他們再次從事不法的事情。天主教會亦因教導所的辦課經驗，從而開始發展香港的工業教育。[200]

早期教會在港開辦醫院並不算成功，至十九世紀八十年代，倫敦傳道會再次在港開辦醫院，吸取以往的經驗，倫敦傳道會透過社會的資助，成功在港開辦四所醫院。1881 年，倫敦傳道會支持西醫醫生楊威廉等人的計劃，興建西醫醫院為華人提供西醫治療服務。倫敦傳道會更答應捐出 10000 元

194. 李志剛：〈天主教和基督教在香港的傳播與影響〉，第 739、743 頁。
195. Gerald Hugh Choa, "Hong Kong's Health and Medical Services," in Yee, H. Albert, ed., *Whither Hong Kong: China's Shadow or Visionary Gleam?*, Lanham, Md: University Press of America, Inc., 1999, p. 161.
196. 田英傑編著、游麗清譯：《香港天主教掌故》，第 52－53 頁。
197. 同上註，第 98－100 頁。
198. 同上註，第 99 頁。
199. 同上註，第 45 頁。
200. 同上註，第 113－116 頁。

建院，並派醫藥傳道醫生到港管理醫院。後何啟為紀念其妻雅麗氏（Alice Walkden，1852－1884），捐出醫院的建築費，並將醫院命名為雅麗氏紀念醫院。1887 年 2 月醫院正式投入服務，倫敦傳道會派譚臣任院長管理院務。[201]

自雅麗氏紀念醫院成立後，倫敦傳道會再爭取社會人士的捐款，成功興辦三所不同類別的醫院。1888 年戴維斯（Henry William Davis）捐款興建那打素醫院（Nethersole Hospital），1893 年 9 月 5 日醫院落成，主要的服務對象是婦女和兒童。[202] 另為了推動西式分娩，以減少傳統分娩的死亡率和嬰孩夭折率，倫敦傳道會計劃興建產科醫院，並派女醫生到港管理院務。這計劃獲香港上層華人的支持，更答應支付女醫生的薪金。1903 年女醫生西比（Alice Deborah Sibree，1876－1928）到港，1904 年 7 月 23 日產科醫院（Maternity Hospital）亦落成。[203] 1906 年 7 月 20 日何妙齡醫院（Ho Miu Ling Hospital）落成，其服務對象主要是男性，醫院由何妙齡（Ho Miu Ling，1847－1937）捐款興建。[204] 四所醫院都是由倫敦傳道會派醫生管理。

另天主教和基督教教會在港最突出的貢獻是辦學。港府初期對教育投放資源有限，而教會辦學的傳統亦早在英國實行，所以港府樂意下放辦學的權力。同時，教會亦希望透過辦學傳播福音，訓練華人傳教士，從而開拓中國的傳教事業。由是，教會成為港府重要的教育夥伴。早期港府的教育顧問多由傳教士出任，如 1850 年委任聖公會史密夫為教育委員會主席，1857 年德國禮賢會羅士列任官校督察。[205]

201. E. H. Paterson, *A Hospital for Hong Kong: The Centenary History of the Alice Ho Miu Ling Nethersole Hospital*, Hong Kong: Alice Ho Miu Ling Nethersole Hospital, 1987, p. 13-20.

202. 同上註，第 28 頁。

203. Janet, George, "The Lady Doctor's 'Warm Welcome': Dr Alice Sibree and the Early Years of Hong Kong's Maternity Service 1903-1909," *Journal of the Hong Kong Branch of the Royal Asiatic Society*, Vol. 33 (1993): 86.

204. Paterson, *A Hospital for Hong Kong*, p. 41.

205. 李志剛：〈天主教和基督教在香港的傳播與影響〉，第 762 頁。

　　十九世紀，天主教會開辦的教會學校，包括天主教神學院、天主教女學、聖方濟各嘉諾撒書院、聖何塞書院等。[206] 理雅各布於 1844 年辦倫敦會英華學校，但因早期香港的社會狀況，令學校最後關閉。雖然早期教會在港辦學並不成功，但隨着十九世紀八十年代港府修正資助政策，讓教會學校可保持其宗教的自主性，由是受港府資助的天主教學校數目增加，辦學的範疇也從小學擴展到中學。[207] 後教會學校更配合港府的重視英語教育政策，部分教會學校因而成為香港著名的精英學府，如聖保羅書院、拔萃書院、聖心書院等。[208]

　　除了天主教和基督教大規模在港建立，另有其他外來宗教因英國殖民管治而在港發展，包括伊斯蘭教（Islamism）、猶太教（Judaism）、錫克教（Sikh）等。伊斯蘭教在香港的發展是因為殖民防衛，早期駐港英軍多是印度人，及後港府聘請的警察亦多是印度人，並有些印度商人到港經商，他們都是伊斯蘭教徒。1860 年，首幢回教寺於中環嚤囉街落成，為香港回教徒的集中地。猶太教徒早在 1850 年獲撥跑馬地地皮建墓場，後 1901 年在港島西摩道建猶太教會堂。另錫克教（Sikh）因港府聘請印度旁遮普邦的教徒，到港任警察和官員等而傳入香港，並於 1901 年建錫克廟於灣仔皇后大道東。[209]

　　西方宗教因殖民管治而傳入香港，但香港本土華人的宗教沒有因此而消失。華人是多宗教信仰，所以在港華人除信奉道教和佛教外，亦保留了祖先崇拜及民間信仰。然而，因為中、西方教義不同，所以佛教、道教早期在港的活動相對天主教和基督教較小，至第二次世界大戰後佛教和道教才較具規模參與香港社會事務。

206. 同上註，第 750 頁。
207. Sweeting, *Education in Hong Kong Pre-1841 to 1941*, p. 211; Endacott, *A History of Hong Kong*, pp. 233-234.
208. 吳倫霓霞：〈教育的回顧（上篇）〉，第 437 頁。
209. 李志剛：〈天主教和基督教在香港的傳播與影響〉，第 743 頁。

　　道教在香港的歷史悠久，最早可追溯到 1265－1274 年間（南宋咸淳年間），在新界的佛堂門有天后廟的興建。從嘉慶二十四年（1819）《重修新安縣誌》的記載及文物的考古，顯示道教在明、清期間已十分活躍。如《重修新安縣誌》的十八下卷《寺觀》：「東山寺在大鵬所東門外山嶺上，中為觀音堂，左上帝殿，右文昌閣，前三寶殿。」這說明早在 1819 年東山寺已建成，其崇拜的神祇是屬道教。[210]

　　早期的道觀多集中在屯門、元朗、大嶼山等地區。根據黃兆漢與鄭煒明對道觀內的鐘、碑文和香爐等文物分析，部分道觀更有百多年的歷史。如屯門的青雲觀現存有一塊刻有「道光二十三年（1843）」的送田芳名碑；元朗舊墟的玄關二帝廟內，仍保留康熙五十三年（1714）的「風調雨順」鐘和乾隆十三年（1748）的聚寶爐；另有大嶼山的鹿湖普雲仙觀、灣仔北帝廟等，都是香港歷史悠久的道觀。[211]

　　道教重要的派別如先天道、全真教和純陽派在港均有發展，但集中在二十世紀二十年代或戰後。香港的道教是提倡三教合一，所以道教崇拜的神祇很多，包括三清尊神、呂祖、天后、黃大仙和譚公等。「三清」即「玉清元始天尊」、「上清靈寶天尊」和「太清道德天尊」，是道教最高的神祇。香港多崇拜「道德天尊」，其形象是先秦老子，更是唐朝李氏的始祖。呂祖是八仙中的呂洞賓，是純陽派的主要崇拜神祇，其形象是救萬民於苦難，所以會藉降乩等方式幫助人民。香港崇拜呂祖的道觀有：玉壺仙洞、雲泉仙觀等。早在 1905 年香港的筲箕灣已建譚公廟，可見對譚公的崇拜早在香港出現。[212]

---

210. 黃兆漢、鄭煒明：〈香港的道教〉，陳慎慶編：《諸神嘉年華 —— 香港宗教研究》，香港：牛津大學出版社，2002 年，第 82－83 頁。

211. 同上註，第 83－84 頁。

212. 黃兆漢、吳麗珍：〈香港道教與道教諸神崇拜〉，王賡武主編：《香港史新編》（下冊），第 799、806－807、812 頁。

　　道教另一重要的神祇是天后，這更是華南沿海地區最受華人尊崇的神祇。天后即「媽祖」、天妃等，相傳天后是福建莆田人，原名李默娘，她有神力治病救人，更多次救獲遇海難的人士，由是被奉為海神，保佑航海、出海的人士。香港原為漁港，所以華人多信奉天后。至今香港有天后廟六十多所，更有指香港的得名是源於天后，有說在天后廟前的海面上有「紅香爐」，被視為天后顯靈，故將島稱為「紅香爐港」，即香港。[213] 黃大仙是另一位最為香港人所信奉的神祇，黃大仙是晉代道士黃初平，以「有求必應」幫助世人。香港的黃大仙祠更以「靈籤」「仙方」而聞名於世。[214]

　　香港早期的道堂，多是源於廣州、廣東，如 1883 年在香港成立的純陽仙院，是源於廣東的羅浮山；1886 年在港創辦的小霞仙院，則源於 1870 年創立的清遠藏霞洞；1896 年建的從善堂，源於 1840 年開辦的梅菉從善祖堂。[215] 香港的道教在二十世界中葉有較具規模的發展，更積極參與社會事務。道教道堂的數目自二十世紀二十年代開始增多，至 1961 年，一百二十多所道堂聯合組織道聯會，包括圓玄學院、青松觀、嗇色園、省善真堂、龍慶堂等，另有約六十所私人道堂沒有參加。[216] 戰後，道教團體積極參與香港的文教活動，如圓玄學院、青松觀和嗇色園等辦校，包括幼稚園、小學和中學。同時，道教團體亦贈醫施藥，開辦義診中醫。[217]

　　佛教有傳於晉宋時，循海路傳入香港。相傳於劉宋元嘉年間（424－453），杯渡禪師從中國北方，乘着木杯，沿江浮海到達香港的瑞應山，故改名為杯渡山，即現今的青山。《新安志》記載：「杯渡山，海上勝境也，昔宋

213. 同上註，第 809 頁。
214. 同上註，第 808 頁。
215. 游子安主編：《道風百年 —— 香港道教與道觀》，香港：蓬瀛仙館道教文化資料庫，2002 年，第 20－21 頁。
216. 黃兆漢、鄭煒明：〈香港的道教〉，第 85－86 頁。
217. 同上註，第 90－92 頁。

杯渡禪師駐錫於此，因名。」[218] 杯渡禪師後建杯渡寺，1829 年寺廟為道教的青雲觀，並在 1842 年增建斗姥殿，於 1926 年再由顯奇法師重建，為今天的「青山禪院」。[219] 後杯渡禪師到元朗廈村的靈渡山的靈渡寺掛單，「舊有杯渡井，亦禪師卓錫處」。[220]

明清期間，香港有佛寺、靜室的興建，以供佛門弟子禪修，善信參拜，如建於明宣德（1426－1435）的新界錦田凌雲寺。凌雲寺原是鄧欽為其庶母而建，原名「凌雲靜室」。[221] 凌雲寺於清道光、光緒年間分別由滌塵和圓淨大師主持，後因無人管理，成為鄉紳鄧佰裘的別墅，至 1900 年釋妙參到港並重整佛寺。[222] 二十世紀初葉，佛寺、精舍在港興建，從而擴大佛教在港的影響力。1906 年，三名大師大悅、頓修和悅明從內地到港，他們在昂平建石屋潛修，這就是寶蓮寺的前身。[223] 另 1883 年，大嶼山鹿湖精舍落成，原為道教人士修道地方「鹿湖洞」，至 1955 年重修，並改名「鹿湖精舍」。[224]

佛教團體在二十世紀二十年代漸漸成立，以弘揚佛法。1916 年，香港佛教徒自組「佛學會」，以研究佛學。其成員盧家昌在西環辦極樂院，舉辦佛教講學活動和早晚的課誦，以便利佛教在香港市區的傳播和凝聚市區的佛教徒。[225] 其後東蓮覺苑、香海蓮社、香港佛教真言宗居士林和志蓮淨苑相繼成立。東蓮覺苑由何東夫人張蓮覺居士（1875－1937）開辦，是一所女子佛學院。何東夫人關注女子的教育，早於 1931 年在屯門青山開辦佛教義學，後在港島辦寶覺學校，其後發展為寶覺女子職業中學，成為佛教開辦中學的代

218. 高永霄：〈香港佛教源流〉，陳慎慶編：《諸神嘉年華 —— 香港宗教研究》，第 2 頁。

219. 葉嘉輝：〈佛教和民間宗教〉，王賡武主編：《香港史新編》（下冊），第 813 頁；高永霄：〈香港佛教源流〉，第 109－110 頁。

220. 高永霄：〈香港佛教源流〉，第 108、110 頁。

221. 葉嘉輝：〈佛教和民間宗教〉，第 814 頁。

222. 高永霄：〈香港佛教源流〉，第 114 頁。

223. 同上註，第 115－116 頁。

224. 葉嘉輝：〈佛教和民間宗教〉，第 817 頁。

225. 高永霄：〈香港佛教源流〉，第 121 頁。

圖 5-8　慶祝天后寶誕搭建的大型花牌

圖 5-9
「祭幽」儀式後燒毀鬼王

表者。[226]

　　戰後，香港佛教團體透過其影響力，擴展不同範疇的社會服務。在胡文虎（1882－1954）的資助下，般若精舍開辦老人院，後更在院內增設其他服務，如診所、療養院等，完善院內的老人服務。另佛教團體開辦學校，亦有助推動佛教的傳播，其後佛學更成為香港中學會考學科之一。在醫療服務上，多所佛寺或佛教團體都提供義診的服務，其中包括中醫和西醫的服務。並在 1950 年籌建佛教醫院，醫院在各方捐款和港府撥地支持下，於 1971 年落成。[227]

　　由於中國的宗教信仰是互相相容，所以在港華人除了道教和佛教的崇拜外，還保留很多民間的信仰，如土地神的崇拜、祖先崇拜和到寺廟拜神等。土地神是每家每戶華人必備的神祇，以保佑家居、地方平安，並每日燒香膜拜。同時，隨着每位神祇誕都有崇拜的活動，善信可隨其信仰而作出不同的祭祀活動。如農曆三月二十三日天后誕，其時信眾多往天后廟崇拜，並設有

226. 同上註，第 122 頁。
227. 葉嘉輝：〈佛教和民間宗教〉，第 821、823 頁。

「花炮會」，備醒獅迎送，拍賣「聖物」等；六月十九日觀音誕，善信則到全港各處的觀音寺參拜；七月十四日盂蘭節，是為了超度無主亡靈，尤為潮州人士所重視。[228]

「打醮」是香港原居民保存至今的信仰，其目的是村民感謝神祇的庇佑，或祈求消災解難，通過和尚和道士負責的大型祭祀活動，即為「打醮」。各鄉村有各自的醮期，均是定期舉行的，如元朗舊墟、大埔林村約等是十年進行一次打醮，西貢糧船灣天后誕的打醮和長洲的太平清醮則是一年一次。[229] 伴隨打醮、神祇誕節的大型祭祀儀式舉行，都會有「神功戲」的演出，為祭神的另一種方式。香港的神功戲以粵劇、潮劇和福佬劇為主，由主辦單位聘請劇團演出，並在廟旁或祠堂旁的空地搭建戲棚。雖說是祭神之用，實際上，對在早期缺乏娛樂和物質生治的華人而言，神功戲提供另類的消遣，更保留了中國傳統的文化表演方式。[230]

香港是一個多宗教並存的社會，華人仍保留中國的宗教，而西方的宗教因英國管治的關係在港發展。基督教和天主教在港除了宗教服務外，更發展出多元化的社會服務，如照顧老弱、開辦醫院、學校等，為香港社會各階層提供不同程度的關懷。同時，基督教和天主教都注重教會發展的延續性，所以早在十九世紀時已為日後華人自理教會作準備。中國的宗教信仰亦在港廣泛流傳，道教、佛教在港已有一段長遠的發展歷史，後更漸漸融入社會，發展社會服務。

---

228. 同上註，第 831、833 頁；廖迪生：《香港天后崇拜》，香港：三聯書店，2000 年，第 55−59 頁。
229. 葉嘉輝：〈佛教和民間宗教〉，第 833、835 頁；蔡志祥：《打醮：香港的節日和地域社會》，香港：三聯書店，2000 年，第 10 頁。
230. 陳守仁：《神功戲在香港：粵劇、潮劇及福佬劇》，杳港：三聯書店，1996 年，第 12−26 頁。

第六章

香港與辛亥革命：
孫中山革命思想的香港實踐與香港文化

王鳳超

　　香港是與辛亥革命關係最密切的幾個中國城市之一。其標誌性特徵有：香港是孫中山近代革命思想的搖籃；是資產階級革命派最早、最具規模的輿論陣地；又是興中會、同盟會多次舉行武裝起義的策劃地、指揮中心、後勤基地和起義失敗後革命志士的避難所。香港能在辛亥革命中發揮這麼重大的作用，實與香港地域文化關係極大。

　　從一定意義上講，中西文化交匯之地的香港為孫中山革命思想萌芽的發育提供了沃土；十九世紀下半葉香港華人經濟崛起所形成的愛國商人群體，為孫中山籌畫的革命活動提供了物質條件；香港特殊的政治、文化環境，客觀上成為孫中山革命實踐的平台。

第一節

孫中山革命思想的搖籃

　　孫中山　檀香山　香港中央書院　香港西醫書院　《上李鴻章書》

　　孫中山九歲入村裏的私塾讀儒書。他雖然對私塾先生死板機械的教學方法不滿，但二年多的學習使他初步打下了一定的中文底子。孫中山十三歲時，隨母經澳門乘英國輪船赴檀香山投奔胞兄孫眉，並在當地就讀。這是孫中山接觸西方教育和文化的開始。經過四年的學習，孫中山掌握了英語，通過自修，中文也有長足的進步；學習了自然、社會科學知識；還閱讀了有關美國獨立戰爭的書籍和華盛頓、林肯等偉人的傳記；親身體驗到西式教育「教法之善，遠勝吾鄉」，[1] 孫中山由此產生了慕西學之心。特別是當時發生的夏威夷人民反對美國干預、控制的呼聲，給孫中山以深刻的影響，他自然萌

1.　〈在廣州嶺南學堂的演説〉，《孫中山全集》，第二卷，中華書局，1982 年，第 359 頁。

圖 6-1
拔萃男書室舊址

圖 6-2
二十世紀初的
皇仁書院

生了「改良祖國，拯救同群之願」。[2]

　　孫中山原想在檀香山的學習結束後即赴美國深造，但孫眉知悉他有意加入基督教後，堅決反對，遂令其立即回國。1883 年 7 月，孫中山只好乘輪船經香港返鄉。

　　孫中山遠在太平洋檀島度過令他難以忘懷的求學歲月，使他成為一個有政治理想、勤勉刻苦、眼界寬廣、敏於接受新鮮事物、重視人際關係的翩翩少年。首途香港的經歷，竟成了孫中山與香港結下不解之緣的肇始，開啟了

2.　同上註。

孫中山在香港求學至完成大學教育並成為資產階級革命派的青年時代。

1883 年 11 月，十七歲的孫中山離開家鄉到香港繼續接受西式教育。他先入香港基督教聖公會所辦的拔萃書室（Diocesan Home）讀書，翌年 4 月 15 日，轉入香港中央書院（The Central School）。孫中山以「孫帝象」之名註冊入學，學號為 2746。同年 5 月 4 日，孫中山在香港中環必列者士街綱紀慎會堂受洗成為基督教徒。中央書院是香港一所著名的官立中學，曾改稱維多利亞書院（Victoria College），後又改稱皇仁書院（Queen's College）。學校的校長、教師均來自英國，實行英式教育。所設科目有語言、文學、世界史、英國史、地理、幾何、數學、衛生、機械繪圖、簿記及常識等。特別是教師對西方和英國歷史的講解，是學校課程中的強項。

孫中山在中央書院學習了一年多（除去回家鄉完婚和一度輟學去檀香山的時間）後，決定學習醫科。1886 年 6 月，孫中山進入美國基督教長老會所辦的廣州博濟醫院附設醫科學校即南華醫學堂學習。孫中山此時選擇學醫，正如他後來所言：「是以學堂為鼓吹之地，借醫術為入世之媒。」[3] 據同學回憶，孫中山在習醫的同時，還用心閱讀了包括「二十四史」在內的中國典籍。在廣州學習一年後，1887 年 9 月，他轉入剛開辦不久的香港西醫書院（The College of Medicine for Chinese Hong Kong），其緣由是：「予在廣州學醫甫一年，聞香港有英文醫校開設，予以其學課較優，而地較自由，可以鼓吹革命，故投香港學校肄業。」[4]

香港西醫書院採用英國醫科大學五年學制，孫中山作為第一屆畢業生，以名列前茅的成績，於 1892 年 7 月 23 日畢業。孫中山所獲頒行醫執照用中英文寫成，中文內容為：

3.　《孫中山全集》，第六卷，中華書局，1905 年，第 229 頁。

4.　同上註。

圖 6-3
1887－1892 年間孫中山
在香港西醫書院學習，常
與好友陳少白（左一）、
尢列（左三）、楊鶴齡（左
四）一起議論時政，倡言
革命，時稱「四大寇」。

　　香港西醫書院掌院，並講、考各員等為給執照事：照得孫逸仙在
本書院肄業五年，醫學各門，歷經考驗，於內外婦嬰諸科，俱皆通
曉，確堪行世，奉醫學局賞給香港西醫書院考准權宜行醫字樣。為
此，發給執照，仰該學生收執，以昭信守，須至執照者。右仰學生
收執，一八九二年　月　日 [5]

　　9 月，孫中山走出校門，應澳門鏡湖中醫院之約，在該醫院掛牌行醫，
時年二十六歲。孫中山從十七歲進入香港求學到二十六歲大學畢業走向社
會，正是他一生中思想觀念凝聚、形成的關鍵時期，他的革命生涯從此拉開
了序幕。香港的西式教育和文化環境對孫中山的啟蒙和薰陶是十分重要的。
　　孫中山在香港接受了從中學到大學畢業的完整而系統的西式教育，再加
上他少年時期在檀香山的遊學經歷，使他這樣一個從古老中國走出來的農家
子弟眼界大開，通過自己的刻苦努力，博覽群書，重視實踐，逐漸成為當時

5.　轉引自茅家琦等著《孫中山評傳》，南京大學出版社，2001 年，第 78 頁。

少有的具有全新知識文化結構的新型知識份子。

正如孫中山後來自己總結的:「文(孫中山本名孫文)早歲志窺遠大,性慕新奇,故所學多博雜不純。於中學則獨好三代兩漢之文,於西學則雅癖達文之道(Darwinism);而格致政事,亦常流覽。至於教則崇耶穌,於人則仰中華之湯武暨美國華盛頓焉。」[6]

每個人的知識結構都是通過具體的生活環境和社會交往,通過已有的人類知識和本國文化傳統的承繼而逐步構建起來的。綜合孫中山的自述和其他有關資料,孫中山的知識文化結構可以概括為以西學為主的中西合璧。所謂「西學」主要是指孫中山在香港教育中獲得的自然和社會科學方面的知識,也包括基督教文化。所謂「中學」就是中國的傳統文化,特別是借用古語表述自己的政治理念和哲學思考,孫中山運用得十分貼切,有畫龍點睛之妙。他在西醫書院就讀時,主要學習的課程為植物學、化學、生理、解剖學及藥物、內、外、婦、產、臨床診察等。孫中山在歷年考試中所獲得的優異成績,是該院自 1887 年開辦至 1913 年併入香港大學為止二十六年來學習成績最好的一個學生。[7]孫中山掌握這些自然科學知識,糅以精煉的傳統文化表述方式,在其後的著述中派上了用場。1918 年,孫中山從哲學角度對當時的革命活動進行了回顧和總結,在認識論上提出了「行易知難」的命題,這也是對他自己革命實踐的理論總結。為了闡述這一命題,孫中山列舉飲食、用錢、作文、造船、築城、開河、電學、化學、進化十件事,來論證「行」先「知」後,「行」易「知」難的道理。孫中山旁徵博引,論述深入淺出,將深刻的道理寓於對大量自然科學知識和日常生活常識的闡發之中。顯然,其中涉及的生理學、醫藥學、物理學、化學等廣泛領域,完全來自在香港西醫書院學習時打下的基礎。

在西學中,孫中山對達爾文的進化論最感興趣,在西醫書院學習時自

6.　《孫中山全集》,第一卷,中華書局,1981 年,第 48 頁。

7.　詳見劉家泉:《孫中山與香港》,中央文獻出版社,2001 年,第 55 頁。

稱對此達到了「雅癖」的程度。達爾文（Charles Robert Darwin，1809－1882），是英國一名博物學家，曾乘海軍勘探船經過歷時五年的環球旅行，對動植物和地質等作了綜合研究，於 1859 年出版《物種起源》一書，提出了以自然選擇為基礎的生物進化論，堪稱是生物學的最大發現，同時也備受爭議。孫中山從中悟出一個社會變革的道理：不但自然界的物種在新陳代謝中進化，而且人類社會也是在發展中實現新陳代謝，世界上不存在萬古不變的東西。孫中山後來不斷完善的三民主義理論，圍繞「推翻君主專制，實現民主共和」奮鬥目標而與時俱進的精神，屢戰屢敗、愈挫愈勇的戰鬥品格，都來自於對世界的進化發展是事物普遍規律的堅信，這種認識逐漸成為孫中山變革社會的理論基礎。

　　孫中山關於西學知識的廣泛獲取，除了在香港學校所讀學科外，也得益於香港地域文化的大環境。十九世紀後期的香港，已成為中國東西方文化的交流中心、漢語與英語雙向交流的視窗和中國近代報刊的發源地。據 1888 年至 1900 年港英政府公佈的保守數字，當時香港登記出版的外文書籍即達十二種語言。[8] 理雅各（James Legge）[9] 在王韜[10]等人的協助下，將「四書」、「五經」以 *The Chinese Classics* 為總集名，於 1861－1886 年間，在香港分二十八卷出版英語版本，向西方讀者介紹。同時，西方有關自然、社會科學的原著在香港發行也很及時。孫中山在西醫書院學習時，就研讀了達爾文的原著《物種起源》。而內地由嚴復譯述的赫胥黎（Thomas Henry Huxley，1825－1895）所著《進化論與倫理學》，以《天演論》之名到 1898 年初才最早在《國聞匯編》旬刊上連載，比孫中山「雅癖」達爾文學說晚了大約十年。

8.　霍啟昌：《香港與近代中國》，商務印書館（香港）有限公司，1992 年，第 52－53 頁。

9.　理雅各（James Legge，1814－1897），英國漢學家，生於蘇格蘭。

10.　王韜（1828－1897），江蘇蘇州人，1849 年到上海在英教士麥都思所辦的墨海書館工作十三年，後因給太平軍寫信出謀劃策，此信被清軍繳獲，王韜逃往香港，為理雅各翻譯經書。1874 年，在香港創辦《循環日報》，自任主筆，宣傳變法自強。

文化和新聞媒體密不可分。孫中山在香港學習期間,香港的報刊業也很發達,並逐漸成為各種政治力量共同的興論陣地。一般人常見的英文報紙有《德臣西報》(*The China Mail*,1845 年創刊)、《孖剌西報》(*Daily Press*,1857 年創辦)、《西蔑士報》(1881 年創辦);中文日報有《中外新報》(前身為 1857 年底創辦的《香港船頭貨價紙》)、《循環日報》(1874 年創刊)、《華字日報》(1871 年創刊,1872 年改現名)、《維新日報》(1880 年創辦)、《粵報》(1885 年創刊)。報刊是新聞、文化的重要載體,也是新知識、新思想的傳播媒介。孫中山在這樣一種資訊流通的氛圍中受到陶冶,各種思潮的相互碰撞,對他革命思想的形成大有裨益。

孫中山崇尚西學,也十分重視中華文化。無論在檀香山還是在香港,他都刻苦地補習中文,大量閱讀古籍。他跟從區鳳墀長老學習中文前後長達十年(1883-1892)之久。從孫中山卷帙浩繁的著述中可以看出,他從中國古代文化中吸取了不少養分,所借用的「天下為公」就出自《禮記·禮運·大同篇》,這是他一生心路歷程所追求的最高境界。孫中山的中文寫作,文字凝練流暢,揮灑自如。他 1894 年起草的《檀香山興中會章程》,首次提出了「振興中華」,現已成為中華兒女跨世紀的奮鬥目標。孫中山的學說,就是在精通中、英雙語,引進西方的先進思想與自然科學知識,在不斷創新中產生的。

作為廣東人的孫中山,長期穿梭於粵、港、澳三地。在國外奔波,也多與嶺南華僑圈子打交道。因此,嶺南文化的開放性、包容性、靈活性、務實性、適應性和前瞻性諸特徵,不能不對孫中山的思維模式和行事方式產生影響。

此外,香港相對文明的社會環境與家鄉落後狀況的對比,也是孫中山形成革命變革思想的一個重要因素。1923 年 2 月 19 日孫中山在香港大學的演講中說:「我於三十年前在香港讀書,暇時輒閒步市街,見其秩序整齊,建築閎美,工作進步不斷,腦海中留有甚深之印象。」[11] 經香港學者研究考

---

11. 〈在香港大學的演說〉,《孫中山全集》,第七卷,中華書局,1985 年,第 115 頁。

證，孫中山憶述三十年前香港的狀況是真實的。十九世紀八十年代，即孫中山正在求學的香港，已經建立了比較完善的公共衛生制度。[12]

　　總之，孫中山在香港求學期間，不但出色完成了學業，而且利用香港中西文化交流樞紐的條件，涉獵了大量西方政治、歷史等社會科學著作，為孫中山後來成為中國革命的先行者打下了牢固的思想基礎。

　　孫中山在十九世紀八九十年代香港讀書期間，正是中國的社會改良思潮處於上峰之時，又介於中法戰爭和甲午中日戰爭之間。深重的民族災難和變法圖強的呼聲相互作用，構成中國社會生動的圖景。香港得風氣之先，成為當時中國資產階級改良派的前沿陣地。早在 1874 年，王韜就在香港創辦了中國報刊史上第一份以政論為主的報紙《循環日報》，積極鼓吹「變法自強」，成為宣傳變法維新思想的重鎮。同時，孫中山接觸的師友，如何啟、王煜初、區鳳墀、鄭觀應等均主張改良。在這種氛圍中，又發生了 1883 年至 1885 年的中法戰爭，孫中山目睹了香港工人反對法國侵略者的大罷工，深受鼓舞，感到救亡圖存仍有希望。同時對清政府在中國軍隊打勝仗的情況下，仍與法國簽訂不平等條約，導致法國不勝而勝，中國不敗而敗的結局十分憤慨，革命思想已經開始產生，但還不成熟、不鞏固。將自己的主張變成可以公諸報端的文字和私下的反滿高論，還是有區別的。他對推動清政府實行自上而下的改革還有所期待，便利用課餘時間，撰寫了〈致鄭藻如書〉（1890 年）、〈農功〉（1891 年前後）和〈上李鴻章書〉（1894 年）。這三篇政策性建議，由近及遠，由小到大，系統闡述了他的改良主張，集中代表了孫中山青年時期對中國前途命運的思考，也是他在香港學以致用的結晶。

　　鄭藻如（1824－1894），香山濠頭鄉人，曾在內地做官，曾作為大臣出使美國、西班牙、秘魯三國。1886 年因身體欠佳居鄉休養。二十四歲的孫中

12.　霍啟昌：〈孫中山先生早期在香港思想成長的初探〉，中國孫中山研究學會編：《孫中山和他的時代》，中冊，中華書局，1989 年，第 929－940 頁。

山上書鄭藻如,是想借重這位同鄉的名望,推動家鄉香山縣的改革。他有針對性地提出興農桑、戒鴉片和辦教育三點改革建議,希望香山縣「倘能舉而行之,必有他邑起而效者」。[13]

寫於 1891 年前後的〈農功〉一文,是一篇論述運用近代農業科學知識發展中國農業的專文,文章旁徵博引,中外古今,就中國農業的生產,從宏觀管理體制到微觀因地施肥都提出了具體建議。特別在文末提出「以農為經,以商為緯,本末備具,巨細畢賅,是即強兵富國之先聲,治國平天下之樞紐也」。[14] 這種高度重視農業的思想,在一百多年前就由孫中山在香港提出來了,實屬難能可貴。

經過充分的準備,1894 年 1 月,孫中山放下在廣州的醫務,集中精力在家鄉翠亨村草擬了〈上李鴻章書〉初稿,篇幅長達八千餘字。文中以「人能盡其才,地能盡其利,物能盡其用,貨能暢其流」為旨要,提出了強國富民的改革主張,並認為辦好這四件事,是「富強之大經,治國之大本」。[15]

〈致鄭藻如書〉和〈上李鴻章書〉從內容到表達方式,都沒有超出當時改良主義思潮範疇。當時主張改良的新政派人物一般都在清廷上層尋找比較開通的人物,以上書議政的方式表達改革主張,希望得到支持和推動。孫中山的二次上書,也是如此。〈上李鴻章書〉提出的四項旨要,明顯脫胎於 1892 年刊行的鄭觀應〈盛世危言自序〉中之「使人盡其才,使地盡其利,使物暢其流」[16] 的用語。此外,〈農功〉能輯入《盛世危言》,也說明〈農功〉一文符合改良主義者的意願。

孫中山對上書李鴻章一事十分重視。李鴻章是當時權傾全朝的人物,又是洋務派首領,也是孫中山就讀的香港西醫書院的贊助人。孫中山對上書成

13. 《孫中山全集》,第一卷,第 3 頁。
14. 同上註,第 6 頁。
15. 同上註,第 8 頁。
16. 夏東元編:《鄭觀應集》上冊,上海人民出版社,1982 年,第 234 頁。

功抱有很大的期望。他打通各種人脈關係，對「上書」環節作了精心籌畫和安排，拿到了盛宙懷寫給其堂兄盛宣懷的引薦函、王韜寫給李鴻章幕下的介紹書信，鄭觀應寫給盛宣懷的信函，務求不但「上書」要送到李鴻章的手上，而且北上親赴天津要面見李鴻章直述改革大計。最後的結果是：〈上李鴻章書〉究竟「上」去了沒有，未得確認。不過，有一點是清楚的，李鴻章未見孫中山。這對滿懷信心、血氣方剛的孫中山來說，是大失所望的際遇。他不能不考慮，兩次上書均無結果，改良之路是否行得通？

　　給孫中山直接刺激的是，他在天津聯絡等候李鴻章接見時，「有很好的機會看到他（指李鴻章 —— 引者）發財致富的方法之一，就是各級文武官員從整個國家各部分成群而來請求任命，但是就在他們的呈文到達李鴻章之前，他們必須支付大量的賄賂給李的隨員」。[17] 孫中山目睹的這一場景，使他對腐敗的清政府有了直觀的認識，再加上投書所遭到的冷遇，心中最後的一點希望也被泯滅。此時，中日甲午戰爭爆發，中國軍隊連續戰敗的消息頻出，更加暴露出清政府的腐敗無能。中國陷入更加深刻的民族危機之中，孫中山終於毅然決絕地走上革命的道路，開始了從「醫人」到「醫國」的職業生涯。

第二節

孫中山革命事業的平台

何啟　康德黎　四大寇　廣州起義　興中會
同盟會　《中國日報》　辛亥革命

　　孫中山立志革命後，所採取的第一個行動是成立革命組織。1894 年 11

17. 〈中國的現在和未來〉，《孫中山全集》，第一卷，第 99－100 頁。

月 24 日，孫中山在檀香山創立興中會，這是中國近代第一個資產階級革命團體。會員加盟時要填寫《檀香山興中會同盟書》，並按盟書內容宣誓。內容為「聯盟人某省某縣某鄉，驅除韃虜，恢復中國，創立合眾政府，倘有貳心，神明鑒察」。這是首次提出推翻清王朝，建立合眾政府的主張，由此拉開了中國民族民主革命的序幕，吹響了辛亥革命的號角。

檀香山興中會的成立，標誌着孫中山已打出以革命手段反清的旗幟。在檀香山成立興中會主要是通過當地華僑募集支持國內開展革命活動的經費，為此，選出當地華僑劉祥為興中會主席，孫中山以發行「中國商務公會」股券方式募集，每股一百美元，由劉祥兼任司庫。

檀香山興中會的負責人和其成員，除孫中山外，全部來自當地比較富裕的華僑，很難對遠在萬里之遙的中國革命發揮實際領導作用。因此，在靠近中國大陸的地方成立能指揮革命行動的總機關一事便提到日程上來。這樣，毗鄰廣州、交通便利、國際聯繫管道暢通，又不屬清廷管轄的香港再次進入孫中山的視野。人地兩熟的香港成為他選擇的理想之地。

1895 年 1 月下旬，孫中山抵達香港後立即召集他的團隊骨幹鄭士良、陸皓東、陳少白、楊鶴齡、區鳳墀等商議，為擴大興中會組織的力量，擬與有反清思想的楊衢雲、謝纘泰等創辦的香港輔仁文社聯合起來成立新組織。1895 年 2 月 21 日，香港興中會總部成立。會址設在香港士丹頓街十三號，對外以「乾亨行」的名義掛牌做生意為掩護。推舉富商黃詠商為會長，實際會務由孫中山、楊衢雲負責。引人注意的是《香港興中會章程》第一條寫明：「本會名曰興中會，總會設在中國，分會散設各地。」[18] 興中會總會明明設在英國管治下的香港，但在以孫中山為代表的革命派的心目中，香港從來就是中國的領土，並沒有因為英國的殖民管治而喪失主權，因此在「章程」中關於香港興中會的成立地點採用了「總會設在中國」的提法。香港興中會

---

18. 《孫中山全集》，第一卷，第 22 頁。

圖 6-4
楊衢雲（1861－1901）

的成員主要由當時新式知識份子和有反清思想的會黨份子組成，革命性、行動性較強，能夠成為孫中山領導的推翻清廷、建立共和制度的革命核心和可以操作的總機關。這個總機關設在香港，而其分會設於中國各地。從此，香港又成為孫中山領導革命事業的一個平台。

香港興中會剛一成立，孫中山立即將以武力手段推翻清王朝的主張付諸實踐，首先發動了乙未（1895 年）廣州起義。

這次起義的策劃地在香港。1895 年 3 月間，孫中山與興中會的骨幹多次在「乾亨行」召開會議，研究突襲廣州的行動計劃。會議決定，選擇 10 月 26 日這一天舉事，因為該日為農曆重陽節，廣州地區有在這一天掃墓的習俗，屆時利用人多流動性大的時機，便於起義人員聚散。會議還對領導層人員做了分工：孫中山在陳少白、陸皓東、鄭士良的協助下赴廣東指揮軍事行動；楊衢雲在黃詠商、謝纘泰等人協助下留在香港負責後勤支援。會議還決定，利用陸皓東設計的青天白日旗作為起義軍的旗幟。起義計劃確定後，孫中山一行到廣州在雙門底王家祠雲崗別墅設立起義總機關，對外用「農學會」名義作掩護。

這次起義的後勤基地在香港。楊衢雲以香港某洋行文員名義，在港購買

短槍和火藥，分裝五大箱並安排好及時運往廣州，同時還募集了數百人的隊伍，作為特遣隊由朱貴全[19]統領在九龍集結待命。孫中山在香港結識的日本友人梅尾莊吉，也幫助籌集資金在外購置軍械運到香港。黃詠商還在香港租賃一座樓，作為革命黨人往來的大本營。

　　當起義的準備工作就緒後，已臨近舉事之日，危機的事情接踵而至。先是起義的計劃外泄，孫中山受到監控。其次，舉事當日清晨，向廣州進發的兩路義軍隊伍受到清軍的阻擋，無法到達廣州指定地點，表明起義之事已無可能進行。孫中山決定將舉事之期延緩，並電告香港方面，但為時已晚。楊衢雲接電報時，全部軍械已上省港輪「保安」號待駛，於是命朱貴全、丘四等率四百人隨船向廣州進發。此時，楊衢雲等人在香港的活動已被香港警方獲悉並電告廣州政府。廣州總督府立即行動，搜查農學會總機關，逮捕了陸皓東等人。28日早上，當「保安」號輪抵粵時，朱、丘四十餘人束手就擒，其餘人員逃散。

　　這樣，孫中山領導的第一次起義尚未發一槍，就失敗了。廣州當局處死了陸皓東、朱貴全、丘四三人。

　　起義流產後，清廷頒佈了諭令，廣東按察使發佈了告示，將孫中山、楊衢雲列為「首匪」，分別懸賞花紅一千元捉拿。孫中山先逃回香港，後被迫與鄭士良、陳少白同渡日本，開始海外流亡生涯。1896年3月4日港英政府也發出了對孫中山的遞解令，由該日起五年禁止其進入香港。

　　孫中山首次策劃的反清武裝鬥爭的嘗試雖然失敗了，但其先行的意義不容低估。廣州起義前有康有為發起的「公車上書」（1895年5月），後有戊戌變法（1898），當時社會的注意力還集中在維新上，以孫中山為代表的革命派就在堅持武裝鬥爭的方向上邁出了第一步。以後又連續發起了九次較大的反清起義，都是這次起義的繼續和發展，直至辛亥武昌起義成功。

19.　朱貴全，興中會會員，為會黨中人。

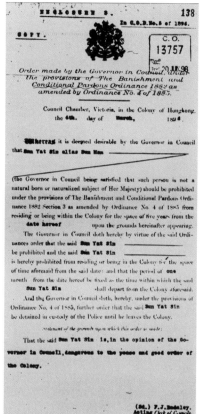

圖 6-5
港英政府驅逐令

　　乙未廣州起義失敗後，香港興中會的骨幹人物被迫四處流散，會務處於困難時期，但革命派並未氣餒，仍然堅持鬥爭，他們各自在流亡地成立組織。孫中山在日本成立橫濱興中會，陳少白在台北、楊衢雲在南非約翰尼斯堡分別成立了興中會分會。同時，他們義無反顧，尋找時機，準備下一次起義的到來。

　　在日本期間，孫中山一直沒有放棄爭取返回香港領導興中會的努力。1897 年，孫中山致函港英政府輔政司駱克（J. H. Stewart Lockhart），詢問港英政府剝奪其居港權是否屬實。駱克覆函答覆，重申當年港英當局發佈

對孫中山的驅逐令仍然有效，聲稱孫中山如到香港則予逮捕。在這種情況下，孫中山只好在香港水域的船上籌畫了興中會發起的第二次反清起義。此後，孫中山在香港水域的輪船上指導革命派的行動，成為經常使用的一種方式。

為準備這次起義，革命派骨幹把聚集起義隊伍放在工作的首位。為了直接聯絡會黨，陳少白在香港加入三合會，並被封為「白扇」（軍師），經人介紹，結識了史堅如[20]和畢永年。畢永年為哥老會龍頭，被派赴湘、鄂發動會黨；陳少白與鄭士良等聯絡廣東三合會。1899年11月，興中會與哥老會、三合會在香港舉行大團體興漢會，以興中會的秘密誓詞為綱領，公推孫中山為總會長。會黨、綠林份子成為這次起義的主力。

1900年6月8日，孫中山一行乘法國輪船「煙迪斯」（S. S. Indus）號離開橫濱，於6月17日抵達香港水域，在船上與香港同事部署起義的具體事宜，並將起義的重任委託給鄭士良。會議決定兵分四路：鄭士良等赴粵東惠州發動起義；史堅如等赴廣州組織暗殺活動策應；楊衢雲等在香港籌措軍械；陳少白在香港籌辦革命派的機關報《中國日報》，並將報社作為聯絡會黨的機關。起事地點選在山險林密的惠州歸善縣三洲田，起義的總機關設在香港，史稱「庚子（1900年）惠州之役」。

10月8日，起義軍夜襲清營，大敗清軍，活捉管帶杜鳳梧，使起義軍隊伍由六百人迅速發展到兩萬人。開創了革命派十次反清武裝起義以小博大的範例。起義在堅持了二十多天後，終因外無援軍、內乏彈藥，鄭士良被迫解散隊伍，退往香港，由興中會負責安置。

在廣州執行炸死署理兩廣總督德壽進行策應任務的史堅如，因未遂而遭逮捕。面對清軍的酷刑，史堅如決不透露內情和出賣同志，寧死不屈，慷慨就義，年僅二十一歲，當時被譽為「中國革命的天使」。

---

20. 史堅如（1879－1900），廣東番禺人，1899年參加興中會。

圖 6-6
《中國日報》登批判保
皇黨的文章〈保皇黨
與妓女之比較〉

此次惠州之役，由於戰線太長，供給不繼，又過於依賴各種外部勢力，致使起義失敗。與首次乙未廣州起義不同的是，庚子惠州一役，革命派終於打響了推翻清王朝的第一槍。正如孫中山所總結的：

> 經過此失敗而後，回顧中國之人心，已覺與前有別矣。當初次之失敗也，舉國輿論莫不目予輩為亂臣賊子、大逆不道，詛咒謾罵之聲，不絕於耳；吾人足跡所到，凡認識者，幾視為毒蛇猛獸，而莫敢與吾人交遊也。惟庚子失敗之後，則鮮聞一般人之惡語相加，而有識之士且多為吾人扼腕嘆惜，恨其事之不成矣。前後相較，差若天淵。吾人睹此情形，中心快慰，不可言狀。知國人之迷夢已有漸醒之兆。[21]

21. 《孫中山全集》，第六卷，第 235 頁。

　　庚子惠州之役後，廣州當局加緊圍剿革命派。1901 年 1 月 10 日，清廷派刺客到香港，在中環結志街五十二號二樓寓所暗殺了楊衢雲。同年 8 月 27 日，鄭士良又在香港病故。1902 年 1 月，畢永年逝世於惠州羅浮山寺。原屬輔仁文社的謝纘泰為給舊友報仇，遂發動聯絡太平天國洪秀全族侄洪春魁（後改名「洪全福」），組織綠林會黨，再度發起廣州起義，宣佈共和。李紀堂捐助起義經費。指揮部設在香港中環德忌笠街二十號和記棧生果店。這次起義計劃於 1903 年 1 月 28 日（農曆除夕）發起，但在部署中被香港警方掌握了線索，警員搜查了和記棧，獲得不少起義文件，並將情況通報廣州當局。這次起義因洩密而流產。洪春魁化裝逃往新加坡，後返回香港病逝。此後，謝纘泰退出武裝起義的舞台。

　　史稱的這次「壬寅廣州之役」，雖然是香港興中會部分成員組織的，和總會沒有關係，但這次起義與香港聯繫密切，也顯示了革命派重整旗鼓的決心。

　　上述三次武裝起義有一定的代表性。這三次起義所顯現的特點是：

　　一、香港是起義的策源地、主要資金的來源地、軍械等武器裝備的採購、中轉地和起義失敗後革命黨人的避難地。香港的這種獨一無二的作用，是不可替代的，在以後的革命派所發動的反清起義中還不斷呈現出來，使得革命派的軍事行動得以繼續。

　　二、三次武裝起義雖然以流產、失敗而告終，但革命黨人的優秀份子為推翻君主專制、建立共和理想的獻身精神和可歌可泣的事蹟，使革命派的影響力不斷擴大。

　　三、參與起義的基本隊伍來自有反清復漢歷史傳統的會黨、綠林草莽和被策反的清軍，他們缺乏統一的理念，宜聚宜散。革命派在武裝行動中，沒有自己可靠的根據地。打了勝仗，後勤補給跟不上；鬥爭失利，沒有喘息休整之地。再加上戰略有時失當，內部應變溝通不足，過於相信外援，失敗是很自然的。

　　四、綜觀這三次起義的過程，大體程序是決策於香港，實施於廣東。香港興中會有關負責人往來於粵港之間部署、落實，這就必然引起港英政府和廣州當局的警惕和監視。乙未和壬寅兩次廣州起義所以流產，其中一個很重要的原因，是港英警方將在香港發現的起義線索，暗地裏一早通過英領事知會廣州當局，使清軍能及時將參與者在廣州抓獲，並將主事者處死，使整個起義計劃胎死腹中。這是港英對起義事件的具體處理。另一方面，由於港英政府下達了對孫中山不得進入香港地面的驅逐令，所以對孫中山在香港水域的活動，除嚴密監控外，並未加以阻攔。同時，對起義失敗後逃往香港的隱匿人員，一般採取眼開眼閉的態度，不把革命派與清政府的對抗引入香港，避免激化矛盾，給港英的殖民管治帶來不利因素。楊衢雲被刺殺後，港英政府批准其兒子在官立學堂永遠免費讀書。1896年孫中山在倫敦蒙難時，最後還是由英國政府出面，迫使駐倫敦的清使館將監禁在館內的孫中山放出，就是英方在明面上處理與革命派關係的兩個典型事例。英國政府，包括港英政府，採取的這種圓通的處理手法，是有長遠考慮的，預留盡可能大的政治周旋空間，以適應動盪多變的中國形勢，保持英國的戰略優勢。

　　香港興中會時期的這三次起義，對該會的人力、財力消耗很大。其骨幹陸皓東、史堅如、楊衢雲、鄭士良、畢永年等相繼離世，元氣大傷；孫中山又不能踏足香港地面視事，香港興中會總會會員多為廣東籍，開展活動範圍有限，很難擔負起領導全國革命派的重任。

　　從1895年至1905年這十年間，隨着中國民族矛盾的日益加深和半殖民地化的速度加快，社會上的反帝、反清風潮，一浪高過一浪，並由此引發了資產階級革命派與改良派在思想策略上的大論戰，革命派初戰告捷，各種革命團體、各種出版物如雨後春筍紛紛出現，孫中山的革命思想和主張受到了中國留日學生的歡迎。這時，香港興中會已適應不了蓬勃發展的革命形勢，亟須成立政黨型的大團體來領導日益發展的全國反清革命力量。

　　1905年8月20日，中國同盟會在日本東京應運而生，孫中山被推選為

中國同盟會總理。同盟會的宗旨是「驅逐韃虜，恢復中華，創立民國，平均地權」。同盟會是日本興中會、長沙華興會、武昌科學補習所、上海光復會等各革命團體成員為骨幹的新型革命團體，即中國第一個資產階級革命政黨。中國同盟會的成立，標誌着孫中山領導的資產階級革命進入一個新的歷史時期，孫中山的領袖地位也從此確立。

　　根據《中國同盟會總章》的規定，同盟會在國內分五部，其中南部為香港，負責雲南、廣東、廣西、福建四省的事務。孫中山對此十分重視，1905年9月8日，給馮自由[22]、李自重[23]發了委任狀，內容如下：

> 　　中國革命同盟[24] 會總理孫文，特委託本會會員馮君自由、李君自重二人，在香港、粵城、澳門等地聯絡同志。二君熱心愛國，誠實待人，足堪本會委託之任。凡有志入盟者，可由二君主盟收接，特此通知，仰祈察是荷。[25]

　　馮自由、李自重抵達香港後，即與陳少白、鄭貫公等商議改組興中會為中國同盟會香港分會。此時，孫中山一行乘法國郵船由上海經香港前往西貢。船經香港時，孫中山就便在船上主持了同盟會香港分會會員宣誓加盟儀式。11月，中國同盟會香港分會在《中國日報》社舉行成立大會，舉陳少白為會長，鄭貫公為庶務，馮自由為書記，黃世仲負責交際。會所設在《中國日報》社。

---

22. 馮自由（1882－1958），廣東南海人，出身於日本華僑家庭，1895年在日本橫濱加入興中會。1905年參加同盟會成立大會，旋赴香港與陳少白建立同盟會香港分會，任書記，後兼任《中國日報》社長、總編輯，並被舉為同盟會香港分會會長。
23. 李自重，廣東新寧人，留學日本習商。1901年參加組織廣東獨立協會。1903年加入青山革命軍事學校。1905年加入同盟會。
24. 「中國同盟會」作為會名，孫中山主張用「中國革命同盟會」，後為適應秘密組織的特點，最後定名「中國同盟會」。有時，孫中山仍用「中國革命同盟會」之名。
25. 《孫中山全集》，第一卷，第286頁。

這是中國同盟會在日本以外成立的第一個分會。1906 年秋，馮自由接替陳少白任《中國日報》社長兼總編輯，同時任中國同盟會香港分會會長。

中國同盟會成立後，孫中山用一年多的時間，奔走於香港海面、西貢、新加坡、河內、吉隆坡等地，設立同盟會分會，組織革命力量和募集經費，加快了發動武裝起義的步伐。從 1907 年 5 月至 1911 年 4 月，孫中山連續發動了潮州黃岡起義（1907 年 5 月 22 日）、惠州七女湖起義（1907 年 6 月 2 日）、欽州王光山起義（1907 年 9 月 3 日）、廣西鎮南關（今友誼關）起義（1907 年 12 月 1 日）、欽廉上思起義（1908 年 3 月、4 月間）、雲南河口起義（1908 年 4 月 30 日）、廣州新軍起義（1910 年 2 月 12 日）、廣州起義（1911 年 4 月 27 日）共八次武裝起義。

這些起義全部在中國南部進行。同香港興中會時期組織的起義一樣，香港仍然在潮州黃岡之役、惠州七女湖之役、廣州新軍之役和廣州起義中發揮了策源地、後勤基地和戰後避難地的作用。

1907 年 5 月的潮州黃岡之役，是同盟會成立後孫中山領導的第一次武裝起義。他委派新加坡華僑、同盟會會員許雪秋[26]為起義領導人，受同盟會香港分會的指揮、聯絡，許雪秋到香港向時任同盟會香港分會會長馮自由匯報起義籌備進展情況，並通過該分會請示孫中山。孫中山雖然有明確的指示，但參加起義的會黨首領因故貿然起事，最終導致敗局，殘部退往香港。1907 年 6 月的惠州七女湖起義，孫中山委派新加坡同盟會會員鄧子瑜[27]負責，策劃的大本營仍設在香港。雖然起義行動一度進展順利，但因黃岡之役失敗在前，惠州起義失去接應，隊伍被迫解散。起義軍主將及部分士兵避居香港，

---

26. 許雪秋（1875－1912），潮州海陽縣人，生於新加坡華僑富商之家，與江湖會黨有聯繫。1906 年在新加坡加入同盟會，被孫中山委任為中華國民軍東軍都督。辛亥革命後，為清降將吳祥達殺害。

27. 鄧子瑜，廣東歸善（一說博羅）人。早年結交會黨。1900 年助鄭士良在惠州三洲田起義，事敗去香港，轉赴新加坡開客棧，從事聯絡。1905 年加入新加坡同盟分會。

馮自由派人保護並做妥善安置。

　　上述起義軍的主力仍是會黨成員，捨此，革命派還找不到這樣現存的武裝力量。會黨成員多為闖蕩江湖的遊民，在起義中暴露出來的一些痼疾也至為明顯，這不能不引起孫中山等人的思考。

　　到了 1910 年，國內矛盾日益加深，全國出現了財政金融危機，群眾自發地抗捐、搶米風潮達到高峰，這種風雲日急的形勢對當時正在擴大的新軍 [28] 內部造成一定的衝擊，在革命派人士積極活動下，各省新軍中的下級軍官和士兵不滿現狀者日多，這就為孫中山策劃武裝起義的依靠力量由會黨、綠林轉向以正規軍新軍為主、會黨響應的戰略，提供了客觀條件。革命派發起的第九次廣州新軍起義，就是落實此次戰略轉軌之舉。

　　1909 年 10 月，在香港成立了同盟會南方支部，作為南方革命的總機關。孫中山任命胡漢民 [29] 為支部長，汪精衛 [30] 為書記，林直勉為司庫。南方支部任命廣州新軍的同盟會骨幹倪映典 [31] 為運動新軍總主任。為了加強領導

28. 新軍為清末編練的近代化陸軍。武昌起義前，已編成十三鎮。清政府以北洋新軍為中央軍（亦稱國軍），各省新軍為地方軍，藉以鞏固其統治。

29. 胡漢民（1879–1936），廣東番禺人，1902 年赴日本留學，同盟會籌建人之一，後隨孫中山參與多次起義。辛亥革命時任廣東都督。

30. 汪精衛（1883–1944），廣東番禺人，1903 年入日本政法大學，1905 年參加同盟會成立會，曾任《民報》主編。1910 年因謀炸清攝政王載灃被判死刑，後減刑監禁，武昌起義後獲釋。抗日戰爭時期成為大漢奸。1944 年病死於日本。

31. 倪映典（1884–1910），安徽合肥人。1904 年入安徽武備練軍學堂，後任廣州新軍炮兵排長，熱心向士兵宣講三民主義，在他的影響下，許多新軍士兵爭相要求加入同盟會，奉他為「革命大師」。在 1910 年的廣州新軍起義中被清軍殺害。

力量，孫中山還派黃興 [32]、趙聲 [33]、譚人鳳 [34] 到香港，共同組織廣州新軍起義，由倪映典任指揮。

同盟會南方支部原定在 1910 年正月元宵節後舉行起義，可碰巧發生了新軍士兵與當地警察衝突槍戰事件，士兵群情激憤，只好順勢將起義提前 2 月 15 日進行。2 月 12 日晨倪映典趕回廣州兵營時，發現士兵已做好了戰鬥準備，箭在弦上，不得不發，於是當機立斷，立即宣佈起義。起義士兵公推倪映典為總司令，率軍三千人，分三路進軍攻打廣州城。義軍主力與清軍在牛王廟相遇，清軍派人以同鄉關係約談倪映典商議起義事，將其引入清軍中殺害，導致起義失敗。

廣州新軍起義表明，以新軍為主力進行反清武裝起義是可行的；把維護清王朝的軍隊通過思想和組織工作使其反戈一擊，變成推翻清王朝的力量，是革命派多次武裝起義所摸索出的一條重要經驗。愈挫愈勇的孫中山從這次失敗中看到了希望，以大無畏革命精神，於 1910 年 11 月 13 日在馬來西亞檳榔嶼召開同盟會骨幹及國內東南各省的代表會議。會議決定，仍以新軍為起義主力，再次策動更大規模的廣州起義。

為了籌備這次起義，1911 年 1 月底，同盟會在香港跑馬地三十五號成立了統籌部，以黃興、趙聲為正副部長，總攬廣州起義事宜。在日本、安南、

32. 黃興（1874－1916），湖南善化縣人，曾留學日本。1904 年組華興會任會長。曾策劃長沙起義，未成，逃往日本。中國同盟會成立被選為執行部庶務，負責組織國內武裝起義，在會內地位僅次於孫中山。

33. 趙聲（1881－1911），江蘇丹徒人。1904 年北上保定投新軍從事革命活動。1905 年入南京新軍第九鎮，任 33 標工營管帶，後升為標統。1906 年春加入同盟會，1910 年初參加廣州新軍起義，起義失敗後逃往香港。1911 年 4 月廣州黃花崗起義失敗後悲憤成疾，5 月 18 日病逝於香港。1912 年南京臨時政府追贈他為上將軍。

34. 譚人鳳（1860－1920），湖南新化人，初為哥老會領袖，1906 年在日本參加同盟會。1908 年先後參加鎮南關起義和雲南河口起義，參與籌畫 1911 年廣州黃花崗起義，抱病參加武昌起義。1912 年先後任川粵漢鐵路督辦、長江巡閱使，被授予陸軍上將銜。1920 年病逝。

暹羅等國購買的槍支彈藥，經香港密運廣州。經過詳細部署，起義日期最後
改為 4 月 27 日（辛亥年三月二十九日），義軍分十路進攻廣州，但舉事前
夕，起義信息已經外洩，清軍在城內嚴加佈防，同時調兵遣將以應變。在
這種情況下，起義是否如期舉行，在指揮中心發生了分歧。黃興為求萬全之
策，在力量調配上作了如期和延遲舉事的兩種安排，到 4 月 27 日下午 5 時
半發難時，導致原來集中的力量分散了，只好將十路進攻計劃變為四路，在
實戰時，僅黃興率百餘人攻入兩廣總督府，進行殊死的巷戰，黃興在激戰中
右手受傷，斷了兩指。經過一晝夜戰鬥，革命黨人終因寡不敵眾而失敗，黃
興潛回香港。當 28 日凌晨趙聲、胡漢民率二百多人乘夜船抵達廣州時，起
義已經失敗了。事後，收殮遺體七十二具，合葬在廣州的黃花崗，稱為「黃
花崗 72 烈士」。後來，又發現了十四位殉難者，一共八十六人為共和理想付
出了生命。孫中山對此給予了極高的評價：

> 是役也，碧血橫飛，浩氣四塞，草木為之含悲，風雲因而變色。
> 全國久蟄之人心，乃大興奮。怨憤所積，如怒濤排壑，不可遏抑，
> 不半載而武昌之大革命以成。則斯役之價值，直可驚天地、泣鬼
> 神，與武昌革命之役並壽。[35]

黃花崗之役，是同盟會發動的武裝起義中革命黨人犧牲最壯烈的一次，
也是武昌首義勝利的前奏。半年之後，起義軍軍旗 —— 十八星旗就在黃鶴樓
上飛揚了。

建立廣泛的社會聯繫網絡和為革命活動籌募款項，幾乎伴隨孫中山革命
活動的一生，而香港就是這方面一個重要的來源地。

35.　孫中山：〈黃花崗烈士事略序〉，黃季陸編：《總理全集》雜文，第 10 頁。轉引自章開沅、
　　林增平主編：《辛亥革命史》，中冊，人民出版社，1980 年，第 307 頁。

　　孫中山在香港的社會網絡，主要是他在港受教育期間形成的，也充分體現了香港文化相容並蓄的特色。

（1）亦師亦友

　　孫中山在香港求學期間，他和中外教師相處融洽，隨着時間的推移，許多都變成了亦師亦友的關係，保持了長久的師生情誼。他們熱心照顧他的學習、生活，支持他的革命活動。這些老師前期有喜嘉理、區鳳墀、王煜初等；在西醫書院有何啟、孟生、康德黎等中外名師。其中以區鳳墀、何啟和康德黎與孫中山的關係最為密切，而且各具特點。

　　孫中山青年時代在香港接受西式教育，但一直重視對國文的進修。1883年 11 月在拔萃書室讀書時，即拜區鳳墀長老為國文老師。區早年對詞章之學甚有研究，中文功底扎實，後受洗成為英國倫敦傳道會信徒，先後在粵港兩地傳道。孫中山在香港入教時，就是採納了區鳳墀的建議，將名號「日新」改為「逸仙」，即其後孫中山的英文名 Sun Yat-sen。區先生在香港期間，曾參與翻譯聖經。1890 年至 1894 年，受聘於德國柏林大學東方研究所任中文教師，目睹德國社會現狀，產生變革中國社會的思想。返港後，1895 年任華民政務司署文案。他贊同孫中山的改革思想，對農業、教育方面的改革素有研究。香港興中會成立後，區鳳墀即加入成為會員。1895 年 10 月 6 日，正是乙未廣州起義前夕，孫中山在廣州《中西日報》上發表了一篇題為〈擬創立農學會書〉文章，探討近代農業諸問題。此文就是區鳳墀執筆的。發文的目的是轉移廣州當局的注意力，掩護即將起義的舉動。但文章的內容確是相當專業的。

　　乙未廣州起義的消息被外泄後，廣州當局立即派人監視孫中山的一舉一動。為麻痹對方，孫中山在區鳳墀的陪同下，若無其事地應邀出席王煜初牧師娶媳婚宴。在危難之中相助，可見師生情誼之重。香港興中會籌畫的首次

起義失敗後，區鳳墀已受關注，與女婿全家避走香港。此時香港興中會領導層人物均已四散，區鳳墀則擔負起興中會對外聯絡事務。

1896 年 10 月 11 日，孫中山在英國倫敦被清駐英使館囚禁，獲釋後他第一封信就寫給在香港的區鳳墀，簡單報告事件經過，以釋區先生的擔心。此函最後寫道：「弟觀擬暫住數月，以交此地賢豪。弟遭此大故，如蕩子還家，亡羊復獲。此皆天文大恩。敬望先生進之以道，常賜教言，俾從神道而入治道，則弟幸甚，蒼生幸甚。」[36] 信中既有宗教之情，更充溢着師生之誼。

香港興中會機關報《中國日報》在香港的創辦和出版，也得到了區鳳墀的大力協助。

區鳳墀於 1914 年 4 月 19 日病逝於香港，享年六十七歲，年長孫中山十九歲。

何啟是孫中山在香港西醫書院讀書期間的兼課老師，講授生理學與法醫學。該書院為何老師在他捐資興建的雅麗氏醫院內創辦，1887 年 10 月開學，孫中山是首批學生之一。第一任院長為英國人史特渥地（F. Steware）醫生，孟生（P. Manson）醫生任教務長，康德黎（J. Canelie）醫生為秘書，何啟醫生為名譽秘書。1889 年康德黎繼任教務長。

何啟（1859－1914）祖籍廣東南海，香港出生，早年就讀於中央書院，1872 年赴英國留學，專攻醫學和法律，1882 年返香港。何啟在西醫書院除兼課外，還醉心於研究社會問題，從 1887 年起的十年間，將他發表的政論文章匯編名為《新政真詮》出版，是一個資產階級改良主義者，著名的政論家，並於 1890 年出任港英立法局的非官守議員。孫中山最初對改良主張的系統了解，來自何啟老師。在變法中不觸及統治架構的根基，不損害封建統治者的權力，希望在現政權下，通過得到上層某種勢力的支持、合作，實現改革，是改良派的主要特徵。孫中山的〈致鄭藻如書〉和〈致李鴻章書〉就

36.　〈致區鳳墀函〉，《孫中山全集》，第一卷，第 46 頁。

有這個特徵的印記。從中可以看到何啟老師對孫中山的影響。雖然以後孫中山走上了革命的道路，但何啟並未反對，反而持同情甚至協助的態度。所以孫中山一直和何啟保持密切的聯繫，在一些重大的問題上請他參與，聆聽他富有啟發性的意見和建議。孫中山與何啟是在政治主張不同的情況下保持着師生關係，必然帶有一定複雜性的色彩。

孫中山在策劃乙未廣州起義時，並不是興中會會員的何啟是座上客。在何的推介下，《德臣西報》的編輯黎德也參與其中。何啟利用這個機會，影響《德臣西報》宣傳自己的改良思想和計劃。1895 年 3 月 12 日，該報在社論中透露改革黨將「以和平手段實現政變」，並引用改革黨的主張來說明，「政變」的結局對英國在經濟上有很大的好處。接着，3 月 16 日、18 日，該報又登載文章，陳述革命黨的政治目標，實質上是在宣揚君主立憲的觀點。有中外學者認為，《德臣西報》此時所報道的思想觀點，實際上都是何啟的主張。[37]

8 月 29 日，孫中山在香港杏花樓召開秘密會議，研究起義一旦成功未來政府的建設問題。何啟和黎德也出席了會議。會上對這個問題交流了看法，顯然，孫中山沒有採納何啟的主張，但會議又推何啟為對外發言人。這種相互矛盾的現象應該如何理解呢？

首先，何啟是孫中山的老師，又是改良派中的著名人物，對孫中山革命思想的形成有過啟蒙作用，從長期師生關係而言，孫中山對何啟是尊重的、信任的，也想聽聽在首次廣州起義問題上何啟的見解。據英國殖民地部有關檔案記載，香港總督梅含理於 1913 年 1 月 22 日送給英國殖民地部大臣的報告談到了何啟與革命派的聯繫：「在革命前好幾個月內何啟他亦參與革命黨人的機密，實際上充當他們的顧問，指導他們可以活動到什麼程度就不至違

37.　參見茅家琦等著《孫中山評傳》中之第三章第四節〈策劃第一次廣州起義〉。南京大學出版社，2001 年，第 122－132 頁。

反香港法律條文的規定。可是他竟從未將正在進行中的這場運動向本港政府報告。」[38] 由此可證，何啟確為孫中山信任的老師。

第二，最重要的，是處於策略上的考慮。孫中山的反清活動一直想爭取一個有利於取勝的國際環境，這種考慮在他以後的革命活動中表現得更加明顯。利用何啟和《德臣西報》的影響力，以溫和的改良姿態對外，實際上是一種宣傳性現象，是對媒介這種試放氣球本能功能的充分利用。所以孫中山對《德臣西報》所發表的有關言論和文章持包容態度，但在行動上，堅決踐行武裝起義。

康德黎（James Cantlie，1851－1926），英國人，是西醫書院的創辦人之一並兼教授解剖學，後任香港西醫書院第二任教務長。1896 年回國。康德黎作為醫生和教師，由於長期的職業訓練，他對孫中山的幫助，是務實而具體的，在某種程度上，可以說是孫中山的恩師。

孫中山在西醫書院讀到第二學期課程時，在同考的九名學生中名列第一。此時，書院的學生已增加到二十四人，康德黎已接替孟生擔任教務長，孫中山給他留下了深刻的印象。康德黎回憶道：「在這二十四名學生中，孫（中山）對我最具吸引力，因為他的品質文雅，勤奮求學，不論在學校或私人生活都表現如紳士般的儀態，他實在是其他同學的模範。」[39] 當孫中山讀到大學四年級時，增設的新課程有法醫學、公眾衛生學及實用初級外科，為了深入社會實踐，康德黎夫婦與孫中山一同前往廣州麻風病村考察，並贈給每位病人五元錢和香煙等物品。

1892 年 7 月 23 日，是香港西醫書院創辦五周年暨首屆畢業典禮的日子。是日下午，港督羅便臣親臨主持，將畢業證書授予孫中山和江華二人。

---

38. 《英國殖民地部檔案編號一二九》卷 399，第 271 頁。轉引自霍啟昌：《香港與近代中國》，第 170 頁。

39. 轉引自葛培林：〈孫中山與香港〉，《中山文史》第 56 輯，政協廣東省中山市委員會文史資料委員會主辦，2005 年 2 月版，第 14－15 頁。

康德黎在典禮上發表演講說：「我們教育他們（學生），不受金錢報酬或其他補助，只不過自願奉獻於科學尚不發達的中華帝國而已。」[40] 在康德黎的特別安排下，當日晚上，在太平山頂柯士甸山酒店舉行了書院首屆畢業生晚宴。輔政司駱克、陸軍少將伯架（Digby Barker）、新任院長克拉克首席法官等出席。最後，晚宴在大家合唱的「Auld Lang Syne」（友誼萬歲）的溫馨氣氛中結束。[41] 這些安排反映了康德黎對孫中山的欣賞與偏愛。

首次廣州起義失敗後，孫中山被清廷懸賞捉拿。就在香港的去留問題，孫中山向康德黎求教，康的看法是應徵詢律師的意見。孫中山接受了律師的意見，離開香港赴日本。到達日本後，港英政府下達了對孫中山的驅逐令。從此以後到辛亥革命前，孫中山被迫在國外過着流亡生活。

1896 年 1 月，孫中山抵達檀香山。一日，他在街上散步，忽然看到驅車迎面而來的康德黎夫婦，孫中山喜出望外，一躍登車，由於此時孫中山已剪掉髮辮，換了裝束，康氏夫婦未認出，疑為暴徒。孫中山告之：「我孫逸仙也。」原來是康氏夫婦乘船回國路經此地，登岸遊覽。孫中山熱情接待了老師，還當了一次導遊，並告老師將作環球之旅，不久將到英國，相約再見。就是這次檀香山偶遇，才有後來的康德黎在倫敦救助孫中山脫險之舉。讓孫中山沒有想到的是，作為清廷的通緝犯，他一到英國即處在清使館所僱用的私人偵探的監控之中。

1896 年 10 月 1 日，孫中山抵達倫敦的次日即到康德黎家拜訪，康氏帶孫中山在自己家附近為他挑選了一間旅館，孫於 10 月 2 日搬了進去。同時，康德黎還告誡孫中山，清使館就在附近，要小心謹慎以免被捕。康德黎還向孫中山提供了孟生老師在倫敦的住址，孫也去拜訪了孟生老師。孟生也警告孫，不能走進清使館，否則，如墮虎口。但是，孫中山未聽從兩位老師

40.　劉蜀永：〈香港近代教育〉，《光明日報》，1997 年 2 月 11 日。

41.　李金強：《一生難忘──孫中山在香港的求學與革命》，孫中山紀念館，2008 年，第 62 頁。

的告誡，以為自己在倫敦已改姓名（改名陳文，字載之），使館沒有人能夠
認識他，再說，當時中、英兩國又無交犯的協議，於是，孫冒險連續兩進中
國駐英公使館，在 10 月 11 日禮拜日再進時，被監禁在使館了。

　　孫中山被囚禁後，使出渾身解數，通過監押人員向康德黎以紙條傳遞營
救信息，均被送達使館官員手中。同時，駐倫敦使館與北京清政府函電交
馳，密謀租船將孫押回廣州處置。最後，在清使館工作的英僕和清潔女工將
孫的求救資訊傳遞給康德黎和孟生。昔日的兩位老師立即展開營救學生的行
動。先是康氏收到清潔女工從家裏門底下塞進來的一封信，得知孫中山的下
落後，已向蘇格蘭場警署報了案，接着又走訪英國外交部，外交部研究後，
於 10 月 19 日通知康德黎就此事提交一份報告，英國政府經調查確認中國
使館曾包租船艙準備運走私捕人犯後，決定處理此案。10 月 22 日，首相兼
外相沙里斯伯決定立即照會清駐英公使，正式提請公使按照國際公約和國際
慣例，盡快恢復孫中山的自由。同日下午，英國《地球報》率先採訪了康德
黎，該報以醒目大標題報道了孫中山在倫敦被公使館拘囚的消息，其他報紙
也隨後跟上，康德黎成為了各報爭先恐後採訪的對象。針對不少報紙的混亂
報道，康德黎在一份聲明中作出澄清：「我在香港與孫逸仙非常諳熟。他從
1887 年起即在當地的學院學醫，並取得醫生資格。他是個出色的學生，畢業
後，他開始在距離香港約三十英里的葡萄牙殖民地澳門行醫。由於他在澳門
執業有成，經友人介紹前往廣州。其後我與他有一個月之久未曾謀面，後來
我與他在香港重逢，他說他已經與滿清政府產生糾紛。」[42] 康德黎的聲明稿被
倫敦大多數報紙刊登，激起了對孫中山有利的反響。1896 年 10 月 23 日下午
4 時 30 分，孫中山在被羈囚了十二天後，終於走出了清使館，獲得了自由。
康德黎親往迎接，在寓所設宴慶賀孫中山脫險。是年冬，孫中山用英文撰寫

42.　轉引自黃宇和：《孫逸仙倫敦蒙難真相：從未披露的史實》，聯經出版事業公司，1999 年，
　　　第 184 頁。

《倫敦被難記》，詳述這次事件的經過，次年初在英國布裏斯特耳初版發行。孫中山在〈序〉中明言：「顧予於英文著述非所長，惟冀讀者恕其譾陋，勿加督責。而遣詞達意尤得吾友匡助之力為多……」[43] 後經學者調研考證，[44] 孫中山在此〈序〉中提到的「吾友」，即是亦師亦友的康德黎先生也。

康德黎是孫中山讀大學時的授課老師，曾引導他研讀達爾文的《物種起源》；孫中山懸壺澳門時，康德黎常應邀去澳門與他切磋疑難病症；孫中山倫敦被難後，康德黎四處奔走營救，直達英國最高層，並善用報章媒體，及時澄清對孫中山的不利流言；最後又幫助孫中山完成英文版《倫敦被難記》，使之以優雅、流暢、幽默的英文風格流佈於世。對於孫中山個人來說，康德黎堪稱亦師亦友的典範。

（2）志同道合

孫中山革命初期擁有一個志同道合的團隊，這是他堅持理想、奮鬥不息的力量源泉。這支團隊的核心骨幹是在香港形成的，他們是近代知識份子的代表。在以後的革命進程中，這支團隊又吸收了不少中、外人士，逐步擴大。

1883 年，十七歲的孫中山和他的同窗、同鄉，比他小兩歲的陸皓東，一齊砸毀了家鄉的神像，在鄉親們的壓力下，他們只好離開家鄉到香港求學。可以說，陸皓東是孫中山團隊的第一人。

1884 年陸皓東到上海電報堂學習，畢業後在上海電報局工作。1894 年孫中山上書李鴻章，陸皓東在上海為他做聯絡工作，並陪同孫中山到天津上書。1895 年 4 月，孫中山到香港籌建香港興中會，陸皓東參與籌建，並成為首批會員，隨後即投身到乙未廣州起義中去。起義失敗後，陸皓東被廣州當

---

43. 《孫中山全集》，第一卷，第 49 頁。
44. 李金強：《一生難忘 —— 孫中山在香港的求學與革命》，第四章〈英雄形象的樹立〉。

局逮捕，面對嚴刑拷打，他威武不屈，奮筆疾書，寫下擲地有聲的文字：

> 吾姓陸名中桂，號皓東，香山翠微鄉人，年二十九歲。向居外處，今始返粵，與同鄉孫文同憤異族政府之腐敗專制，官吏之貪污庸懦，外人之陰謀窺伺，憑弔中原，荊榛滿目，每一念及，真不知涕淚之何從也。……要知今日非廢滅滿清，決不足以光復漢族；非誅除漢奸，又不足以廢滅滿清，故吾等尤欲誅一二狗官，以為我漢人當頭一棒。今事雖不成，此心甚慰，但我可殺，而繼我而起者不可盡殺。[45]

孫中山對這位戰友的英勇就義給予很高的評價，稱陸皓東「此為中國有史以來為共和革命而犧牲者之第一人也」。[46]

在廣州、香港學醫期間，孫中山就注重尋求、結識志同道合的同志。在廣州博濟醫院附屬南華醫學堂學醫時，孫中山結識了同學中的會黨成員鄭士良。鄭士良（1863－1901），廣東歸善（今惠陽）人。後來他成為興中會的骨幹，參加了首次廣州起義，領導了庚子惠州起義。參加起義的會黨成員，多由鄭士良召集而來。

在香港西醫書院學習時，由於環境相對寬鬆，孫中山與他的學友陳少白、尤列、楊鶴齡三人常在一起放言高論，指斥時弊，被人們目為「四大寇」。

陳少白（1869－1934），廣東新會人，經區鳳墀老師介紹認識了孫中山，又經孫中山向康德黎老師推薦而進入西醫書院學習，此後兩人朝夕相處，相互激勵，共議時政，成為摯友。

45.　〈致區鳳墀函〉，《孫中山全集》，第一卷，第 143 頁。
46.　孫文：《建國方略　建國大綱》，三民書局印行，第 69 頁。

尤列（1864－1936），廣東順德人，早年曾加入洪門會堂。1886 年入廣州算學館學習，經人介紹認識了時在廣州博濟醫院就讀的孫中山。後來香港華民政務司招考書記，尤列應考入選留港。尤列與楊鶴齡是算學館的同窗，兩人相遇後又與孫中山重逢。

楊鶴齡（1868－1934），是孫中山的同鄉，在廣州算學館畢業後到香港，住在父親開設的楊耀記商號裏，這裏是「四大寇」相聚暢談之地。

陳少白、尤列、楊鶴齡都是香港興中會的首批會員，後追隨孫中山革命多年，在不同階段發揮作用。

楊衢雲（1861－1901）也是孫中山早期革命隊伍中的重要一員。他是福建海澄（今龍海）人，自幼隨父親來香港定居。1892 年 3 月 13 日，他與好友謝纘泰等在香港中環百子里一號成立進步青年組織輔仁文社並任社長。1895 年香港興中會總部成立時，楊與孫中山合作，將輔仁文社併入，楊被推選為興中會首任會長，後參與策劃乙未廣州起義。

香港能成為孫中山革命事業的平台，除了提供人才資源外，也是財政資源的主要來源地之一。香港能成為最重要的集資管道，是因為當時華人經濟實力的增長。在香港興中會成立前十年，即十九世紀八十年代，華人已成為港島的最大業主，華人掌握了香港外國銀行發行的大部分貨幣，而港英政府的稅收，有九成是取自華人。[47]

華人在經濟上的冒起，必然要在政治上表達自己的願望。他們不甘於在英國管治下受歧視，不滿在內地的經濟活動中受到封建官僚和外國勢力的壓制，盼望中國強盛，迫切要求改革，積極加入革命團體。香港華人資產階級的初步形成和民族意識的覺醒，自然形成鼎力支持民主共和的力量。

興中會、同盟會時期，革命派發動和組織的多次武裝反清起義，除了海外華僑捐助外，其經費主要來源於香港愛國商人的捐助。

47.　同上註，第 69 頁。

　　乙未廣州之役,其經費大部分由港商黃詠商和余育之所提供。黃詠商是廣東香山人,其父黃勝是早期港英立法局的華人議員。香港興中會成立時暫任會長。黃詠商把自己在香港的一所洋樓賣了八千餘港元,悉數作為起義費用。余育之為日昌銀號東主,個人捐助軍餉萬數千元。

　　庚子惠州之役,富商李紀堂捐助了主要經費。李為廣東新會人,曾任日本香港郵船分公司買辦。1895 年結識孫中山,1900 年加入興中會,被孫中山任命為駐港財政主任。此後,李紀堂成為興中會的「財神爺」。

　　壬寅廣州之役,此時正趕上李紀堂接受父親百餘萬元遺產,他承擔了這次起義的全部費用五十萬元。此後的潮州黃岡之役、惠州七女湖之役,所需主要經費由李紀堂、曾錫周、馬培生、李海雲等港商籌集。[48]

　　廣州新軍之役,本需款二萬餘元,但一切準備就緒後,僅有孫中山從美國華僑籌款八千港幣,有很大的缺額,香港同盟會同事急如星火。當時在香港任遠同源商號經理的李海雲以虧空為藉口,將遠同源號存款二萬餘元全部提出捐獻給香港同盟會。後來股東知道了真相,均表示諒解,不向法院訴追。[49]

　　《中國日報》作為出版時間最長的革命派機關報,能在財政拮据的狀況下堅持辦下來,全賴香港商人的大力支持。在陳少白主持報務的七年間(1900 - 1906),主要靠李紀堂一人的支撐。1905 年初,報社與香港一家印刷業企業文裕堂合併,定名為文裕堂股份有限公司。次年秋,文裕堂破產。在此前一個月,港商李煜堂應陳少白、馮自由的請求,斥資五千元,從文裕堂承購《中國日報》,這就使該報避免了被拍賣的厄運。在這五千元中,原有三千元為文裕堂對李紀堂所負的債務,李將此債務轉為《中國日報》新股,由同盟會新會員、富家之子林直勉認購此三千元新股,使該報渡過經濟

48.　同上註,第 167 頁。

49.　馮自由:《革命逸史》,第一集,商務印書館(台灣),1969 年,第 47 - 48 頁。轉引白劉蜀永:《劉蜀永香港史文集》,中華書局(香港)有限公司,2010 年,第 107 頁。

難關。同時，林還捐助了同盟會南方支部的開辦費用。[50] 李紀堂多次出鉅資支持革命，前後達一百萬元左右，終導致家道中落，但他無怨無悔。

香港是反清武裝力量的後勤基地，這就需要在遠離港島、九龍鬧市區尋找一塊僻靜之處，用於接納參加內地起義的敗退人員、密藏武器裝備和試驗軍火、打靶等。1901 年 5 月，李紀堂在新界屯門購地建青山農場，以種植畜牧為名，實際起到後勤保障作用，開辦費用即用去一萬餘元。農場出產不少農產品，李紀堂在港島中環設立名為青山棧的門市部，專門銷售這些農產品，尤以雞蛋聞名於市。1908 年李紀堂破產後，主要靠青山棧維持生計。在多次內地反清起義中，凡是能逃退到香港的將領士兵，幾乎都在這個農場避過難。僅此一項供給善後的開支，也是一筆不小的費用。

李紀堂逝世後，馮自由賦挽詩一首，真實憶述了青山農場收容敗退起義人員的情景：

> 青山島上舊戰場，家破猶堪種稻粱。
> 多少困窮亡命客，望門投止等歸鄉。[51]

香港又是革命經費轉匯的集散地。在同盟會時期，海外籌集的經費一般匯往香港的中國日報社代為處理。因為海外募集的款項匯到香港方便、安全、可靠。據馮自由保存的《丁戊二年之革命收支帳目》記載：1907 和 1908 兩年，他在中國日報館先後收到孫中山多次匯款 36000 餘元，以及新加坡、上海、檀香山、暹羅（泰國）、美國等地匯款，合計 48000 餘元。這些匯款用於潮州黃岡之役、惠州七女湖之役及其他活動。[52]

廣州新軍起義失敗後，中國日報社受到港英的嚴密監視。李煜堂將旗下

---

50. 詳見劉蜀永：《劉蜀永香港史文集》，第 107−108 頁。
51. 同上註，第 114 頁。
52. 同上註，第 108 頁。

的金利源藥材行改為革命黨的聯絡站，承接海外匯款的任務。

　　孫中山對香港的匯兌業務也很信任。例如，在廣州黃花崗一役中，孫中山針對這次起義所需費用比較多，關於海外籌款的集中問題，孫中山專門作出指示。1911 年 11 月底 12 月初，孫中山分別致函新加坡和暹羅同盟會。前函明示：「集款略有成數，或派妥人提交，或以電信匯交，統一香港為中心點。」[53] 後函亦指示暹羅同盟會「請尊處存款不必匯滇，統請寄於香港」。[54] 經過孫中山等負責黃花崗一役的領導人的共同努力，分別從歐美、南洋各地籌募經費 157200 港幣，全部匯寄到香港同盟會機關，集中分配使用，香港又成為革命經費的集散地。

第三節

革命派的思想前哨

《中國日報》　陳少白　鄭貫公

　　青年時代的孫中山，經常奔走於港、澳、粵三地，這個地區恰是我國近代中文報刊的發源地；孫中山所接觸的何啟、鄭觀應、王韜等人，都是當時首屈一指的報刊政論家。特別是在香港，受到報刊文化的影響和耳濡目染，孫中山早已領悟到報刊作為近代輿論工具的巨大引導作用。孫中山早期的幾篇為改革建言獻策的代表作，即〈致鄭藻如書〉、〈農功〉、〈上李鴻章書〉和〈擬創立農學會書〉均先後發表在澳門《濠頭月刊》（第 14、15 期合刊）、《盛世危言》（輯入）、上海《萬國公報》（第 69、70 冊）和廣州《中西日報》

---

53. 《孫中山全集》，第一卷，第 502－503 頁。
54. 同上註，第 502－503 頁。

上。通過媒介作用，孫中山變法自強思想在一定範圍內得到了傳播。

檀香山興中會成立時，孫中山有意吸收了當地一家商業報紙《隆記報》的主要辦報人員作為興中會的骨幹，引導他們在該報發揮作用。香港興中會總部成立時，在其「章程」中明確提出「設報館以開風氣」的主張。由於各方面條件的限制，革命派於 1900 年才正式創辦自己的機關報。

香港是興中會早期活動的基地和革命黨人進入華南地區開展鬥爭的門戶，報業發達，所以孫中山選擇在香港創辦革命派第一份機關報。從此，香港又成為以孫中山為首的中國資產階級革命派的思想前哨。

當時，港英當局仍禁止孫中山進入香港，孫中山便委派陳少白前往香港主持此事，自己在日本籌措經費，購買設備，並採用「中國者中國人之中國」之義，將報紙定名為《中國日報》，於 1900 年 1 月 25 日（光緒二十五年十二月二十五日）創刊。革命派終於結束了靠講演、散發傳單和小冊子進行宣傳的歷史。《中國日報》社址在香港中環士丹利街二十四號。1901 年春，社址遷移到永樂街。陳少白任第一任社長兼總編輯。

《中國日報》除出日報外，同時還出旬刊，稱《中國旬報》。「旬刊」是在日報的基礎上匯編而成，其中「雜俎」欄，從第十一期起改名《鼓吹錄》。1901 年 3 月《中國旬報》出至第三十七期停刊，其內容轉到日報上，《鼓吹錄》也隨之成為日報的文學副刊。

中國同盟會在日本東京成立後，中國同盟會香港分會和同盟會南方支部相繼在香港成立，《中國日報》自然轉為同盟會香港分會和南方支部的機關報。同時，報社的領導層也作了調整：1906 年 8 月後，馮自由、謝英伯、盧信先後擔任社長兼總編。辛亥革命前夕，1911 年 9 月，《中國日報》遷移廣州出版。1913 年二次革命[55]後被龍濟光[56]封閉。

---

55. 1913 年孫中山發動和領導的反對袁世凱獨裁統治、維護資產階級民主共和制度的戰爭。
56. 龍濟光（約 1876－?）為近代軍閥。1913 年奉袁世凱命令攻佔廣州，任廣東都督。

　　《中國日報》在香港存在長達近十一年，從其辦報情況看，大體上可以分為興中會時期和同盟會時期。

　　《中國日報》的宗旨是救國保民、復興中華。初辦時，出於在港英管治下生存的考慮和抱有對改良派合作的願望，當時的言論和改良派的政治分野還不十分清楚。隨着形勢的發展和鬥爭的深入，言論才日趨激烈。壬寅冬（1903 年 1 月）洪全福等奪取廣州的起義計劃失敗，廣州《嶺海報》攻擊革命排滿是「大逆不道」，《中國日報》與之筆戰達月餘，初開革命派與君主立憲派論戰的端緒。1904 年，在香港發刊的《商報》提倡「保皇扶清」，《中國日報》又與之針鋒相對，痛加批駁，並信心十足地指出：像《商報》這樣「代表舊社會之報」，革命報刊「必取而勝之」。[57]

　　興中會時期《中國日報》的副刊辦得很有特色，為豐富、推廣嶺南文化起了有益的作用，提高了中文報紙副刊的地位，為後來在香港出版的革命派報刊帶了一個好頭。例如在「雜俎」一欄刊登一篇名為〈官吏資格〉的「三字經」，對一些欺壓百姓的清朝官吏的醜惡嘴臉作了入木三分的刻劃：

> 皮要厚，膝要軟，嘴要硬，耳要大
>
> 辮要小，足要捷，手要長，髮要短
>
> 頭要尖，舌要彎，心要黑，牙要黃
>
> 眼要快，背要圓，鬚要劣，頸要縮
>
> 音要響，膀要粗。[58]

　　《中國日報》的創辦成功，帶動了一批贊成革命派思想的報刊在香港相

57.　〈說報戰〉，刊於 1904 年 3 月 23 日《中國日報》。轉引自方漢奇主編：《中國新聞事業通史》，第一卷，中國人民大學出版社，1992 年，第 696 頁。

58.　轉引自中國社科院近代史研究所文化史研究室丁守和主編：《辛亥革命時期期刊介紹》，第二集，人民出版社，1982 年，第 29－30 頁。

繼產生，不但壯大了革命派的輿論力量，也促進了香港報業文化的發展。這些主要報紙是：

《世界公益報》，1903 年 12 月 29 日創刊，鄭貫公主編，是繼《中國日報》之後的香港第二家革命報紙。辛亥革命後停刊。

《廣東日報》，1904 年 3 月 31 日創刊，發行所在香港士丹利街二十六號開智社，鄭貫公為總編輯兼督印人。1906 年 4 月停刊。

《無所謂》，是《廣東日報》的文藝副刊，單獨發行，基本以《中國日報》的文藝副刊為藍本，以通俗的文藝形式宣傳革命思想。1905 年 4 月後改名《一聲鐘》出版，期數另起。是年底停刊。

《唯一趣報有所謂》（通稱《有所謂》報），1905 年 6 月 4 日創刊，由開智社同人集資創辦，總發行所在香港荷里活道七十九號開智社。總編輯兼發行人鄭貫公。《有所謂》報由於是同人集資所辦，不受股東利益約束，因此言論更加大膽開放，議論風生，別開生面。總編鄭貫公「喜歡仿效嶺南即事體，寫成粵語駢文，以遊戲文章來宣傳革命，趣味盎然，大受讀者歡迎」。[59]《有所謂》報莊諧並重，有聲有色，風行一時，銷數一度超過《中國日報》。

上述幾家革命報刊的編撰人員，多數都在《中國日報》社工作過，是一批活躍在省港報界的朝氣蓬勃的年青人，其中最突出者為堪稱報界奇才的鄭貫公。鄭貫公（1880 - 1906），廣東香山人，家境貧寒，十六歲輟學東渡日本謀生。工餘博覽群書，並在保皇派的《清議報》任助理編輯，因不滿其取態，於 1900 年 11 月 1 日在橫濱創辦中國留日學生最早的一批革命刊物之一《開智錄》半月刊，利用《清議報》報館為發行和印刷之所。孫中山因贊助過該刊而識鄭貫公。由於《開智錄》和《清議報》在政治上唱對台戲，鄭貫公被解除在該報的編輯之職。1901 年春，孫中山介紹鄭去香港，擔任《中國日報》記者並主編《中國旬刊》。鄭離開《中國日報》社後，又先後在港主

59.　李家園：《香港報業雜談》，三聯書店（香港）有限公司，1989 年，第 41 頁。

持了《世界公益報》、《廣東日報》、《有所謂》報的工作，壯大了香港革命派報紙的聲勢，改變了《中國日報》初創時單打獨鬥的局面，並在新聞業務方面，運用嶺南人喜聞樂見的形式宣傳革命思想，迅速擴大了讀者面，終於在港穗地區贏得讚譽。鄭貫公於 1906 年夏因染疫症病逝，是香港報壇一大損失，享年僅二十六歲。

同盟會時期的《中國日報》與《民報》密切配合，創造性地宣傳了孫中山的三民主義，成為該報的一個亮點。孫中山在《民報》發刊詞（1905 年 10 月 20 日）中說：「余維歐美之進化，凡以三大主義：曰民族，曰民權，曰民生。」[60] 這是孫中山首次提出「三大主義」的政治綱領。在當時條件下，這是完備的革命政治綱領，也是孫中山革命理論的昇華。《中國日報》在發售《民報》的廣告中，第一次將這三大主義稱為「三民主義」，這種簡稱明瞭、準確、易記，過目難忘，也符合孫中山在〈發刊詞〉所提出的以「非常革新之學說，其理想輸灌於人心而化為常識」[61] 的要求。隨後，《中國日報》又發表題為〈民生主義與中國政治革命之前途〉的長文，連載十幾日，對三民主義，特別是對民生主義作了詳細的闡述，很受讀者歡迎，一時洛陽紙貴，使孫中山的革命理論得到更廣泛的傳播。

中國同盟會成立後，又發動了多次武裝反清起義。該會雖然有自己的機關報《民報》，但該報為月刊，後又成為不定期刊物，脫期的情況又時有發生，《民報》很難承擔起及時報道起義戰況的任務。在同盟會時期，《中國日報》出色履行了這方面的職責。

為了及時、準確報道同盟會發動的起義活動，《中國日報》館派出「從軍特派員」隨軍行動，從第一線發回戰地實況。如黃岡之役、安慶、徐錫麟之役、鎮南關之役、廣州新軍之役、黃花崗之役等，都有他們忙碌的身影。

---

60. 《孫中山全集》，第一卷，第 48、288、289 頁。
61. 同上註，第 48、288、289 頁。

欽廉起義（1908 年 3 月）總指揮黃興的助手黎仲實就是報館派去的從軍特派員。「是役前後經過，均由其即時向《中國日報》報道，故海內外各黨報皆以《中國日報》所載為根據」。[62] 如遇重要突發事件，《中國日報》則在正版之外加出「號外」，突出新聞的時效性。1906 年在湖南、江西兩省萍（鄉）、瀏（陽）、醴（陵）起義中，《中國日報》就出了關於萍鄉起義的「革命大勝利」的「號外」。該報在刊登這類消息時，常配以評論，引導輿論，同時公佈起義軍的文告，將起義軍的主張昭示天下，擴大革命軍的政治、軍事影響。例如，1907 年 9 月 13 日《中國日報》在「軍書代論」欄內發表了《欽州革命軍佈告海外同胞》。社會民眾對革命派認識上的逐漸轉變，與《中國日報》的上述新聞報道和評論有很大關係。

同盟會時期香港地區革命派報刊呈發展的態勢。除《世界公益報》、《廣東日報》和《有所謂》報與《中國日報》構成革命派報刊陣營外，又增加了一些新成員：

《日日新報》，1906 年 2 月 8 日創刊。

《香港少年報》，1906 年 5 月 28 日創刊。

《東方報》，1906 年 7 月 29 日創刊。

《社會公報》，1907 年 12 月 5 日創刊。

《真報》，由君主立憲派報紙《實報》於 1908 年易主改現名。

《人道日報》，1908 年創刊。

《珠江鏡報》（香港版），1906 年 5 月 27 日自粵遷港出版。

《時事畫報》（香港版），1909 年秋自粵遷港出版。[63]

上述在港的革命報刊，出版的時間長短不一，但它們與《中國日報》相互呼應，在推介同盟會的綱領和宣傳三民主義，報道武裝起義方面，發揮了

---

62. 馮自由：《革命逸史》，第五集，中華書局，1983 年，第 137 頁。轉引自方漢奇主編：《中國新聞事業通史》，第一卷，第 884 頁。

63. 資料來自方漢奇主編：《中國新聞事業通史》，第一卷，第 886 頁。

重要的作用。這些報刊除了在香港發行外，主要讀者市場在廣東，由此引起了廣東地方當局的注意，以各種罪名禁止其進入廣東，迫使《有所謂》報、《日日新報》、《珠江鏡報》等因此停刊。港英當局也與廣東地方當局有所配合，例如，1905 年將《世界公益報》主編李大醒逐出香港。但香港作為革命派輿論的前哨陣地，還是保存了下來。中國同盟會機關報《民報》出至第二十四期時於 1908 年秋被日本政府查禁，停刊一年多後又秘密復刊出了兩期，於 1910 年 2 月終刊。此後，《中國日報》又成為革命派的唯一機關報了。

　　以孫中山為代表的資產階級革命派，在領導辛亥革命時期，先後在香港、東京、上海、檀香山和南洋、美洲等地創辦約一百二十種報刊。其中香港的《中國日報》不但是第一個正式的機關報，而且經過革命派堅忍不拔的努力，幾度財務難關，不間斷出版長達十三年。《中國日報》始終是革命報刊中的一面耀眼的旗幟，香港始終是革命派的思想前哨。《中國日報》不是一般意義上的新聞紙，其作用也超出了政黨機關報的範圍。由於報社先後幾位負責人都由香港革命派的領導機關負責人兼任，因此，中國日報社又是革命黨軍事行動的指揮機關、聯絡機關，一度還是海外華僑捐款的收納和分配機關。《中國日報》社又是人才薈萃之地，其編輯不但在香港創辦革命報刊，而且向海外流動。1904 年在新加坡出版的《圖南日報》、1907 年在檀香山出版的《自由新報》、1910 年加拿大溫哥華出版的《大漢日報》，均有來自中國日報社派出的人員參加辦報。[64] 正因如此，孫中山對做好《中國日報》的工作非常重視。有時利用路過香港水域的機會，在輪船上召集報館工作人員，研究報紙的工作。他在日本發現鄭貫公是個辦報人才，就介紹他去《中國日報》社工作。後來發現了陳少白主持的《中國日報》與鄭貫公主持的《有所謂》報就抵制美領事觀點不同而展開筆戰，正趕上孫中山從新加坡乘法國輪船於 1906 年 4 月 16 日抵達香港，孫中山召陳、鄭二人上船晤談，親自做他

---

64. 詳見劉蜀永：《劉蜀永香港史文集》，第 105 頁。

們的工作，二人從之。孫中山在總結辛亥革命經驗時，曾高度評價革命報刊的作用：「此次革命事業，數十年間，屢起屢仆，而卒睹成於今日者，實報紙鼓吹之功。」[65]

從 1895 年興中會總部在香港成立，到 1911 年武昌起義成功，在十七年間，香港起到了內地和海外任何一個城市所不能替代的作用；以孫中山為代表的新型資產階級革命家，以世界的眼光，充分利用香港的特殊性與調動海外華僑社會的積極性並舉，完成了資產階級革命最重要的任務 —— 以武力推翻了君主專制。

當辛亥革命勝利的消息傳到香港時，可以說是人心激動，舉城歡騰，喚醒了港人的民族意識。幾天之內，幾千人剪掉辮子。有些理髮店提供免費剪辮子服務，供不應求。一些沒有辮子的少年兒童走街串巷，叫人家剪辮子。一位英國官員憶述當時的情景說：「1911 年春天，剪了辮子就冒險丟腦袋。1912 年春天，不剪辮子就丟腦袋。」[66] 香港人通過自發剪辮子的具體行動，表達對共和革命勝利的支持。當時的英文報紙《德臣西報》對香港市民熱烈支持民主共和的情況作了這樣的估計：「斷言每一百名香港華人中有九十九名同情亂黨（指革命黨），而且也許有百分之七十五是狂熱地、不顧一切地同情的，這準不會錯。」[67]

11 月 6 日，香港報章突傳革命軍攻陷北京的消息（後來知道此消息不確），港人激動狂喜，表現出來的興奮度比剛聽到武昌首義成功的消息還要強烈，港督盧押呈倫敦的報告描繪了當時的情景：「所有的華人突然歡欣若狂，情緒之高漲在這個殖民地的歷史上前所未見，也從未聽聞，爆竹聲此起

---

65. 孫中山：〈在上海《民立報》之答詞〉，《孫中山全集》，第二卷，中華書局，1982 年，第337 頁。

66. 轉引自蔡榮芳《香港人之香港史》（1841–1945），香港：牛津大學出版社，2001 年，第88 頁。

67. 霍啟昌：《香港與近代中國》，第 172 頁。

彼落，伴着從未間歇的歡呼聲，民眾不停地晃動着旗幟，華人這種舉動非比尋常。」[68]

　　與此同時，港人的愛國情緒也被激發起來。辛亥革命勝利後僅兩個月，內地就有十四個省宣佈脫離清政府，其中包括廣東。廣東的光復是通過廣東的清朝大吏反正來實現的，具體工作由香港同盟會南方支部負責。廣東革命政府成立，由時任同盟會南方支部長的胡漢民任都督。廣東革命政府成立伊始，財政上十分困難，旅港的「四邑商工總會」主持發起募捐，成千上萬的港人紛紛解囊，支持省政府。

　　辛亥革命對香港的勞工運動產生了直接的影響。在港英的殖民管治下，香港工人的權益沒有保障。共和革命助長工人團結一致向僱主爭權益。辛亥革命後的第十天，即 10 月 20 日，發生了一家英文報館的洋人毆打一名華工的事件，引起該報館華人的集體罷工抗議，後來事態發展到全香港其他英文報社，警方採取高壓手段，促使事件擴展到中文報館，形成行業性罷工。經過這場抗爭，一部分工人的待遇得到了改善。此後，類似的餘波不斷。這反映辛亥革命對港人民族意識的覺醒起了促進作用，經過不斷的發酵，終在二十世紀二十年代爆發了香港海員大罷工和省港大罷工。

68.　轉引自王賡武主編：《香港史新編》（上冊），三聯書店（香港）有限公司，1998 年，第 117 頁。